ディアン・シェーフォルト著
大野達司 訳

多層的民主主義の憲法理論

――ヨーロッパにおける自治の思想と展望

風行社

〔目　次〕

目　次

目　次

第三部　自治行政の諸問題

序　文——多層的民主主義への歩み

I　日本への感謝

本書におさめた各論文は、主にこの一〇年間に執筆したものだが、三〇年以上前に遡るものもあり、一人の法律家の経験と考察、ナチ時代がもたらした結果としてスイスにわたったドイツ系移民の息子として成長し、個人的に、専門分野で、そして市民としてそこで人格形成され、研究者としての歩みを大部分ドイツで進めた法律家のさまざまな経験と考察を反映している。そこでは、もちろんスイス的な特徴がつねに何らかの役割を果たしてきた。それは、専門的にも個人的にもイタリアへの特別な関心と結びついていたし、統合されたヨーロッパではいわずもがなだが著者にとってもとくに重要だった、越境して接触を持とうとする心構えとも結びついていた。

同時にそれによって、以下の各論文がまずはヨーロッパ的だという問題が確認される。それらは私の著書の補足や具体化として、ドイツやヨーロッパでの発展に対応したものである。そのさい、何より民主制の問題へのかかわりが一つの役割を果たしている。それはヨーロッパで長い間、少なくとも一九一八年までは保留され、その後一九四五年まで実現の形が問題視され、一九八九年までは同じく民主的と称する国家形態と競争するなかで論議され、そのころから民主的公共体を危うくする対立構造によってもこれは劣らず問題とされていた。二一世紀の民主制は、対立的構造によるそれへの挑戦を、どの範囲まで取り上げられるだろうか。

こうした方向で考察するにあたり、この数年でともかく私の視野は顕著に広がった。というのは、私は日本でこれに対応する諸問題をはっきり認識したためである。私は日本の憲法学の意義をかねてより個別の論考から、そしてヘルマン・ヘラーと取り組んだことをも契機にして知るようになっていたが、名和田是彦教授のブレーメン滞在、その後に私自身の日本訪問、そしてその後にブレーメンで在外研究を行った大野達司教授と交流を深めたおかげで、ドイツで私が取り組んできた諸問題が日本でも比較可能な、劣らず大きな緊急性を持っていたことを教えられた。ともかくも明治維新とそれに続く日本の発展に対するドイツの学問と、さらにドイツの助言者による影響以来――私はアルバート・モッセの日本からの書簡を読み、強い感銘を覚えた――、日本とドイツの発展は相互につながっている。それを私は、大野教授と対話する中で、とりわけ自治行政の分野についてはっきり分かるようになった。だがこのことはそれを遥かに越えて、とくに憲法構造の諸問題、さらにたいていの法分野にもあてはまる。

こうした点で、以下の論文のいくつかでは、私の知識のレヴェルが日本の諸問題に直接的な立場をとることを許さないにせよ、執筆にあたり日本がまったく視野の外にあったわけではない。だがともかく、一部はヨーロッパの法思考が日本へ輸出されたため、一部は世界基準での経済的および技術的発展により現代国家の様々な特徴が収斂しているため、新たな問いに答える試みは、今ではグローバルな諸発展を顧慮してあえて行われねばならず、ひとつの法文化の世界文化水準に至る礎石たるべきだということになろう。それが以下各論文の日本での公刊を正当化するかもしれない。

II　現代国家の民主的基礎とその問題化

ここにまとめられた研究すべての出発点は、現代国家における民主的支配の必然性と不可避性である。このテーマに私は博士論文以来取り組んできたし、[1]そこから離れたことはない。それは本書の各論考をも規定している。国家が人間に仕えるべきなら、それは人間を土台にして築かれねばならない。その限りで人権、基本権は、その目的からして、つねに活動と参加の権利でもあり（第五章）、[2]人民の民主的自決を土台にした公権力の組織化と、基本権の保障による自由な秩序の組織化とは、技術的な側面に限れば区別できるとしても、原則的にはそうではない（第三・第四論文）。だが、公共体が実現すべき価値秩序が個々の人間から独立して考察されたとしても、人間の人格は規定的な基本価値でありつづけるか、さもなくば、基本価値について判断する一つの審級が――したがって関係者による政治的決定が必要となる。関係者とは人間である。

だが、これを出発点とせざるを得ないと思われるため、そこに関心を集中するのは必然的だとしても、他方で同じくこの出発点は現代国家の形成にとって争いがあり、これについての論争は今日に至るまで派生する問題をめぐって鋭く展開されており、そして新たな発展に直面した状況は困難に直面している（第一章）。それは五つの現象に即して明らかにされると考えている。

第一に、プラトンによる国家哲学の形成以来、正義の実現の場としての国家の理想像があり、それは人間の徳により形づくられるが、この理想は、こうした徳を備えた何らかの集団や何らかの個人による実現を必要とする。プラトンは法律に関するその晩年の著作でこの国家像に自ら疑問を抱き、これを相対化した。だが理想像は後まで影響を及ぼし、そして――おおよそプラトンに依拠しているとの口実を並べたナチス時代の歪曲に至るまで――中世と近世の国家学においてよき支配者、さらに神意にかなった支配者への問いが表舞台に登場していた。ウィーン会議（一八一五年）によるフランス革命への反動もなお、このイデオロギーにより規定されていた。それは一九世紀のヨーロッパ国家システムに、またその日本への影響にも、方向づけとして作用した。わけてもドイツでは、この影響は一九一八年まで優勢であり、ドイツの特殊な道という説の基礎であり続けた。この説は批判されてはいたが、政治とドイツの国家性の本質を規定した（第一章）。

その次に、第二として、ドイツにおいて一九一八年以降に支配の君主制的基礎が取り去られると、そこには真空状態が残った。民主的国家の統一はいかにして新たに基礎づけられるべきだとされたのか？　この懸案は、一九二〇年代を支配し、ナチス時代に終結したものの、一九四五年以降の時代に影響を与えた、ドイツ国法学における方法と方針をめぐる争いの核心だった（第二、三、四章）。

たしかに、民主制の基礎づけも問題であり、そして、どの理論的傾向が今日のドイツにおける民主的発展に作用してきたのかを明らかにするのはもっともな課題である。だが、民主的自決を守るために政治的統一の要請を用いたせいで生じた危険性は、ヴァイマルの議論に影響を与え、つまるところ否定的に決着を迎えたのだが、これは今日でも完全には克服されていない。

それを明らかにしているのが、第三に、現代国家を維持する上での統一的決定の必要性は、第二次大戦後も重要だったし、依然としてそうだという点である。その限りで民主制の保持は、偽りの自称必然性を前にして、今日に至るまで一つの課題だった。民主化とそれに対抗する諸運動をめぐる議論は、一九六〇年代をかなり規定し、それに対して態度を明らかにすることが求められた（第一章）。

それには、第四に、すでに当時影響力が強かったが、その間にますます重要になってきた、超国家的レヴェルへの諸決定の拡張が寄与してきた。世界平和の保護、ないし少なくとも諸国家間の集合的安全性は、ますます広範な問題を国際諸組織に投げかけ、それとともに国内の民主的意思形成がそれに与える影響は弱まってきた。経済は、しばしば国家権力よりも早く、国境を越えて活動し、組織化するため、国家はそれに不十分にしか影響力を行使できない。これを調整すると、超国家的統合と経済の影響を助けることになるといわれる。それは、欧州連合のような部分的秩序においてであれ、世界交易のグローバルな組織化においてであれ変わらない。だがそうした諸組織も民主的規定をかなりの程度まぬがれており、民主制を保持するための新たな形式が必要とされている（第八章）。

これに対して民主的方向づけの可能性を確保しようと試みると、そのため、第五に、むしろ国家的なものの領域を取り戻すことが犠牲にされてしまうという結果を招かざるをえないように見える。つまり、これまで公共体により確保されてきた諸任務を私的なものへと委ねる結果として、そうなるように見える。こうした傾向を支持するために、それとともに「やせ細った」国家の操縦能力が改善され、私的活動の余地、つまり基本権行使の余地が拡張されるのだといわれもする。だが、そういえるには、民営化された諸任務が公的有意性を持たないという前提が必要である。それにより規定される領域で、民営化は公的任務の充足を危うくし、それとともに公共の福祉も脅かす。なにより地方自治《コムナル》の領域で、地域に根ざした共同体における諸案件に市町村が自己責任を負うことを前面に押し出すのが当然とされている（第七章）。それをこえて、民営化を通じて私的権力の領域が増大し、民主的意思形成という対抗的決定が妨げられている。

Ⅲ　民主制と政治的統一

現代民主制の発展に関する議論を始める出発点として、すでに政治的統一の形成に関する問いが明確に現れてきた。国家がその機能を、たとえば社会的調整の関心からにせよ、果たせるべきなら、国家は「組織された作用統一体」（ヘルマン・ヘラー）として行動できなければならない。だがそれによって国家は、自らを構成する人間の個人的自由や、人格的自由さえも危うくすることになる。つまり、多数性からの意見形成と統一的決定とは、とりあえず矛盾関係にある。ヘルマン・ヘラーは、国家を形成する諸力の現実科学的分析とそれらの力が協力するための整序された手続を通じて、それに対応しようと試みた。ファシズムを利する「実存的」統一性の諸観念を慎重に避けながら。だが彼はおそらく人間を均質化する危険から完全に免れていなかった（第三章）。彼にはすでに一九二〇年代に、社会的諸力の自由な働きをともなった政治過程の公開性を要求し、それを描き出す諸説が対峙していた。だがそれらもファシスト的共同体形成に幻惑されて危ういものになっていた。かくして、統一を形成する諸力と手続を描き出すにとどまらず、政治的活動の規範的枠、平等に関係づけられた手続、そして個人的諸権利を要請し、それらを解釈することが、課題として明確になってきた（第四章）。基本的秩序としての憲法は、民主的国家の前提であり、要点である。それは個人的自由と統一形成をたがいに宥和させねばならない（第五章）。

それでもなお、これにより少数派保護という問題は課題として定式化されているにすぎず、解決されてはいない。多数派により定式化される共通意思に少数派が自分たちに固有の共通意思を対置するという危険は（第三章ではジャン゠ジャック・ルソーを引き合いに出している）、引き続いている。それは、社会的、民族的、ないし言語的対立という条件下では、さらに増長する。少数派が押さえつけられると、それは同時に国家の自由な性質と決定能力を麻痺させる脅威となる。これに対して、少数派が、たとえば比例代表制によって保護されると、個々の集団による独自性の強調は、政治的共同体を阻害しうる。市民の自由な活動をもとにした統一形成ではなく、いずれの場合にも個々の集団が国家団体を解体するまでに分かれていく脅威が生まれる。

これに対して、立憲国家は市民による承認に依存し続ける。説得を通じた手続がつくりあげられてはじめて、それが議会制民主主義であれ、また——近年増加しつつある——市民たちが実質的決定に組み込まれる直接民主制であれ、国家を作用統一体と理解することを正当化しうる。その限りで、第五論文末尾で示した発展は、民主的統一形成に向かう最初の一歩、ドイツではわけても連邦水準ではなお何ともおどおどした歩みとしか理解されえないし、こうした統一形成をさらに完成させるという課題は、なお日々追求されねばならない。

公権力の組織化が多数派形成の可能性とそこで考え得る変種とを増やすなら、統一的国家意思に関する象徴としての憲法の価値と並んで、また憲法により保障された手続の外部に、統一的な国家的意思形成の承認を促進するもう一つのチャンスが生まれてくる。部分集団が承認され、多数派となりうる、もしくは多数派形成に関与しうるチャンスをかれらが持てば、同時にかれらに意思形成過程の結果を承認させる道も開ける。さまざまな対立は、それらが社会各層にまたがっている場合、各層が孤立せず他の集団形成と並んで存在していれば、厳しさを失う。ここで、多層的民主制の基礎があらわになる。それは、社会的、宗教的、また言語的ないし民族的な対立を孤立させず、特定された諸統一単位の決定権限を中央の決定レヴェルに対置する。集団形成を規定する諸要因のバランスがとれれば、集団形成の基準が誤って抽象化されて政治的統一が解体することを妨げうるし、またそうすべきなのである。

Ⅳ　多層的民主制

決定レヴェルの追加を支持するこうした議論を理解してもらうために、この議論が、地方団体や支分国の性格をもった小範囲の民主制に関する具体的で個人的でもある経験に依拠していることを述べておかねばならない。この経験は本書の著者を若いころから形づくってきた（参照、第八章注36）。私の経歴を振り返ってみると、スイスの都市国家バーゼルで育ち、法学や政治学をはじめて学んだ年月を同地で送り、ローマで世界帝国の基礎たる都市共和国を知ることができ、都市ベルリン（西）という、当時は東側ブロックにおける孤島だった都市の自由大学で私の学問的経験をまとめることができ、その後に再び都市国家の大学で、つまりブレーメンで教鞭をとるようになったが、これらが私のあり方を定めていると感じている。これらすべては、都市の、とくに都市国家の秩序への私の関心を目覚めさせた。またそのため、現在欧州評議会の欧州地方団体および地域団体評議会の地方自治欧州憲章に関する独立専門家グループにおいてドイツ代表専門委員として関与していることに、とくに満足感を抱いている。地方自治《コムナル》を支持する選択は、その限りで主観的な意味合いも持っている。(3)

だがそれは、現代民主制の基礎が都市的な諸組織にあるという認識を、かねてより促してきた。フランス革命がまさにスイスで人民支配に関してもたらした帰結は長期にわたる影響を及ぼしたので、それは革命的諸理念と伝統的に民主的な諸構造との協力に還元されえた。プロイセンでは逆に、ナポレオン時代のフランスに対する軍事的敗北の結果として後期絶対主義の国家が陥った危機が、社会的諸力の解放を通じて国家とその行政から負担を取り除くように強いた。これに数えられるのは、営業、自由な職業、土地所有権のみならず、わけても都市もそうだった。営業主が営業税を支払い、その自由に基づいて経済を花咲かせたさいに、国家による規律から営業の遂行が広範に解放されたのと同じように、諸都市は自治行政を容認され、もちろんそれら自身により自治体税《コムナル》を通じて財政収入を得るものとされた。これはフォム・シュタイン男爵の基本理念であり、一八〇八年一一月一九日のプロイセン都市令で実施され、そして一九世紀プロイセン都市制度の発展の基礎だった。都市水準はその限りで非国家的領域に属し、市民の自由と同じような仕方で法的に保護された（第六、七章）。国家的活動と私的活動の境界設定問題にとっても、法的保護の問題にとっても、地方団体は国家的領域にではなく、少なくとも経済的領域と私的領域に属し、民営化に向かい国家的指令権に反する傾向に対してその法的地位を擁護しうる。

とはいえ、こうした考察様式は、それがたとえば一八四八年三月二八日のパウロ教会憲法における基本権としての地方《コムナル》自治行政の保障（第一八四条）にきわめてはっきりと表現されていたとはいえ、国家により委任された任務の履行において市町村の協力を前提としている現代行政の要求にも、国家の細胞たる自身を行政管理する市町村の民主的要請にも対応していなかった。最初に挙げた観点については、一九世紀プロイセンの行政実務が決定的かつ理論的に、全権力を自身のもとに集中する主権国家のモデルを通じて規定していたが、この観点は地方《コムナル》自治行政を国家によって容認された職権としか理解せず、そしてルドルフ・グナイストにより国家への地方団体水準の参与と解釈された。これは行政構造と法治国家性の歴史にとり根本的な帰結をもたらしたが、それはとりわけプロイセン・モデルの行政裁判制度の成立を通じてだった（第六章）。

それと親近性のある位階的な国家行政モデルへの組み込みに対して、フーゴー・プロイスは――最近ではその選集の編集[4]によりはっきり跡づけられたその徹底した分析により――、もちろん反対した。オットー・フォン・ギールケのゲノッセンシャフト論を出発点にして、それを徹底的に押し進め、プロイスは人間の協力のなかに「社会法」的な総体人格の形成を確認した。これらの人格は、私法の領域でも――つまりゲノッセンシャフトとして――、公法の領域でも成立しうる。ここが領域社団の形成される場であり、プロイスはその教授資格論文「領域社団としての市町村、邦国《シュタート》、帝国《ライヒ》」（一八八九年）以来、それに一貫して注目してきた。各総体人格はそこに活動する支分人格の協力を通じて生存するようになり、つまり、他の総体人格、ことに国家による指図を要せずに、固有の任務を果たす。しかしながら、上位の領域社団によるその分肢となる下位の領域社団への支配、そして下位領域社団への任務の委任も法的形成の可能性として承認される。

プロイスの見方の決定的進歩は、民主的な思想の、個々の政治的統一単位を超えた多層への拡張である。これはたしかに、地方団体、支分国、総体国家の各段階で領域社団を理論的に構成したことからは、いまだ導かれない。というのは、それらは――一九世紀末のドイツ帝国におけるように――君主制の形式をも取りうるからである。だが、市町村の歴史と組織的構造に具体的関心を抱き、総体人格に向けた人間の協力の分析を理論的出発点としたことを通じて、支配の民主的正統化、公職思想、民主的公共性における意思形成が中心に置かれるようになった。ここから民主的憲法構造には一直線の道が通じており、フーゴー・プロイスが一九一八年に、最初の共和制的ドイツ憲法を起草するよう任ぜられたのは、偶然ではないと思われる（第二、第六章）。

さらに、プロイスは総体人格形成を描き出すことにより、最高権力が一つの水準に集中されるのを避けた。まさにドイツ・ライヒにおいて連邦国家を構成するにつき行き詰まった状況から、彼は新たなきっかけの必要性を導き出した。彼はそれにより、主権性の概念を完全に放棄し、さまざまな水準を原則的に等価と見なそうと努めた。それはわけても超国家的水準に関して結果をもたらした。国際法の発展にとってあまり意味のない時代に、プロイスは国際共同体をも固有の法制定を行う総体人格と評価していた。それは彼の時代にとってのみ革命的だったのではなく、今日にとっても国際共同体の実現と解釈学的説明の出発点を与える――欧州連合のように個別的なものであれ、国際連合のようにグローバルなものであれ。それゆえ、現代の憲法理論は必然的に、超国家的な憲法、ヨーロッパでは欧州憲法に傾く要求を掲げている。もっとも、この要求はさまざまな抵抗に直面し、ゆっくりと徐々に進むにすぎない法形成過程により扱われているが（第五、八章）。

とくにヨーロッパにとって、これはすでに言及した地方自治欧州憲章が約束しているような地方（領域）団体のみならず、より大きな諸国家を分節する諸地域《レギオン》にも保護を促している。地域政治を通じてそうした地域化を促進しているように見える欧州連合は、その間にこの点につきリスボン条約で再び取り上げられた欧州憲法草案が最初のよりどころを提供しているにせよ、具体的な考察につき、これに関して大した寄与をしていない。だが、今日すべての欧州国家をまとめた欧州評議会は、その地方自治憲章で、そして地域に対応する規律を拡張する可能性を通じて、諸地域からなるヨーロッパのモデルを描いており、その寄与はより重要である。欧州連合と欧州評議会との協力は、かくして多層的民主制に法的な形を与えるチャンスを提供している（第八章）。

Ⅴ　人権に関する諸帰結

このような考察を通じて、政治的統一体の構築が、市町村から世界共同体まで、前面に現れるが、これはもちろん、それゆえ民主的自決の基礎が各人権の中で見逃されてよいということを意味しない。一八四八／四九年の帝国憲法の基本権は、ドイツでは求められた秩序の具体的実現への道から外れてしまったわけだが、おそらくはこの基本権に関して長い審議が行われた経験からためらいをもったために、フーゴー・プロイスもなおヴァイマル憲法に基本権を取り入れることに懐疑的な立場をとっていた。だが彼は、憲法審議が進む中で、人民国家を正統化したのはこの保障だと強く認識した。結果として、基本権の保護はヴァイマル期の国法学的諸議論の一つの中心的テーマとなった。ここでの議論は、たしかにナチスへの滑落を妨ぎきれなかったが、今日に至るまで基本権解釈の基礎となっている（第四章）。

独裁者の残虐行為は、その後にいよいよもって、基本権にこのように強調点を置くことはきわめて重要だと痛感させた。基本法の冒頭の条文における人間の尊厳の承認と保障は、基本権が基本法の第一部に置かれているのと同じく、国家がそれを土台として設立されねばならないということのしるしである。基本価値としての、憲法の価値秩序としての基本権は、そのため法律学的作業の基準となり、その後の年月を通じて憲法に関する議論の主要テーマとなった。

基本権によるこの内容的規定に、裁判所によるそれらの保護の意義が対応している。まず、公権力による市民の権利のあらゆる侵害事例でその時々の管轄の裁判所によって、だが最終的には憲法裁判権によって。それは一九四九年以来莫大な意義を獲得し、今日ではドイツの憲法システムを広範に規定している。そのさい、基本権の保護が前面に現れる。だが、それは多層的システムの秩序と密接に関連している。つまり、連邦憲法裁判所は、各州《ラント》と地方団体の行為を統制することによって、基本権とそれらをつくりあげる法の適用において、さまざまな水準間の権限分配をも保護し、具体化している。基本権と権限分配の間に位置する保障として、憲法によって保障された地方自治も重要である（第八章）。一方で欧州連合の欧州裁判所、他方で欧州人権規約に関する欧州人権裁判所の判決を通じて、この権利保護機能はさらに付加的な適用事例を手にしている（第五章）。

次の水準としてこの文脈では民営化された公企業の働きが考慮される。もちろん、特定の給付の実施に公的関心がもはやなく、それが同じほど適切に私人に委ねられうるがゆえに民営化が行われたのであれば、民営化された企業を私企業と違った形で扱う理由はない。(5)だが通常は、たとえば電信電話企業、交通業、エネルギー事業が民営化された場合には、それらの給付実施に公的関心が存続する。インフラストラクチャーの部分たる企業がその給付を実施する。それは部分的には特別な憲法的保障に基づいてなされ、部分的にはこちらも憲法的な社会国家原理を具体化したものであり、それゆえ市民の権利を基礎づける法律にしたがってなされる。この民営化された企業は、国家的な保障責任により決定された付加的水準と同様に、私的業務活動の形式をとり、それ以外でもこの経済的観点にしたがっているとしても、公企業となる。この点でも、自治行政と私的な基本権上の自己責任との上に確定された近さが確認される。両者はともに法的保護を要する。自治行政を保護するために、地方団体権力の介入に対する市民の保護もその権利に属するのと同様に、私的利用者の保護と民営化された企業による公的責任の承認も裁判所による統制を要し、それにより法曹は新たな課題に直面する（第七章）。

その基礎はもちろん比較的古い。人権が経済的権力に対しても保護されねばならないということは、民主制の存在にとって機能条件の一つであり、そしてこの保護が等閑に付されると民主制の保持が疑わしくなる（第一章、参照上述Ⅱ）。その限りで、民主制の保持、人権の保護、そして市民の社会的地位の保護は、その本質上必然的に互いに組み合わされている。それらがともになってのみ、多層的水準での民主的および社会的法治国家は構築される。

二〇〇八年一一月

ディアン・シェーフォルト

【原注】

（1）Dian Schefold, *Volkssouveränität und repräsentative Demokratie in der schweizerischen Regeneration*, Basel 1966.

（2）本訳書に再録された論文は、この序では第一章、第二章などと示す。

（3）そのため、私は私の門下のかつての大学院生たちに、祝賀論文を献呈してくれたことにとくに感謝している。Andreas Bovenschulte/ Henning Grub/ Franziska Alice Löhr/ Matthias von Schwanenflügel/ Wiebke Wietschel（Hrsg.）, *Demokratie und Selbstverwaltung in Europa. Festschrift für Dian Schefold zum 65. Geburtstag*, Baden-Baden 2001. そこにはこの時点までの私の著作目録もまとめられている。

（4）Hugo Preuß, *Gesammelte Schriften*, hrsg. von Christoph Müller und Detlef Lehnert, Tübingen, Bd. 1, 2007, Bd. 4, 2008, Bd. 2（著者は同第二巻（二〇〇九年刊予定）への序文で本書第六章をもとにさらに論旨を展開した。さらに第三巻と第五巻が計画されている。

（5）例：市町村議会の地下室に居酒屋が開かれているということ――いわゆるラーツケラー――は、その経営が市町村か私人かにかかわりなく、ラーツケラーに他の居酒屋やその客との関係で特別な権利を与えるものではない。

第一部　民主制論

第1章　民主制の保持と経済―技術的発展

一　脱民主化の必然性？

1

「其の後平民の集会困難と為り……たるが故に必要上国家の施政は元老院の管轄に移ることと為りたり随って元老院は諸般の政務に介入するに至り其の議決は総て法律として遵奉の効力を生ぜり」。ポンペイウス六世はきわめて古典的な法律学の終わりにあたり、学生たちにこの簡潔な教科書的知恵を肝に銘じさせ、そしてユスティニアヌスはそれを学説彙纂の国家臣民に告げる序文の中で熱心に取り上げた。(1) その箇所は、「必要／必然性」を、つまり不可避的な発展を引き合いに出したことで、伝統との結びつきを示している。それはまず、教養市民層の共同生活を秩序づける善き国家の没落に関する思弁的学説を踏まえている。プラトンのポリテイアは、富人政治と寡頭政治の中間形態を経て、民主政治へと堕落し、そこでは、著しく自由を渇望する感覚が法律違反、争い、そして暴動をひきおこすために、安寧秩序を配慮する僭主が必要とされる。(2) ポンポニウスは、さらに、国家形式の変遷を経験的により正確に把握しようとするアリストテレスの試みを踏まえている。安定性が政治の目標と宣言されると、憲法体制維持の手段を導入することが重要になる――そしてそうした手段は必然的に、他の国家形式の諸要素を混入して民主制をゆるめることである。[3] 妨げられない純粋な人民支配に代わる混合憲法体制、民主制を犠牲にした憲法体制の連続性保持――それが国家理性の対策である。それはポリビオスを介して強化されたローマ共和制に浸透し、その政治意識とその解釈者の著作の基本的性格を形づくった。それとともに、また中世アリストテレス主義を経て、それは近世の国家理論家たちに、安定した国家権力を保持する技術を持ち出さねばならないと確信させ、この技術は君主制の正統化学説によりさらに強化された。[4]

一六世紀の宗教的内戦という諸条件のもとで、上述の必然性は先鋭化した。つまり、秩序を形成する権力は、より実践的に有効で安定したものだっただけではない。それは、相争う社会的、宗派的、分裂主義的な諸勢力を結びつけうるために、最高の力でなければならなかった。主権性は、少なくとも有力な領邦諸国家では、国家性の必然的属性となった。トマス・ホッブズの首尾一貫して作り上げられた説によれば、市民が支配者に服従するよう他の市民に対して無条件に義務づけられる場合にのみ、つまりその統治が服従への義務づけから解放され、絶対的となる場合にのみ、「万人の万人に対する闘い」[5]は終わる。その場合にのみ、人間間の平和が維持され、絶対的支配の傘の下で、個人的利害、マクファーソンの特徴づけた「所有的個人主義」を配慮する空間が、社会の中に存続する。[6] それにより、この利害に社会の領域が割り当てられ、それに対して国家の領域は閉ざされる。つまり、ルソーにより激しく攻撃された学問と芸術、学問と生産の技術、ならびに「財政――奴隷の言葉」が社会の空間を満たし、その結果、国家権力の集中、専制君主の絶対的支配のもとで、臣民の不平等から極端な平等への循環、少なくともその発展が、いっそう必然的となる。[7] ルソーはなおこの発展を嘆き、それを避ける手段を捜し求めたが、ヘーゲルは社会の上に人倫的理性を具現する王侯権力を理想化し、そこにのみ真の国家性のチャンスが具現されると考えた。この国民的権力国家説は、彼がこの国家を普遍的国家と理解し、それをもって普遍性からの正統化にわかりよい説明が与えられたとしても[8]、今日まで、とりわけドイツ国家論の大部分にとっての理想を定めている。

もちろん、この説には憂愁の響きが混じりこんでいる。「国家の解体」[9]が懸念され、「国家への追憶」[10]が呼び起こされ、「国家性の終焉」[11]と言われている――というのは、必然性が進行したためである。つまり、国家はもはや国内での平和の保護と国外への防衛に役割を限定できず、社会における個人の自由の合法化された活動もがもたらす帰結を緩和する手助けをしなければならないのである。ロレンツ・フォン・シュタインは、経済理論家、分けても社会主義者を度外視すれば、確かに社会問題をはじめてきわめて鋭く認識したが、彼はなおその解決を、経済的諸対立をこえ、独立して社会的調停と国内平和を配慮する社会的王制の自由な決定に見ていた[12]。そのため、このなおヘーゲル的な理性の要請に対応した決定の自由は幻想であることが証明された。国家による労働者の保護と社会保障、生存配慮と計画的な将来見通しは、避けて通れないと理解される。それについての政治的自由裁量は、もはやほとんど可能とは思われない。給付国家はそれ自身の強制力を展開する[13]。その限りで、生産諸関係の発展を不可避的とするマルクス主義の説は成果をおさめ、労働者階級の指導勢力による必然的発展の解釈と専門家たちの学識との対立を弱めた必然性への洞察に国家意思形成における自由は事実還元されたように見えた。確かに、エルンスト・フォルストホフを信じるなら、そうした「社会的実現」それ自身が政治的規定要因として時代遅れになり、「技術的実現」に大幅に屈服した[14]。決して、社会的に必然的なことがらではなく、「産業社会の国家」では技術的発展が今日的国家活動を規定し、自律的な国家的――いわんや民主的――意見形成の諸メカニズムは決定の尺度をこの規定要因に対置できなくなってしまうというのである。

　この手短なまとめは著しく単純化されており、さまざまな違いを無視している。つまり、上述の解釈図式すべてをまとめると、民主制は必然的に複雑化、経済活動の活性化、そして技術化を、現実社会《ゲゼルシャフト》における社会《ソチアル》問題、経済、そして政治にかかわる紛争を犠牲にせざるをえないということになる。こうした図式が事実に合っているかどうかはともかく、それらは政治意識を形成している。思い込みにより実現される予言としての必然性は、民主的意思形成の可能性の終焉を予測し、まさにそれによりこの終焉を不可避的に討議の対象とする。

2

　概念史や現実の出来事の水準でも類似した像が目に映る。特徴的なのは、まず民主制概念の規定と評価との変動である。アリストテレス[15]は慎重に論じていた。つまり、民主制は万人による、あるいは人民の大多数による事実的支配である、と。この理想的定義には、古典的ポリスにとって二次的な奴隷制を考慮に入れた現実の定義が対立させられるとしても[16]、完全な市民たちの自発性による、今日ではほとんど考えられない支配が残る。公職任命の方法としてくじ引きがふさわしいとこのスタギラ人は考えており、選挙はすでに貴族主義的だという[17]。彼がこうした民主制モデルを穏当なものとして推薦していたのは明らかである。ルソーは、確かにアリストテレスの民主制論を直接に実りあるものにしようと試みた最後の人物だが、彼もまた、結論的に民主制を神々の国へと追いやり、不平等を免れた国に関してすら、貴族的、選抜的要素の受け入れを勧めた[18]。その前後の他の国家論の文献は、プラトンからヴィルヘルム・ハスバッハにいたるまで[19]、一九世紀のヨーロッパにおける革命的で反君主制的な運動までもが、なおのこと民主制をけなしている。そこで求められてきたのは、「共和制」[20]、「代表民主制」[21]、

「立憲国家」[22]という国家形式、つまり国家の特定官職の民主的任命であり、場合によっては特定の個別的決定に対する能動的市民層の関与もそうである。だが、このように特徴づけられうる国家のタイプは、理論家たちの意識の中でも、さらに一九世紀の意識の中でも、たとえば州民集会のカントンに位置づけられた民主制における意識の中でも、「純粋」タイプとははっきり区別して取り上げられている。[23]

ようやく徐々に、兆しとしてここでは示唆しうるにすぎない発展を示しつつ、概念の内容も変わっていった。まずはおそらく、代表的民主制システムの保守的分析、わけてもトックヴィルの『アメリカの民主制』（一八三五／四〇年）で、続いてアントワーヌ－エリーゼ・シャブリエの『スイスの民主制』（一八四三年）で。そこでは民主的要素が、描かれた国家形式の新しさを示しているが、最後にそれを糾弾するために誇張されている。これに、そうした分析を肯定的な方向に転ずる傾向が続く。つまり、一八六九年の「民主的運動」は、確かに組織形式を断念してはいないが、代表制のレッテルを放棄し、[24]そしてアメリカの民主制理論、なかでも二つの世界大戦時代のそれで、民主制は政治原理として標語に、ヨーロッパの君主制と独裁制の諸列強に対するアンチテーゼになった。[25]戦争の終わりが、何よりドイツでは、政治的諸概念をも確定した。ヴァイマル共和制ではおずおずと曖昧に、基本法のもとではいまや自覚を持って、憲法によってその権力がはっきりと人民に発するとされた国家が、経験的と自称する概念形成の枠内で[26]民主制と理解された。統治諸形式を論ずる学説は、きわめて一般的な国家形式論となって消え去った。それは具体的には民主的正統化の原理を残すだけとなり、うまく捉えられると、他の人々が具体的な憲法秩序、つまり基本法の意味での自由で民主主義的な基本秩序のために、構成的諸原理を結びつけた。『基本法における民主的原理』に関するある国法学者の報告は、[27]国家の特定の意思可能性を排除し、そしてその意思を特定の目標に定め、それらをまとめて国家意思の前提的規定とした上で、そこから民主制の憲法技術的手段の考察を始め、また『民主化』の概念をおよそイデオロギー的だと言明しているが、これはこの状況をよくあらわしている。[28] 今日の民主制理論は、ともかくユートピアよりも現状への順応に近い。[29] ジョセフ・シュンペーターが、アメリカの政治理論が戦後ヨーロッパに影響を及ぼす前に書かれた著作の中で、[30] 現代の西側民主制概念を、有権者の票をめぐる政治的エリートの競争に還元したが、おそらくその大陸での受け取り方は「そうでなければよいが！」であり、現実的な対案はほとんど示されなかった。

3

実際、そうした対案の余地はほとんど残っていない。それは、シュンペーターがマルクス主義と資本主義の経済学ならびに国家理論を結びつけた卓越性の輝きによって消し去られただけではない。彼は、すでに言及した歴史的観点を、歴史哲学的、イデオロギー懐疑的な命題としてだけではなく、具体的で反駁困難な経済史的事実として扱っていたのである。一九世紀の発展は、これらの事実の反駁を容易にしなかった。第二次世界大戦まではおそらく、国家権力の強度増大を、戦争と危機の時代における一時的緊急避難と解釈し、より平穏な通常状態での取り壊しを望むことが考えられえたが、こうした希望は即座に潰えざるをえなかった。確かに一九四五年以降は、特殊戦時経済的な統制と操縦のメカニズムは放棄されえた。経済的自由主義のルネッサンスが、ある程度の期間をかけて、政治的制御の問題から輝きを奪い取った。[31] だがそのためには、一方で最も重要な制御メカニズムが正規の憲法法に組み入れられ――スイスでは経済条項により、[32] ドイツでは基本法の性格を持った職業選択の自由と所有権の保障に対する法律の留保により[33]――、他方で危機の時代に形成された社会国家や福祉国家の諸道具が維持され続け、それどころか練り上げられねばならなかった。たとえば労働者保護は、好景気の間にその意味を後退させたかもしれないが、そこでは社会保障、公共体の社会政策的関心になる事業、そして何より、幼稚園から病院を経て墓地までの、それらの社会的諸施設が、なおさら重要になった。この発展が今日では完全に現れていると、フォルストホフは認めようとしているけれども、[34]私にはそれがどの程度までかはっきりしない。社会的に比較的弱い層も生活水準が向上した結果、国家的干渉の目的は配慮から一般的福祉へと移行したと主張されるかもしれない。国家に付加的インフラストラクチャーを要求する、技術的発展のその他の新たな領域が持ち出されるかもしれない。社会的不平等だけでなく、技術もまた、すべての個人と国家的共同体をひっくるめて新たな諸問題に直面させる――道路建設やその他の交通手段、マスコミュニケーション、エネルギー生産の新たな次元が思い出されよう。

確かにここでは固有の法則性が示されている。公共体がある課題を引き受けなければ、それは私的利害の活動領域となり、国家には結局、それにより引き起こされた欠陥を修復する埋め合わせの機能が残る。現代のエネルギー状況が顕著な例である。それは同時に、経済‐社会的過程の自己規律に対する希望が満たされぬまま、今では国家による充足を必要とする重大な欠陥を指し示している。つまり、経済的安定性は、遅くともインフレスパイラルが最近幾回転かして以来、ドイツではすでに一九六六年の景気後退の結果として、一般の意識の中でも、国家的活動の避けられない問題領域となっている。「プランニング」という言葉が、再び忌み嫌われないようにせねばならないだろう。[35]土地計画は、地方の乱開発による環境破壊、都市の保全、あるいは環境悪化などが顧慮されるなら、[36]今日ではもはや無限定に処分できる自由競争や所有権利用の対象として誰も要求できない財が乱用されるのを妨げようと努力しなければならない――[37]成長の限定という問題をそれは指し示しているかもしれない。

だがどこに限界があり、どこに公共体の具体的課題があるのだろうか？　その規定は必要である。[38]それは、社会や技術の過程が課す必然的方向によって代替されえない。そしてこの規定は、それが技術的現実化の、いうところの固有法則性に委ねられる場合でさえも、またそうすることによっても、行われている。もちろん、客観的／専門的諸法則、諸連関はいっそう複雑に、その把握に必要な専門知識はより重要になっている。同時に専門知識は通常一つの部分領域にのみ関連するので、交通専門家たちには環境悪化に関する諸帰結が、環境専門家たちには経済的諸帰結が、専門外のままとなる――しかし一方で計画的展望の必要性はまさに専門的諸問題の総覧を前提にしていた。だがその代わりに、こうした総覧は個々の専門的諸法則によってあらかじめ定められたものとして現れ、そして一般的な統制メカニズムを免れている。これらメカニズムは残るかもしれないが――それらはもはやほとんど計画的形成の諸部分領域に入り込んではおらず、それらの領域を既成事実として甘受せざるをえない――、そしてそれとともに統制機能は先取りされてしまう。議会と人民における意思形成過程は、諸決定が下されてから、ようやくその後に始まっているという異議があるのは、その明白な兆候である。

だがそれは、専門的確定が非政治的であることを意味しない。およそ計画立案決定は、専門知識に裏づけられた部分的決定でも政治的選択を含み、そしてそれに他ならなくとも、具体的には専門的法則性が承認されている。そうした専門的問題に関連すると考えられる強制を承認しても、誰がそれを決定するのか、誰の利益なのかという問題がある。技術的現実化には固有法則性があり、政治的正統化を欠いていると主張する人は、こうして政治的過程の特定諸勢力から技術的現実化は隔離されており、経済的‐技術的発展の特定諸勢力に引渡されていると前提している。こうした人たちは、ユルゲン・ハーバーマスがその輪郭を示したように、[39]技術と科学をイデオロギーとして利用する。それとともに、いわゆる専門的領域といわゆる政治的領域の間には、「産業社会の国家」

と「伝統的」「主権的」国家の違いがあるだけでなく、それどころかこの違いが第一ですらなく、さまざまな、少なくともさまざまな強さで統制される社会諸集団間の違いがあるということが、暴露されてはいないだろうか？　そして、ここから新たに、それだけにいっそう性急な形で、規範的民主制概念への問いが、経済的―技術的発展の効果的統制への問いが、立てられはしないだろうか？

二　民主制、法治国家、そして権威的自由主義

4

この問いをその歴史的根元までたどろうと試みれば、現代の経済的発展の起源と、国法に描かれたその肖像にたどりつく。土地の流動化、産業化、国際的な経済の結合は、そうした発展の場を統一体として、合理的形成に適した社会として前提にする。この必要を満たしたのが、何より人民主権の原理だった(40)。それは、市民の平等によって構成される政治的統一体をつくりだしたが、これは国民の発展という要請、国家的生活の再建を、その目標に設定していた。それは個人の自由と国家の発展を、国家の政治的課題と、そしてまたその経済的機能と橋渡しした。その限りで経済的発展と民主化は分かち難く関連し、そして両方を戦わせて漁夫の利を得ようとする試みは、歴史の文脈に逆行すると思われた。

それでもなお、この関連には争いの余地がある。つまり、近代の経済発展の基礎としての国家的統一の樹立は、民主的国家の業績というより、主権的で厳格に組織化された国家による業績だったと考えられ、啓蒙的絶対国家

がその例として挙げられた。[41] 近代的な集権化された行政組織は、多くの点で絶対主義の作品ではなかっただろうか？　そして絶対主義は重商主義的な経済の促進を通じて発展をはじめたのであり、一八世紀にルソーは民主制の擁護者としてこれに反対し、また今日でもその発展の諸帰結があらゆる民主化の試みを限定しているのではないだろうか？

だが、今日の脱民主化の自己充足的予言を結局のところ規定しているこうした見方は、啓蒙絶対主義の有効性の限界を、それどころかその破綻を顧慮していない。[42] 一八－一九世紀の経済発展は、絶対主義的行政の働き、つまり、学問が統治実務へと啓蒙的に転換されたことからも利益を得ていると思われる。だが、それは、非連続の諸現象を、つまり――個々にはどんなに違いがあっても――アメリカ独立、フランス革命、そしてプロイセン改革により画される非連続の諸現象を前提にしている。絶対主義的に操縦された重商主義は、啓蒙が目覚めさせた経済的諸勢力を用いることに成功しなかった。これら諸勢力が効果的に働くには自由が前提となるが、より正確に言えば、その前提として、経済活動の自由のみならず、政治的なものの市民による共同決定のなかでこの自由がはっきり示されていなければならなかった。

この文脈は、合衆国、イギリス、そしてフランスで顕著だが、プロイセンについても立証されうる。一八一〇年一〇月二七日の財政勅令と同二八日の営業税勅令は、[43] 統一的徴税のために営業の重商主義的業務規定を廃止しただけではない。それは経済的自由による国家歳入と経済的生産性との向上という二重の目標に役立っただけではない。それには憲法制定の約束、つまり立憲的統治の約束が結びつけられていた。シュタイン男爵とハルデンベルクの行政改革は――先立って設定された頂点での再編以外に――何より、市民層の代表〔議会〕を規律する、地方団体自治行政委員会を導入した。この改革のクライマックスであるプロイセン国民議会開設は、一八四七年まで空手形にとどまったが、これは何より、経済的発展に抵抗する東エルベの地主層の影響だった。それは、専制的諸勢力以外に、一九四五年まで経済的発展を宿命的に遅らせた諸勢力を強めた。(44)この世紀最後の三分の一に自由主義が陥った危機が、経済的発展を、消極的地位を前提とする発展を、存続する官憲国家の発展へと統合するのを容易にしたにせよ、経済的自由主義の政治的自由主義への転換は周縁的問題にとどまり、経済的には満足しても政治的には欲求不満の市民層は、国民的陶酔へと逃避し、彼らの分断がこの帝国の帝国主義をもたらした主要な根拠となった。(45)

スイスの発展にとって経済的発展と民主的発展の並行性は、なお明らかに疑問の余地がない。(46)産業化の最初の痕跡を、ヘルヴェツィア（旧スイス）研究は追跡している。一九世紀最初の三分の一に商工業が著しく発展したが、それは、新生〔自由主義体制の確立〕から初期連邦国家までの時期に、道路建設と学校制度、立法と経済的諸条件の統一においてあがった成果を要した。民主的運動は、私的な鉄道建設、資本集約的産業経営の力の広がりという背景と、いっそうの法的統一性への要求を前にしてのみ理解されうる。確かにここでも国家活動は範囲を広げ、強さを増している。国家はその自由の理解に従って、学校をつくり、修道院から教会財産を没収した——「人民教育は人民解放である」(47)——が、これは夜警国家と別物である。だが、いずれの発展段階も、どこよりも強く人民の諸権利を発展させたところに、その特徴がある。カントン立法の生産的な時代には、普通、平等、そして直接の選挙権の発展が並行した。連邦立法は、連邦における人民主権を前提にしている——ベルンは一八四八年にヴァート産ワインの関税を撤廃したが、これは人民主権の定着、実践的には連邦における人民のより強力な代表制と不可分に結びついていた。立法を通じて優遇された産業が社会的諸関係に干渉したが、これが連邦と諸カントンにおけるレファレンダムとイニシアチブへの強い要望を誘発し、社会問題は比例選挙権への訴えのなかで表現された。経済は国家の新たな働きを求めた――だがそれらをもたらすべき国家は、その意思形成が民主化されることで、新たな要求に適合した。進化と民主化は対になっていた。その限りで、一九世紀の社会史からは、政治理念史からと同じく、規範的民主制概念が取り出されうる。

5

それでもなお、この歴史像は牧歌的風景ではない。一九世紀の人民諸権利は、組織化が弱く常備軍[48]に支えられていない国家装置からほとんど抵抗を受けなかった。とはいえ、それらは自ずと定着したのではなく、数々の革命と、その後にはしばしば革命に似た厳しい憲法紛争とを経た新生を通じて実現された。その政治的機能は当初しばしば経済的発展の諸傾向とまともにぶつかった。同じ過程が絶えず繰り返された。つまり、革命やその他の不意の権力交代により支配権を握った政府は、時代の経済的諸要求を考慮しようと試みるより穏健なプログラムの代弁者へと徐々に変貌した――新たな反対派が次の権力交代と、経済的必要へのこうした適合への反発をもたらすに至るまで。とくに、当初は賞賛として、後には皮肉をこめて「エキスパートたち Kapazitäten」と呼ばれた、自由主義派の三〇年代の閣僚級政治家たちはこの文脈に属する。だが少し後で、チューリッヒのアルフレート・エッシャー配下の支配集団のような、経済の発展にとって重要な指導グループもそうだった。これに対する反対派は、まず何よりカトリック地域でしばしば宗教的‐保守的に、だがその後には文化闘争的に動機づけられ、時には第一に社会政策的な動機に発する場合もあったが、こうした反対派から、立法への人民の参加権が生まれてきた。一九世紀におけるスイスの憲法政治的な成果は、第一に、これらの流れを制度化し、統合するのに成功したという点にあるといえよう。

だが、抵抗勢力の存在、上記の「エキスパートたち」の諸政府で権力主張しようとした意志の存在は、この統合作用の限界をも示唆している。ともかく一八七四年まで、あるいは連邦における憲法訴願の導入まで、そして端緒としてはさらに国民議会の比例代表選挙の導入まで、政治的意思形成過程の民主化は、経済発展と歩調をあわせてきたといえるので、それ以来、国家組織の構造と、同じように統合された政治と経済の利益集団への編みこみは、人民諸権利の発展が足並みをそろえるようにとはもはや言われなくなるほど、能率がよくなったことが明らかになる。(49) 一九世紀におけるスイスの統治と行政の組織に政治的一貫性が乏しいのは、したがって特殊事例かもしれない。このことが、なぜ経済的‐技術的発展と民主化の相互作用が、この世紀のみならず、すでに以前にヨーロッパの大国でほとんど袋小路に突き当たったのかを説明しよう。しかしながら、一方のスイス保守主義者のエキスパート支配に対する批判、(50) またトックビルがアメリカにおける対応する諸傾向に向けた批判と、他方のトマジ・ディ・ランペドゥサスの『ガットパルド』(51) における「解放され」、産業進歩に開かれた一八六〇年シシリアにおける選挙結果歪曲の描写、あるいは一八四八年プロイセンの標語である「民主主義者への反対を助けるのは兵士のみ」(52) との間には、大きな隔たりがある。そうした歴史的諸前提のもとで、一九一八年以降に政権を獲得したドイツ社会民主党が、一九四五年以降にフランス社会民主党が、急速に右傾化したことも理解されうる。

6

しかしながら、遅くともここで、公行政の諸改革だけを考慮して、そこから民主化と経済‐技術的発展との協調の崩壊を説明するのは、あまりに形式的ではないかとの疑問が出てくる。権力主張へのあらわな関心と、それをなしうる技術的能力とは、より強い社会的運動がそれらに対立させられる場合には、説明としてほとんど十分ではない。絶対主義国家は、行政組織の領域でどんなに業績を上げても、重商主義により妨げられている経済を解放しようとする欲求の圧力下で崩壊した。だが、一九世紀初頭にこうした経済の解放につとめ、大幅にそれを達成したブルジョア的‐自由主義的諸勢力は、いまや民主的な発展の自由のみならず、具体的に経済的な発展の自由の保護に関心を抱いていた。その結果として、経済的利害と民主制の更なる形成との間には、後者がもはや第一にはブルジョア層の利益に仕えなくなると、紛争が勃発せざるを得なかった。具体的には社会問題である。そして現実に、すでに一八三〇年のウスター民会《ランツゲマインデ》以降、都市に対するバーゼル地方の蜂起はなお自由を求める闘争とみなされえた一方で、自由主義的なチューリッヒの支配集団は山岳諸地方の織工の蜂起に力を込めて反対した。つまり、一八三〇年に貴族制に対する勝利が達成されたように、手紡工の蜂起〔ウスター焼打ち事件〕に対する過酷な抑圧によりアナーキーに対する勝利が達成された。[53] 四〇年代の共産主義者訴訟は、この勝利の悪用だと考えられ、[54] そして国民議会比例代表制の導入と、上述の一九世紀の革命運動と顕著に対立するゼネスト打倒との時間的接近は、国民議会選挙権の改革が、第一次大戦時代の経済的発展を顧慮するためになお十分だったのかどうかについて、疑問符を強調することになるかもしれない。[55]

なお明らかに同じ傾向はその他のヨーロッパに見られる。箇条書き的に一八四八年に対する全ヨーロッパの反動を示唆しておきたいが、こうした反動は、自由主義によって闘いとられた経済体制を変革する方向へ転換が迫られると、そこで民主化を終わりにしてしまおうとした市民層の心積もりがなければ、考えられなかっただろう。さらにたとえば、七月王制下の、そして何より一八七一年の敗北以降のフランスにおける社会的現状がもたらした脅威への、これに対応する対抗措置をも見ておきたい。

本稿の文脈で重要なのは、自由主義諸運動の民主制理解に対する帰結である。前三月革命期と同じく、フランス革命の自由主義は、ルドルフ・スメントが際立たせたようにブルジョアではなく公民／市民が、公権力を奪取し貫徹させることをめざす運動であり、かくして、選挙権と政治的平等のなかに諸基本権を、諸基本権の中に社会形成の手段を見ていた。(56) 彼らはその当然の帰結として、公共の福祉のための私的所有への介入に際して、現状に触れる経済や教育政策の改革でも臆しなかった——修道院、十分の一税、そして近代的徴税制度の成立をもう一度想起してほしい。だがここで、こうした諸改革が自由主義的経済システムの発展に関係する限りで、転換が生じた。いまや基本権、「公権」は、それらにカール—フリードリヒ・フォン・ゲルバーがあてがった意味を受け取った。(57) つまりそれらは、個人化された市民——つまりブルジョア——が国家に対して主張する、実証主義的に規定され、限定された請求権の基礎となった。それらは——スイスよりもドイツでいっそうはっきりした形で——、それらがこれまでもっていた政治と社会における機能を免れ、そして国家と社会の二元論に完全に組み込まれた。(58) 民主的—合法律的につくり上げられた自由により規定された国家という、ロベルト・フォン・モールとヨハン・カスパー・ブルンチュリの説は、統合理論に影響された国法学者たちによって再び取り上げられたが、(59) 社会から鋭く区分された国家という説はこの説から生まれた。つまり市民的タイプの、形式的に限定され、仕上げられた法治国家である。この法治国家にとって、民主的基礎との結合はもはや概念的に本質的ではないので当然に、それは民主制原理とともすれば衝突しかねない。そうした衝突はこの国家にとり外的脅威ではあっても、内在的緊張ではない。それは法治国家の形式類型論を危うくする。(60) だがそれは、隠れた「技術的現実化」によってではなく、給付国家への要求が法治国家たるこの国家を、形式化された法治国家ならその自己理解からして免れようとする任務の前に立たせるからである。民主的原理にとってはもっぱら国家意思形成の領域だけがなお開かれているが、国家的意思形成は必然的な産物により、つまり形式タイプとして承認された法治国家概念により、あらかじめ規定されている——そして、このようにまで孤立して、その発展の中で必然性に、つまり自由主義的法治国家性所定の産物に、服させられている。

三　民主的補正の困難と偽造

7

したがって三つの発展は、たがいに制約しあいながら、ともに同じ帰結へと作用している。国家装置はますます強く衝撃を与えるようになり、自由主義は、経済的自由主義を問題視する諸勢力を拒否し、そして国法的解釈論は、国家と自由の分離という自称思考必然性に依拠する形式化された法治国家概念をつくり上げた。三つの要因すべてが経済的-技術的発展と民主化との均衡を妨げた。前者の発展の方は——ともかく当初は——それらに妨げられなかった。人民主権の原理に媒介されて、この発展は一九世紀に、これら要因の要求を満たす国家的装置の建設に協力した。それどころか、国家的行政の内部に集中された専門的知識は、当初は職務を遂行し、当初は経済と技術におけるいっそうの進歩の結果として立てられた課題を果たした。給付国家は、生存配慮に対するどのような新しい社会的欲求がその充足を待ち焦がれているのかを認識していた[61]。それは、その組織構造を新たな政府機関や協議委員会を通じて、新たな調整手段を通じて適応させた。この手段とは、さまざまな直属スタッフ、所管をまたがる計画、協同的-連邦主義的、国際的、そして超国家的領域における複数の行政機関の協力である。[62]それは、利益諸組織のなかで分節化される具体的な諸要請を充足することに成功した――そして、それは経済的自由主義の国家活動を一貫して進めたとみなされうる諸領域にとどまらない。それどころか、社会政策的諸問題をもプラグマティックに、社会的諸対立を満足のいく形で処理することに成功した――しかし他方で同じ諸問題を原則的に、国家の合憲的機能を新たに規定して取り扱おうとする試みは、ここでは頑なな限界を設定する自由主義の厳しい抵抗にあって、挫折した。その限りで、たとえばドイツではビスマルクの社会主義者鎮圧法とビスマルクの社会保障立法との矛盾は、[63]スイスでは一九一八年のゼネストに対する態度と社会保障の拡充との矛盾は、はっきりとパラドックスに見えるかもしれない。その限りで、エルンスト・フォルストホフによる生存配慮の性格づけ、憲法以下の水準における欲求充足としての社会的現実化と技術的現実化という性格づけには説得力がある。

それでもなお、民主的正統性の原則的問題を度外視しても、二つの問いが答えられていない。

（a）第一に、政治的発展からこれほどまでに解放された行政は、特別な程度で統制を免れる。それがこれにより裁判所をも弱めるということは、まさにスイスで、一九世紀にはらわれた大きな努力にもかかわらず、そしてそのゆえに、はっきりわかる。だが、連邦共和国は生存配慮にはっきり示されたナチス的性質から意識的に離脱して考えうる効果的な行政法の保障を選んだが、[64]ここでさえ困難は残っている。行政行為の固有法則性は、まさに法律で完全には規定されない給付行政と評価的な行政決定――映画評価を考えて欲しい――の領域で、統制の肥大か空転かの択一しか残していない。[65]ここでは政治的に有効な監視の問題が立てられる。だが、それと、政治的評価決定ではなく内在的専門法則性から正統化される行政とに、原則的矛盾が存続するのではないだろうか？[66]専門法則性からの論証がアリバイとなり、政治的統制に関する透明性の拒絶がもたらされるなら、それは論理的に一貫しないのではないだろうか？　これは、行政内在的〔専門技術的〕なやむを得ぬ事情により呼び出される問題、ミラージュ事件で露骨に白日の下となった問題の一つかもしれない。

（b）　それと第二の問題が関連する。好性能化した行政の集中された処理知識は、確かに国家意思形成を統制する手立てでは追いつかなくなっている。だが当初は法治国家の民主的正統化を基礎づけていたが、後にそれを遅延させた国家外諸勢力の、同じく集中された処理知識は、そうではない。それら諸勢力は、自由主義的公共性を代替し、そして、公的権力が一つの見解を形成し、その課題を果たす際に、支えとなった。その限りで、経済諸団体の参与権[67]は有益で論理的に一貫していた。とくに、問題は「経済の権限ある（!）[68]組織化」でなければならないという定式は、特徴的である。スイスの憲法用語ではヴァルター・ブルクハルト以来、権限の概念は組織を公的なものと認定していないのではないだろうか？　専門知識と専門への近さという観点は、こうした考察様式をも論理的に一貫していると考えさせている。それらはもちろん、「権限ある」利益[69]がどのように評価、衡量されるべきかに答えない。民主制による調整のなかで均衡がはかられるべきだというのは、ほとんど何もいっていない。つまり、どの尺度にこの均衡は向けられるべきなのだろうか？　政治的評価のこの尺度は、それが政治的統制を免れるなら、必然的に主観的処置に委ねられ続ける——具体的には、調整者たちと、彼らの背後にいる民主的に正統化されない事実的権力の処置に、である。それも一つの民主的決定である。調整の専門的正しさは、外部に対してなおまったく閉じられているという印象を与えるかもしれないが。

8

しかし、ファシズムとナチズムの独裁制を度外視すれば、経済的-技術的発展が一九世紀に達成された民主制の法的整備を妨げたというのは、上述の内容と矛盾するかもしれない。むしろその反対である。つまりスイスは選挙改革、条約に関するレファレンダム、緊急権の廃止を通じて政治的諸権利をむしろ拡張し、そして、同じ方向を示すそれ以外の要請に根本的に取り組んだ。ドイツではそれよりも発展は直線的ではなく、今日では少なくとも――ヴァイマル憲法の多くの権利を放棄しても――憲法により予定されていた参加権の遵守が帰結された。だが複雑化の突出、公行政と私的管理における権力集中、統合的社会政策と生存配慮は、現存の政治的協力権に加え新しいそれが現代民主制に組み込まれても、立ち止まりはしない。それは現代民主制の偽造となり、規範的民主制理解に人間的自由の保護を期待している多くの人々を失望させた。苦情の多い、すでに示唆したその兆候は、行政–技術的決定発見という既成事実である。たいていはまさに議会は、なおのこと人民は、技術的に必要で、たがいに関連し、その複雑性ともたらされる帰結がほとんど見通せない、徹底した変更が実務的に不可能なほど数多くの要素を、一つにまとめる法案に直面している。残された選択肢は、個々のすべての異論に逆らって賛意を示し、すでに形づくられた諸決定を後から正統化するか――あるいは何とか組立てられた構造を壊し、破片の山がもたらすいやというほど見せつけられた諸帰結に至るしかない。つまり、破片の山は、期待を裏切った問題解決の失敗を強調するか、さもなければ、やむを得ぬ事情をますます逃れ難く見せる構造へと再度修復されるのである。[70] こうしたやむを得ぬ事情のモデルは、複雑化した国際的な、個々にわたって定式化するために個別行政に委ねられざるをえない協定である――「司法共助」と「二重課税」という見出し語で十分だろう。対応する諸現象は国内の協定や協同的連邦制の取り決めのなかに、また国内的取り決めに基づく諸規定や諸計画にも、現れている。[71]

しかし、そうした取り決めの存在とその頻繁さは、行政が法律を決して隔離して、つまり政治的状況布置から切り離して準備できないことを示している。すなわち、行政は、破片の山になるのを避け、合意を得られるように法案をまとめなければならない。これは、すでに言及した諸団体の影響を、近年レオンハルト・ナイデハルト(72)によりきわめて感銘深く際立たせられたやむを得ぬ事情へと凝固させているが、そこにはレファレンダムによる威嚇があり——そして類似のことは必要な変更を加えれば議会の同意にも妥当する——立法行為により潜在的に巻き込まれる利害をすべて顧慮し、レファレンダムが行われない、あるいは見込みのない周辺的立場からしか行われないようにしているのである。了解を獲得するという手続の——やむを得ぬ事情は、法律内容に対するやむを得ぬ事情を覆い、それを規定している。政治的過程は民主的統制により脅かされる諸利益のなぶりもの、「部分的国民投票システムにおける立法的バーゲニング」となり、「投票の民主制」は、人民意志を操作する「交渉の民主制」に変ずる(73)。

とはいえ人民投票の脅威への視線が法律の準備と審議に影響を与えているという事実は、もちろん新しくないし、この点に歪曲はない。レファレンダム民主制における人民投票は、自由な決断ではなく、代表的意思形成過程で統合された統制である(74)。つまりそれは、ラーバントの立憲−君主制国法の意味での裁可ではなく、政治的に見れば、協議的民主制の礎石であり、法的に見れば、他の成立段階にと同じく立法に課された法的条件である(75)。その結果として、それは議会と政府は多数派の意思と利益に即して決定したかどうかを、経験的に明らかにしうるし、しなければならない。経験的人民意思を納得させることは、それゆえ——反対に経験的人民意志への確信の影響と同じく——代表−民主的システムの、そしてなおさらレファレンダム民主制システムの弁証法に属する。

だが、上述のように、組織化された経済的に有力な諸集団が立法に影響を及ぼしたために、人民を納得させる主体が変わった！　いまやもはや議会と政府は、協議的－弁証法的な意思形成過程で展開される公共性とではなく、組織され、あらかじめつくられた諸利益の代表と関わらねばならない。[76] そこに説得力をもって影響を与えるのは、きわめて困難である。反対にここでは、経済的に有力な諸利益が、人民の意思形成と、それとともに何より法案作成準備における了解とを規定する当然の優位な立場を手にしている。[77] 地方水準に作用する、十分に整えられていない計画諸機関が、強力な経済的諸利益に最も深刻に対峙しているのかもしれない。[78] それらの利益は確かに——カール・シュミットによるいわゆる古典的議会制のイデオロギー的粉飾と現代議会制の誹謗に対して[79]——、多元主義的民主制に、そして相当程度まですべての議会制的民主制に当然の、それどころか必然の要素である。だがかつてその重みは、比較的最近そしてごく最近に経済の集中化がなされたことを条件として、改めて懸念せざるをえない程度まで増していた。[80] そしてなにより、イニシアティブとレファレンダム圧力とのなかで、経済権力は、政党を通じて濾過されず、議会制による秩序と手続の保障を通じて和らげられもせずに、直接に影響を及ぼしている。人民投票は、その時々に財政的に最も強い関連利益諸団体が拍手喝采する場に、討論の公共性は茶番になってしまいそうだ。

確かに、これらの危険は誇張されてはならないだろう。レファレンダムとイニシアティブは、後にも先にも、政治的集団形成を、支持者が増えると不足する財力を調整する助けとなる。この意義は機会平等の実現に役立つ。つまりそれは、最近の文献に見られるかなり厳しい批判的な声に対して、些事に見せかけられてはならないだろう。[81] だが、人民諸権利は経済の集中過程に直面して民主制を保持するための一般的救済策——それを示すことこそが重要だったが——ではないし、議会と政府における意見形成ほどではないが、同じように経済の集中により脅かされている。直接的関係を奪われた人民意思に主権者の自由な決断を対置すべしとの要請は、[82] 人民投票の必然的に拍手喝采的な機能という対立命題と同じくイデオロギー的である。[83] だが、レファレンダムの偽造は、議会以前に先決されるために論理必然的に整合的――民主主義の成果にとどまらない公文書、とりわけ条約においては、差し迫った問題となっている。ここでは、レファレンダムの拡張は事実として、よりよい国内的な利益の追求を目的とした、国際法的な行為の自由の弱体化を招く道具に過ぎない。[84]

四　課題としての社会を基盤とした民主制への歩み

9

したがって、民主制保持に対するスイスに典型的な寄与も、確かにその歴史的機能はほとんど過大評価できないが、現代の諸条件のもとで任意に拡張し適用するための打開策として誉めそやすわけにもいかないとすると、脱民主化という落胆させる結果になってしまう。しかしながら、新たに経済的集中と技術的固有法則性に対する対重としてそれを有効に働かせうるように一定の修正を加えれば、人民の政治的意思形成を可能にできないだろうかと、まだ問われなければならない。

上述のことから、政治過程、政府、議会、そして人民において問題設定と決定の発見を改善するというのが、最も手近であり、自然な努力に違いない。この要請はよく知られている。[85] それはスイスではたとえばミラージュ事件からの帰結との関連で、しばしば議論されてきた。[86] 政治家、議員、そして市民のよりよい情報は、行政と利益諸集団における処理知識の突出を調整するという目的で、重要である。第二に、経済的諸利益の影響を統制下に置くために、意見形成の透明性と公共性の改善が重要である。第三に、議会と人民が早い段階で質問をできるようにするのが、不吉な破片の山ができるのを避け、真の対案を成り立たせるために、重要である。最後に第四に、議会と人民における意見形成をよりよく保護することが、利益諸団体のあまりに財力にものをいわせた影響の試みと圧力を妨げるために、重要である。

これら、そしてその他の課題と改革はすべて、考慮に値し、有用で、また重要である。それらが近年に大部分手をつけられ、議会改革が大きな今日的テーマに数えられていることは、楽観的な予想を勇気づけるかもしれない。だが、そうした改革に決定打を期待するのは、私には見当はずれだと思われる。ごく短く証拠としていくつかの標語を以下にあげておく。

情報の改善、準備的専門知識による諸決定の強化は、客観性の問題にぶつかる。統計データは、具体的問題設定において正しいか誤りかだが、より複雑な諸事実や、また予想にいたってはどうだろうか？　ここでは情報と評価とが行き来している。専門知識は必ずしも中立的ではなく、そちらの側で諸利益の立場と結びついている。つまり、意識的な潜入を通じて——たとえばドイツ連邦議会の調査官任用はその意義がまだ認識されていない問題だといえよう——、あるいは、出自や社会化により説明されうる予断を通じて——これについては最近の法曹社会学に関する研究を考えて欲しい。(87)

意見形成の透明性は、公的なヒアリング、委員会の諸会議、質疑時間により、さらにはテレビ中継の導入により、質的に決定的に改善されてきた。だが、量的にはどうだろうか？　意識的につくられた公共性とイメージは、現実的な洞察を与えずに、情報が提供されているように見せかけ、信頼できるように思わせてしまわないだろうか？　政府が公共に開かれた活動をすることは、世論の沈静と統合に対して価値があると疑念なく肯定されうるが[88]、世論がそれにより客観的に情報を提供されているかどうかとの問いには、かなり慎重に吟味されねばならない。

質疑の前倒しは同じ問題をもたらす。つまり、ある問題が一般的に立てられると――たとえば環境保護の是認とか医療扶助の改善について――、一致した答えが手にされる。それがより具体的に――たとえば導入調達されるべき飛行機について――述べられると、その答えは、おそらく客観的にはなお存在せず、少なくとも質問を受けた側には間違いなく存在しない。答えはこの場合、どのような情報が質問と結び付けられているかに左右され――そしてそれゆえに質問者によりあらかじめ決められうる。ここで、「最小限の決定」[89]に至る運命的傾向が貫かれるか、疑わしくなる。だが、結果がすでに先決されている場合にはじめて、できる限り客観的に――上述のような留保つきで――情報が提供され、はじめて質疑が可能になるだろう。

最後に特に困難をもたらすのは、自由な意思形成の保護である。第一に、誰に対して保護は保障されるべきだろうか？[90]　議員が自分の政党を変える決定の自由は、その選挙人を犠牲にして、新聞読者の決定の自由は多様な報道を犠牲にして、あるいはその反対に[91]、政党政治的に中立な市民の決定の自由は有能な諸政党に負担を強いて、あるいはその反対に、保護されてもよいのだろうか？[92]　すぐ前で言及した経済的諸勢力の政治的意思形成過程への干渉は、国家的な政党助成によりドイツでは諸政党の保護をもたらし、報道の集中に対する措置という考えがすぐに浮かんだ。だがそれを通じて政党と報道はそれらの基盤から切り離され、そして国家に、間接的には国家を規定する経済的利益に左右されてはいないだろうか？　とくにそれがはっきりしたのは、政党寄付の課税控除問題においてである。政党寄付の意義は、もちろん寄付者の収入に左右される。およそ国家的措置は、ここである方向の優遇という疑いにさらされる[93]。

もう一度。これらの留保はみな、政治的意思形成の保護のために必要で、個々の点では重要な国家的措置に反対しているのではない[94]。だが、経済的−技術的な発展に埋没した国家は、その機関のどれをも、また人民をも、国家自身が服している影響と歪曲から防げないということを、これらの留保は明らかにする必要がある。

10

経済的−技術的発展に巻き込まれてもそのため国家が民主制だと主張できるのは、国家の方がその発展を、専業化と民主化の弁証法が再び始まるように、飼いならす場合だけである。それにより――直接民主制の拡張が治療策として不適格だと明らかになったので――ユートピア的民主制理論の水準への逃避だけが順応の民主制への対案として考えられうる。上に示した民主制のオーバーホールを取り消す徹底した文明化批判の意味で、あるいは経済的発展の力をマルクス主義的に止揚するという意味で、あるいは、大抵の最近のキリスト教的社会理論よりも明瞭にカール・ヤスパースが要求していたよう[95]な道徳的性質の実存的決定の意味で、これは考えられる。私はそれでもなお、これらを足場にするつもりはない。反動的なそれをとらないのは、給付国家は今日不可逆的だと捉えているからである。レーニン型のマルクス主義にしないのは、それが見通しうる過渡期には民主制を猶予しており[96]、それが見通しうる確実性をこの過渡期の終わりについて与えられない以上、技術的−経済的な発展には優位が認められねばならないからである。実存哲学的なそれをとらないのは、それがその哲学的問題設定の中で、政治の形成から逃げ出しているからである。それはまずあきらめを余儀なくする。つまり、スムーズな解決可能性は期待されず、民主的諸制度の阻害と疎外は完全には避けえず、ただそれにブレーキをかけられるだけだという自白を余儀なくされるのである[97]。

だが確かにユートピアか順応かという二者択一は、[98] 現代民主制が経済―技術的な発展を可能にした場所で、第三の道を開くかもしれない。この発展は、民主的憲法国家によって保障された自由の余地を用いて、その意思形成の過程をやむを得ぬ事情と諸利益と重ね合わせる。国家意思を生み出す社会は、もはや市民的な、自由に自己形成する公共性だけに依拠するのではなく、まずは政治的集団化と経済的組織化の形式で構成される。したがって私的組織と権力展開は公的な意義と機能を獲得する。[99] そこから、基本権の保障によりそうした構成を可能にすることにもはや限定されえない、国家の付加的課題が成長してくるだろうか？　公的機能をもった諸組織に、国家的組織に関する構成的諸原理を意味どおりに移せるだろうか？　組織化された諸利益の国家に対する影響は、国家と社会的組織の分離線をぼやけさせる。組織諸原理の同質性は帰結とならねばならないのか？

こうした問題選定は、社会問題を思い出させる。私的権力行使が公的諸利益を脅かしたために、またその限りで、国家的な保護諸規定と保護措置（保険）が介入しなければならなかった。部分的には、諸問題も関連する。社会的基本権、とくに社会的視点での給付国家に適した基本権解釈、[100] また賠償義務法への諸帰結は、[101] 同時に社会的保護目的と、自由―民主的国家の基礎にある人間像の諸基準に私的権力を限定することに役立つ。これら諸帰結は同じく重要だが、ここでは民主的組織化の諸問題を扱うために、考慮外とせざるをえない。

具体的な諸経験が、明文の憲法規定をもとに（基本法第二一条）、ドイツでは政党の権利に関して現在問題になっている。[102] この民主化命令は、ヴァイマル共和国後期の悪しき諸経験により、今日に至るまで影響をもち、経済的権力が党内意思形成に、そして間接的には、国家的意思形成に影響を及ぼすことに反対している。[103] まさにそこに、この命令を実現するさまざまな困難は由来する。立法者は、拘束力ある憲法の命令にもかかわらず、当初はより安易な道を進み、国家助成を通じて政党を他の出資者から独立させようと試みた。だがほとんどすべての党員は出資者でもある！　国家助成だけでは、したがって、ドイツの選挙法形成のおかげでそうでなくとも有力な政党装置を強化するという、好ましからざる副作用が生じてしまった。連邦憲法裁判所はその政党助成判決の中で、[104]政党への選挙費用の補償を、党内民主制の一定の最小限を要求した政党法の公布に依存させたが、これはきわめて明らかに右判決の積極的側面といえよう。もちろんその効果の限界は、諸政党の内部秩序に関する、まったく臆病で、実務や法政策的諸傾向によりさらに骨抜きにされた諸規定だけではなく、[105]偽作の「国家市民会議」を介した経済による匿名の政党資金援助というなお続いている問題にも明らかであり、これが依然として諸政党の経済的道具化にきっかけを与えている。[106]アウトサイダーには最小限のチャンスしか与えない政党組織の大衆諸政党への集中と、連邦共和国における厳格な党組織を付け加えれば、党内民主制はごく限られた効果しかないのは明らかである。

したがって、公的意思形成の民主化が政党で終わると大した成果を得られない。一方では、今日の民主制における直接的な意見形成諸要因として、他の諸勢力も考慮される。つまり第一にマスコミの手段、さらに教育組織の諸制度、とくに大学である。[107]他方では、経済的権力は、上述のように、一部で依然として政党を介して、一部で直接に、そして特殊経済的な利益諸団体を介して、政治的意思形成に影響を及ぼしている。ここからこの原理は、それどころか最近大胆な理由づけで定式化されたところでは、[108]労資共同決定への基本権は、必然的ではないにしても当然の帰結だと私には見える。二重の観点で、民主制の遅れは経済的および技術的発展の固有法則性に応じて取り戻されると期待できる。

一面では、職場での共同決定を通じて、経済的集中と技術的完全化とともにますます見通しがたく、ますます掌握されなくなった過程に、労働者たちが順応してしまうのを緩和することが重要である。その限りで共同決定は労働者保護の裏面であり、その補完である。人格として、そして基本権の担い手としての労働者が、労働諸条件を通じてあまり強く侵害されてはならないように、労働者としての市民もその政治的自由を完全に放棄してはならない。

だが、この人間にとって第一の明白な共同決定思想の正当化よりもさらに重要なのは、経済的正当化と政治的正当化である。政治的–民主的国家組織と私的権力との紛争が深刻でなくなるように、経済と社会の部分領域で意見を形成し、利益代表をあらかじめ構造化することが重要である。もう一度、経済的–技術的世界が政治的意思形成に対して獲得した優位を思い浮かべれば、民主制原理の経済領域への転用が、政治的支配の民主的規定を更なる掘り崩しに対して保持するための、唯一の希望かもしれない。

11

もちろん、この帰結とこの想定は上述のことよりやむをえないと思われ、またそれへの異議も激しい。部分的にはいずれにせよ、それらは歴史的な由来を求めれば反駁されるように、私には見える。何より私見では、民主制は国家的組織に限定され、転用できない形成原理であり、したがって民主化はイデオロギー的刺激語だという異議は[109]、場合によっては別の状態にあったより昔の民主制の歴史ばかりか、なにより、一九世紀の自由主義的–民主的運動が果たした上述の経済的機能、経済的–技術的成長の促進に直接合わせて整えられた機能にも矛盾する。だが民主制は経済と技術の発展を助けてきたので、なぜ民主制がこの領域でも、ことにここで、決定の基礎とされてはならないのかは、理解されえない。

同じく、ドイツにおいて多くの鑑定人により[110]提起される基本権侵害という異議――具体的には公用徴収は共同決定におかれるべきだという異議――は、あまり浸透していないように私には思われる。所有権はその内容を、現代の民主的諸形式をもつくりだした歴史的段階で手にした。所有権はそれと結びつけられ、そしてまさにそれゆえに公的利益の点で必要な制限の留保のもとにある。それどころか今日の所有権秩序は、以前のそれのおよそ調和的ではない変化により成立した――教会財産没収、死手譲渡に対する闘争、土地税の廃止と強奪的な償還を思い出して欲しい[111]。私的な所有権利用が民主制の保持を危うくする限り、それはこのため制限可能でなければならない。――もちろん、人格的、理念的な自由財が問題になっている場合は、別になる。報道企業の市場占有率制限は、不可侵でなければならない経営者の出版の自由とは違う。大学組織への大学生の統合は、個人的な研究教育の自由とは違う。これらの個人的自由は共同決定により脅かされず、またそれは許されもしない[112]。

政治的‒経済的な疑念は重要である。つまり、共同決定は、経済が機能するのを、社会的経過の計算可能性を、成長を妨げはしないだろうか？　これまでの諸経験を通じて、たとえばドイツの鉱業産業で、それは証明されていないと答えられる[113]。だが、それは核心をついてはおらず、変わるかもしれない。共同決定を通じて民主制を保持し、その遅れを取り戻そうとする人は、それにより経済成長、技術革新を妨げることを我慢して受け入れねばならない。調整の国家形成と社会形式たる民主制を受け入れるこうした心構え、謙虚と自己制限へのこうした心構えがあるかどうか――それは自称民主主義者に向けられる、隠蔽されてはならない良心問題である。成長と摩擦のない機能の働きを犠牲にしても調整が必要だといくつかの点が示していることを、これまでで説明できたと望みたい。

だが、成長を制限するそうした心構えがあっても、共同決定が節制の道具として一つの妥協であり、他の民主的制度と同じく歪曲されうることを示す、二つの問題が残る。一つの問題への鍵を提供するのは、しばしば表明される、現行と計画中の共同決定の規律に対する批判である。つまり、それは経済的‐技術的過程におよそ反対して定着させられうるだろうか？　問題はまず、あらゆる共同決定の規律に対する強い政治的抵抗に直面し[114]、また共同決定の実践をも前にして、立てられる。それはある権力構造を他のそれ、つまり労働組合とそれらの幹部たちのそれにより代替してはいないだろうか[115]？　たとえばドイツ労働組合同盟は大銀行の一つの持ち主であり、その住居建設会社は最も有力な建設企業の一つであるということを考慮し、またさらに、労働協約の実務により、そしてドイツでは労働判例により促進された、労働組合組織の同質性とヒエラルヒーを考慮すると、これまでの共同決定規律が経済発展にとり危険ではないことが分かるだけでなく、労働組合民主化の要請が、諸政党民主化と同じく当然となる。どこからはじめるべきか？　そして最後に、公企業における共同決定は、議会により正統化される監視をも弱める。それでは共同決定により多くの民主制が期待されうるだろうか[116]？　これに対する懐疑が、自由主義的批判者と、反修正主義的マルクス主義の批判者を一くくりにする。もちろんその結果として、対案としてのすでに示唆したユートピア的民主主義理論の道だけが開かれている。

これは最後に重大な意義に移行する。つまり、共同決定は共同決定権者に、法的および事実的に、彼らが責任を担うことにより、義務を負わせる。したがって、労働組合の二つの働き、つまり整合と利益代表という機能をばらばらにする。その抵抗能力は、とくに労働法にとって本質的な闘争能力は、弱められる。確かにこれは社会平和に役立つ――だが順応の平和にであり[117]、これは被雇用者を経済‐技術的発展の過程に統合し、それによりその優位と、その民主的原理からの分離を認める。共同決定はしたがって、ビスマルクの社会立法と類似した機能を持ちうる。それは、レファレンダムの一定の布置状況におけるのに似た、組織化された諸利益の「バーゲニング」政策を可能にする。ここから、共同決定の肯定は、カトリック社会論によるばかりか、ドイツのビーデンコップ委員会鑑定によっても、理解できる。[118] 実際、ドイツ鉱業産業における諸経験はこの点を確認している。もちろん、ドイツ労働組合と青年社会主義者たちが最近計画されている共同決定モデルに対して抱く懐疑と、まさに他のEC諸国の左派社会主義労働組合によるその否定とは同じく理解できる。

12

ここで完全に、その脅威となる諸勢力を弱め、それらを統合する現代経済社会の莫大な能力が明らかになるが、その結果として民主的同意は獲得されても、民主的自己決定、やむを得ぬ事情に対する支配は幻想となる。それは、最近共通善概念に集中的に取り組んだドイツの若手国法学者たちが二人そろって、この紛争は共通善を発見するために必然的な要素だとして強調する結果になぜ行き着いたかを説明するかもしれない。[119] そうした紛争は、自由の対価である。それらは社会の安全性と調和の観念を、自分自身とその環境を損ないながら、恒常的な技術的進歩と経済成長の幸福を喜ぶ社会のこうした観念を犠牲にするかもしれないし、またそうせざるをえない。

それにより、法律家たちは著しく硬直した外的条件の下で、民主主義運動の初期、とくにスイスで刻みつけられた課題を、新たに立てる。つまり、諸紛争を調停する可能性を残し、紛争においても法の限界を意識すること、法をリヴァイアサンの絶対性要求に対して責任を持って、しかし批判的に適用することである。[120] やむを得ぬ事情を問題視するこうした心構えには、今日ではテクノクラシーの現実を民主的理念と等置するよりもはるかに多く、民主的国家への信念が含まれているといえよう。

＊一九七四年二月二五日バーゼル大学法学部での講演をもとにしている。

【原注】

（1）Dig. 1, 2, 2, 9〔『ユスティニアーヌス帝学説彙纂 ΠΡΩΤΑ』、春木一郎訳、有斐閣、一九三八年、六八頁〕. セクストゥス・ポンポニウスの特徴づけについて参照、Jörs/ Kunkel/ Wenger, *Römisches Recht*, 3. Aufl. Heidelberg 1949, § 19 Nr. 4, S. 32 f.

（2）Platon, *Politeia*, Buch VIII, p. 562a ff.〔プラトン『国家』、藤沢令夫訳、岩波文庫、一九七九年、（下）〕. この繰り返し反民主主義的意味で利用されている民主制概念の理解について、現在では、Reinhart Maurer, *Platons «Staat» und die Demokratie*, Berlin 1970〔マオラー『プラトンの政治哲学』、永井健晴訳、風行社、二〇〇五年〕の解釈の試み。

（3）Aristoteles, *Politik*, Buch IV, V, insb. P. 1293bff., 1295aff.〔アリストテレス『政治学』、山本光男訳、岩波文庫、一九六一年〕.

（4）Max Imboden, *Die Staatsformen*, Basel /Stuttgart 1959, S. 20 f.（Nachdruck Basel 1974, S. 149f.）.

（5）Carl Schmitt, *Der Leviathan in der Staatslehre des Thomas Hobbes*, Hamburg 1938〔シュミット「レヴィアタン」、長尾龍一訳、同編『カール・シュミット著作集Ⅱ』、慈学社、二〇〇七年、三三頁以下〕. 現在では、Bernhard Willms, *Die Antwort des Leviathan*, Neuwied/ Berlin 1970; Klaus-M. Kodalle, *Thomas Hobbes — Logik der Herrschaft und Vernunft des Friedens*, München 1972, insb. S. 79 ff. 並びに、«Hobbes- Forschungen»（hg. R. Koselleck und R. Schnur）Berlin 1969の論集。一般的文脈については、Helmut Quaritsch, *Staat und Souveränität*, Bd. 1, Frankfurt a. M. 1970. これに対して、もちろんホッブスの体系の中に個人的な理性的決定の崩壊や――Peter Meyer-Tasch, *Thomas Hobbes und das Widerstandsrecht*, Tübingen 1965〔マイヤー＝タッシュ『ホッブスと抵抗権』、三吉敏博・初宿正典訳、木鐸社、一九七六年〕――、あるいはキリスト教者の自由――Dietrich Braun, *Der sterbliche Gott*, Zürich 1963――を示す試みがなされている。反対するのは、Carl Schmitt, Die vollendete Reformation, in: *Der Staat* 4, 1965, S. 51（54 ff.）; Bernhard Willms, Von der Vermessung des Leviathan, *Der Staat* 6, 1967, S. 75（98 ff.）, 220,（226 ff.）.

（6）C. B. Macpherson, *Die politische Theorie des Besitzindividualismus von Hobbes bis Locke*（= The political Theory of possesive individualism, 1962）, Frankfurt a. M. 1967〔マクファーソン『所有的個人主義の政治理論』、藤野渉他訳、合同出版、一九八〇年〕.

（7）これについては、Dian Schefold, Rousseaus doppelte Staatslehre, in: *Der Staat als Aufgabe. Gedenkschrift fur Max Imboden*, Basel/ Stuttgart 1972, S. 333 ff. がさらに論拠を示している。

（8）G. W. F. Hegel, *Grundlinien der Philosophie der Rechts*, 1982, insbes. §§275 ff.〔ヘーゲル『法権利の哲学』〕. Vgl. Hermann Heller, *Hegel und der nationale Machtstaatgedanke in Deutschland*, 1921（Neudruck Aalen 1963）.

（9）Werner Weber, *Spannungen und Kräfte im westdeutschen Verfassungssystem*, 3. Aufl. Berlin 1970, S. 366.

（10）Ernst Forsthoff, *Der Staat der Industriegesellschaft*, München 1971, S. 11ff.

（11）Herbert Krüger, *Allgemeine Staatslehre*, Stuttgart 1964/ 66, S. 4; vgl. Dian Schefold, *Zeitschrift für Schweizerisches Recht*（ZSR）84 I, 1965, S. 263 ff.（288 f.）; Peter Badura, *Juristenzeitung* 1966, S. 123 ff..

（12）重要な関連文献のまとめとここで関心のある観点での研究として示唆に富むのは、Ernst Forsthoff（Hrsg.）, *Lorenz von Stein. Gesellschaft - Staat - Recht*, mit Beiträgen von Dirk Blasius, E. W. Böckenförde, Ernst Rudolf Huber, Frankfurt/ Berlin/ Wien 1972.

（13）このことをはっきりと方向を定めて強調したのは、Kurt Eichenbergerの学長就任講演«Leistungsstaat und Demokratie», Basel 1969の功績である。この概念の生産性は、たとえば給付国家における基本権に関する議論に現れている。Grundrechte im Leistungsstaat, *VVDStRL* 30, 1972, S. 7 ff. mit Referaten von Wolfgang Martens und Peter Häberle; さらに Jörg Paul Müller, Soziale Grundrechte in der Verfassung? *ZSR* 92 II, 1973, insbes. S. 731 ff.

（14）Forsthoff（注10）, S. 30 ff. これに対して、まさにヘーゲル－マルクス主義的国家理論を出発点として、自覚的な政治的形成の課題を指摘するのは、未公刊のベルリン〔自由〕大学教授資格論文、Dieter Suhr, *Bewußtseinsverfassung und Gesellschaftsverfassung*（1973）〔その後 *Bewußtseinsverfassung und Gesellschaftsverfassung — Über Hegel und Marx zu einer dialektischen Verfassungstheorie*.（Habilitation）Verlag Duncker & Humblot, Berlin 1975として公刊〕.

（15）Aristoteles, *Politik* Buch VI, p. 1317a/b〔注5〕; Christian Meier, *Entstehung des Begriffs „Demokratie“*, Frankfurt a. M. 1970, S. 7.

（16）アリストテレスにつきこのような見解は、Friedrich Tomberg, *Polis und Nationalstaat*, Darmstadt/ Neuwied 1973, S. 30 ff.

（17）Aristoteles, *Politik* Buch VI, p. 1317b〔注5〕.

（18）Jean-Jacques Rousseau, *Du Contrat Social*, Buch III, Kap. 4, 5〔ルソー『社会契約論』、桑原武夫訳、岩波文庫、一九五四年、九五頁以下〕.

（19）Wilhelm Hasbach, *Die moderne Demokratie*, 2. Aufl. Jena 1921.

（20）たとえばルソーの用語法がそうである。参照、『社会契約論』第一巻第六章。これに従うのは、たとえば、Iring Fetscher, *Rousseaus politische Philosophie*, 2. Aufl. Neuwied/ Berlin 1968.

（21）たいていのスイス新生憲法 Regenerationsverfassungはこのようになっていた。たとえばチューリッヒ（一八三一年）第一条、ベルン（一八三一年）第一条、アアルガウ（一八三一／四一年）第一条、ヴァアト（一八三一年）第一条第三項、ジュネーブ（一八四二年）第一条第三項。詳しくは、Dian Schefold, *Volkssouveränität und repräsentative Demokratie in der schweizerischen Regeneration 1880-1848*, Basel/ Stuttgart 1966, S. 155 f., 167 ff.

（22）このように、Carl Rotteck/ Carl Welcker, *Staats-Lexikon*, 3. Aufl. Leipzig 1860, Bd. 4, S. 94 ff.の項目 „Constitution“. これに対応するのは、たとえば Max Imboden, *Die politische Systeme*, Basel/ Stuttgart, 1962, S. 16 ff.（Neudruck Basel 1974, S. 16 ff.）.

（23）特徴的なのはたとえば、Kasimir Pfyffer, *Über die Folgen der neuesten Staatsreformen in der Schweiz in Hinsicht auf Politik und Kultur*, Zürich 1831; これについては、Schefold（注21）, S. 154 ff.

（24）このように、Jakob Dubs, *Die Schweizerische Demokratie in ihrer Fortentwicklung*, Züurich 1868, S. 3 ff.; つづいてまったくこの意味で、個々の従来のカントン憲法――ザンクト・ガレン（一八三一年）第一条―第三条、バーゼル・ラント（一八三八年）第二条――以下では、民主的運動の帰結たる諸憲法、とくにチューリッヒ（一八六九年）第一条、第二八条は、概念的な性質決定なしに純粋な権限分配という意味になっている。

（25）W. Wilson, *Der Staat*, in deutscher Übersetzung Berlin/ Leipzig 1913. そして第一次大戦後は大きな影響力を及ぼした。反対にこれとは違って、一九四五年以降になると、Carl Joachim Friedrich の «Constitutional government and democracy (!)» が «Der Verfassungsstaat (!) der Neuzeit», Berlin/ Göttingen/ Heidelbert 1953という書名で翻訳された。最近の限定づけについてはまた、Felix Somary, *Krise und Zukunft der Demokratie*, 2. Aufl. Wien/ München 1971, insb. S. 147 ff.

（26）これについては、Dieter Grosser, Demokratietheorie in der Sackgasse? in: *Öffentliches Recht und Politik, Festschrift für H. U. Scupin*, Berlin 1973, S. 107 ff.; さらに W. D. Narr/ F. Naschold, *Einführung in die moderne politische Theorie*, 3. Bde., Stuttgart 1969/ 71, insb. Bd. 1, S. 45 ff., Bd. 3, S. 24 ff. ヴァイマル憲法第一条と基本法第二〇条第一項、第二項との対立も特徴的である。

（27）Werner v. Simon, Das demokratische Prinzip im Grundgesetz, *VVDStRL* 29, 1971, S. 3（39）.

（28）Wilhelm Hennis, *Demokratisierung — Zur Problematik eines Begriffs*, Köln/ Oplanden 1970; «Die mißverstandene Demokratie», Freiburg i. B. 1973に再録。以下の論文集は類似している。«Grenzen der Demokratie?», hg. von Ludwig Erhard u. a., Düsseldorf/ Wien 1973.

（29）Vgl. Fritz Scharpf, *Demokratisierung zwischen Utopie und Anpassung*, Konstanz 1970; Narr（注26）Bd. 3, S. 11 f.; Meier（注15）, S. 68 f.

（30）Josef Schumpeter, *Capitalism, Socialism and Democracy*, 1942; 独語版 «Kapitalismus, Sozialismus und Demokratie» は、Edgar Salin編により、一九四六年に（第二版一九五〇年）バーゼルで出版された〔シュンペーター『資本主義・社会主義・民主主義』、中山伊知郎・東畑精一郎訳、東洋経済新報社、一九九五年、第三版訳〕。

（31）特徴的で基準となるのはたとえば、Friedrich A. v. Heyek, *Die Verfassung der Freiheit*, Tübingen 1971〔ハイエク『自由の条件』一―三、気賀健三・古賀勝二郎訳、春秋社、一九八六―八七年〕.

（32）これについては、Fritz Gygi, Die Schweizerische Wirtschaftsverfassung, *ZSR* 89 II, 1970, S. 265（insb. 270 f.）.

（33）基礎的なのは BverfGE 4, 7. 反対説は、Hans Nipperdey, *Soziale Marktwirtschaft und Grundgesetz*, 3. Aufl. 1965. Horst Ehmke, *Wirtschaft und Verfassung*. Karlsruhe 1961, S. 3 ff. の論述を参照。

（34）Forsthoff（注10）, insb. S. 32.

（35）特徴的だったのは、とくに一九六七年六月八日の安定法 Stabilitätsgesetz（BGBl, I, S. 582）と財政改革を推進する基本法改正だった（20.-22. Gesetz zur Änderung des Grundgesetz vom 12. 5. 1969, BGBl. I, S. 357, 359, 363）。これについて明確なのは、Heinz Wagner, Öffentlicher Haushalt und Wirtschaft, *VVDStRl* 27, 1968, S. 47 ff., 一方、Karl H. Friauf, a. a. O., S. 3 ff. ははるかに控えめである。科学における転換に関しては、さらに特徴的なのはたとえば、一九六五年から一九七二年の間にこれまで六巻出版された論文集《Plannung》, hg. von Joseph h. Kaiser.

（36）連邦共和国で特徴的なのは、一九六〇年六月二三日の連邦建築法（BGBl. I, S. 341）から一九七一年七月二七日の都市建築促進法（BGBl. I, S. 1125）に至る道筋であり、スイスでは、スイス法律家会議の討論（Alfred KuttlerとJean-François Aubertの報告がある。*ZSR* 83 II, 1964, S. 1 ff., 133 ff.）から近々議決される地域開発法 Raumplanungsgesetzに至る道筋である。

（37）これについては、Peter Saladin, Wachstumbegrenzung als Staatsaufgabe, *Festschrift für Urlich Scheuner*, Berlin 1973, S. 541 ff.

（38）Hans-Peter Bull, *Die Staatsaufgaben nach dem Grundgesetz*, Frankfurt a. M. 1973, 同書は（S. 3）まさにスイス連邦憲法の第二条と経済条項にも準拠している。

（39）Jürgen Habermas, *Technik und Wissenschaft als «Ideologie»*, Frankfurt a. M. 1968, S. 48 ff.〔ハーバーマス『イデオロギーとしての技術と科学』、長谷川宏訳、紀伊國屋書店、一九七〇年、四五頁以下〕. ヘルベルト・マルクーゼと関連している。

（40）ここと以下の部分に関してこれ以外の論証は上述注21で引いた私の著作を。一般的側面では、Jürgen Habermas,

Strukturwandel der Öffentlichkeit, Neuwied/ Berlin 1962（5. Aufl. 1971）〔ハーバーマス『公共性の構造転換』、細谷貞夫訳、未來社、一九七三年〕を参照。ここで主張された解釈の意味でさらに最近では、Hans-Jürgen Puhle, *Vom Wohlfahrtsausschuß zum Wohlfahrtsstaat*（hrsg. von Gerhard A. Ritter）, Köln 1973, S. 29 ff.

(41) この立場は近年では、とりわけ Herbert Krüger（注11）, S. 1 ff., 25 ff., および Helmut Qualitsch（注５）, insbes. S. 32 ff. といった著作の基本テーゼである。また参照、Ernst-Wolfgang Böckenförde, Die Bedeutung der Unterscheidung von Staat und Gesellschaft im demokratischen Sozialstaat der Gegenwart, in: *Rechtsfragen der Gegenwart, Festgabe für Wolfgang Hefermehl*, Stuttgart 1972, S. 11 ff.

(42) これについて基礎的には、Hugo Preuß, *Das städtische Amtsrecht in Preußen*, Berlin 1902, S. 17 ff.; Otto Hintze, Wesen und Wandlung des modernen Staats（1931）, in: *Staat und Verfassung, gesammelte Abhandlungen*, 2. Aufl. Göttingen 1962, S. 470 ff., insbes. 482 f.

(43) テクストは、Ernst Rudolf Huber, *Dokumente zur deutschen Verfassungsgeschichte*, Bd. 1, Stuttgart 1961, Nr. 9, 10.

(44) Ernst Rudolf Huber, *Deutsche Verfassungsgeschichte seit 1789*, Bd. 1, Stuttgart 1957/ 67, S. 290 ff.（305 ff., 311 ff.）; vgl. Eckart Kehr, *Der Primat der Innenpolitik*, hrsg. von Hans U. Wehler, 2. Aufl. Berlin 1970, S. 31 ff.（33 f.）; Reinhart Koselleck, in: *Staat und Gesellschaft im deutschen Vormärz 1815-1848*, hrsg. von Werner Conze, Stuttgart 1962, S. 79 ff.

(45) Gerhard Ritter, *Staatskunst und Kriegshandwerk*, insbes. Bd. 2, München 1960, S. 117 ff.

(46) William E. Rappard, *Die Bundesverfassung der Schweizerischen Eidgenossenschaft 1848-1948*, Zürich 1948, S. 46 ff., 107 ff.; これ以外の論拠は、Schefold（注21）, S. 1 ff., 24 f., 28 ff.

(47) Heinrich Zschokkeの講演（一八三六年）のタイトルである。

(48) これは連邦憲法第一三条の歴史的意味である。Vgl. Walther Bruckhardt, *Kommentar zur Schweizerischen Bundesverfassung*, 2. Aufl. Bern 1914, S. 143.

(49) Eduard His, *Geschichte des neuern Schweizerischen Staatsrechts*, Bd. 3, Basel 1938, S. 1174（vgl. jedoch S. 1185 ff.）.

(50) Btwa Antonie Elisée Cherbuliez, *De la Démocratie en Suisse*, Paris/ Genf 1843, insb. Bd. II, S. 86 f., 306f.; Philipp Anton von Segesser, *Rechtsgeschichte der Stadt und Republik Luzern*, Bd. 4, Luzern 1858, S. 753 ff.

(51) Giuseppe Tomasi de Lampedusa, *Il Gattopardo*, 1957（deutsche Ausgabe «Der Leopard», München 1965）, Kap. 3, S. 111 ff.

(52) Wilhelm von Merckelの詩の完全な引用とこれについて詳しくは、Hans Hattenhauer, *Zwischen Hierarchie und Demokratie*, Karlsruhe 1971, S. 193 f.

(53) Vgl. Gallus J. Baumgartner, *Die Schweiz in ihren Kämpfen und Umgestaltungen von 1830-1850*, Bd. 1, Zürich 1853, S. 370 ff.

(54) Ed. His（注49）, Bd. 2, Basel 1929, S. 158.〔なお、この訴訟は、一八三〇年代以降に亡命してきたヴァイトリンク（Wilhelm Weitling）ら初期共産主義者に影響されたトライヒラー（Johann Jakob Treichler）らのスイス人に対する訴訟のこと。〕

(55) たとえば、Peter J. Bratschi, *Die Bedeutung der Verfassungsinitiative in der Sozialgesetzgebung der Schweiz*, Bern 1969, insbes. S. 142の結果を参照。

(56) 基礎的には、Rudolf Smend, *Bürger und Bourgeois im deutschen Staatsrecht*（Rede vom 18. 1. 1933）, abgedruckt in: *Staatsrechtliche Abhandlungen*, 2. Aufl. Berlin 1968, S. 309.

(57) Carl Friedrich von Gerber, *Über öffentliche Rechte*（1855）; Nachdruck Darmstadt 1968; dazu Peter von Oertzen, Die Bedeutung C. F. von Gerbers für die deutsche Staatsrechtslehre, in: *Staatsverfassung und Kirchenordnung, Festgabe für Rudolf Smend*, Tübingen 1972, S. 183 ff.

(58) これに関して特徴的なのは、Carl Schmitt, *Verfassungslehre*, Berlin/ Leipzig 1928, S. 158 ff.〔シュミット『憲法理論』、尾吹善人訳、創文社、一九七二年〕の解釈図式である。これと広範に一致するのが、Forsthoff（注10）, S. 21 ff. であり、個々に違いのあるのが、Böckenförde（注41）, S. 18 ff. である。

(59) スイスでは何より、Richard Bäumlin, *Staat, Recht und Geschichte*, Zürich 1961; 項目 «Demokratie» im *Evangelischen Staatslexikon*, Stuttgart 1966, Sp. 278 ff. bzw. 1733 ff.

(60) これを再びとくに強調しているのは、Ernst Forsthoff, Begriff und Wesen des sozialen Rechtsstaates, *VVDStRL* 12, 1954, S. 8 ff., 再版は同じくフォルストホフ編の論文集 *Rechtsstaatlichkeit und Sozialstaatlichkeit*, Darmstadt 1968, S. 165 ff.

(61) これをフォルストホフはその著作 «Verwaltung als Leistungsträger», Stuttgart/ Berlin 1938, で強調した。Eichenberger（注13）, S. 11 ff. も参照。

(62) この兆候は、ここ数十年に見られる行政学の躍進である。これについて要約的に、Fritz Mostein-Marx（Hrsg.）, *Verwaltung*, Berlin 1965; *Demokratie und Verwaltung — 25 Jahre Hochschule für Verwaltungswissenschaften Speyer*, Berlin 1972.

(63) これについては、Ernst Rudolf Huber, *Deutsche Verfassungsgeschichte seit 1789*, Bd. 4, Stuttgart 1969, S. 1124 ff.

(64) これについては、Dian Schefold, *Zum deutschen Verwaltungsrechtsschutz*, Basel/ Stuttgart 1969.

(65) 特徴的なのは、青少年有害図書指定の審査における連邦行政裁判所判例の不安定さであり、その今日的状態については、*BverwGE* 39, 197 そしてこれについては、Otto Bachof, *Juristenzeitung* 1972, S. 204, 641.

(66) これを、Max Imboden は計画—問題 Plannungs-Problematik を前にして引用していた。In: Der Plan als verwaltungsrechtliches Institut, *VVDStRL* 18, 1960, S. 113; jetzt in: *Staat und Recht*, Basel/ Stuttgart 1971, S. 387（402, 408f., LS X）/

(67) Art. 32 III BV; 原則的な意義について指標となるのは、Max Huber, *Staat und Verbände*, Tübingen 1958, jetzt in: *Rechtstheorie - Verfassungsrecht - Völkerrecht*, Bern 1971, S. 361; 最近では、Thomas Fleiner, *ZSR* 88 I, 1969, S. 77 ff. の文献報告で論評された著作。

(68) Walther Bruckhardt, *Die Organisation der Rechtsgemeinschaft*, 2. Aufl. Zürich 1944, S. 130.

(69) Gerhard Lehmbruch, *Proporzdemokratie*, Tügingen 1967; vgl. René Marcic, *Die Koalitionsdemokratie*, Karlsruhe 1966.

(70) Max Imboden, *Helvetisches Malaise*, Zürich 1964, wieder abgedruckt in: *Staat und Recht*, S. 279（291 f.）.

(71) Vgl. Dian Schefold, Art. Bundesstaat, in: *Wörterbuch zur politischen Ökonomie*, hg. von Gert von Eynern, Köln/ Oplanden 1973, S. 62 ff.

(72) Leonhard Neidhart, *Plebiszit und pluralitäre Demokratie*, Bern 1970.

(73) Neidhart, a. a. O., S. 287.

(74) Imboden, *Die politischen Systeme*, S. 34 ff. の用語法による。人民立法というこの歴史的フィクションを、私は上述注21で引用した私の著作、S. 276 ff.（insbes. S. 281 ff., 289 ff., 302 ff.）で浮き彫りにしようと試みた。

(75) 典型的には、F. Fleiner/ Z. Giacometti, *Schweizerisches Bundesstaatsrecht*, Zürich 1949, S. 758 ff.

(76) Joseph H. Kaiser, *Die Repräsentation organisierter Interessen*, Berlin/ München 1956 の表現による。同論文 «Die Dialektik der Repräsentation» in: *Festschrift für Carl Schmitt*, Berlin/ München 1959, S. 71 ff. も参照。

(77) これをレファレンダムに関する近年の経験的諸研究、とくに Neidhart（注72）, insbes. S. 250ff. と Beat A. Jenny, *Interessenpolitik und Demokratie in der Schweiz*, Zürich 1966, insbes. S. 73 ff. によるそれらが、印象深く証明している。

(78) この点では、スイス工科大学（ＥＴＨ）チューリッヒの共同執筆者グループにより仕上げられた研究 «Göhnerwil» — Wohnungsbau im Kapitalismus, Zürich 1972, insbes. S. 18 ff., 47 ff. は市町村組織と市町村自治に関わる今日的問題状況を明らかにしている。そこで有意な事例 BGE 93 I, S. 154 ff. では市町村ではなく、参事官 Regierungsrat が経済的利害の圧力に屈していたとしても。

(79) Carl Schmitt, *Die geistesgeschichitliche Lage des modernen Parlamentarismus*, 1925, 4. Aufl. Berlin 1968〔シュミット「現代議会主義の精神史的状況」、樋口陽一訳、長尾龍一編『カール・シュミット著作集Ⅰ』、慈学社、二〇〇七年、

五三頁以下〕. Werner Weber（注9）, S. 36 ff. も参照。

(80) Johannes Agnoli/ Peter Brückner, *Die Transformation der Demokratie*, Frankfurt 1968, S. 55 ff. Vgl. Ernst Fraenkel, *Reformismus und Pluralismus*, Hamburg 1973, S. 424 ff.

(81) Hans Huber, *Das Gesetzesreferendum*, Tübingen 1969, jetzt in: *Rechtstheorie - Verfassungsrecht - Völkerrecht*, S. 541 ff. の原則的な異議がどんなに重要だとしても、Karl Löwenstein, *Juristenzeitung* 1970, S. 663 による限定は顧慮に値する。類似した意味で、Herbert Schambeck, *Das Volksbegehren*, Tübingen 1971, insbes. S. 25 ff.

(82) たとえば、引用した（上述注9）Werner Weber の著作、とくに S. 42 f. でこのように表現されている。Neidhart（注72）における、彼の「人民投票」への問題設定による、その近くに至る類似点、S. 8f., 137も参照。

(83) Carl Schmitt, *Verfassungslehre*（注58）, S. 243 f., 277、Hans Huber（注81）, S. 559も参照。

(84) これについてはとくに、Luzius Wildhaber, Neuordnung des Staatsvertragsreferendums, *Baseler Juristische Mitteilungen* 1971, S. 155 ff.

(85) ドイツにおける議会改革の状況については、Gerhard Loewenberg, *Parlamentarismus im politischen System der Bundesrepublik Deutschland*, Tübingen 1969 の包括的叙述、さらに、Uwe Thaysen, *Parlamentsreform in Theorie und Praxis*, Oplanden 1972; *Parlamentarismus ohne Transparenz*, hrsg. von Winfred Steffani, Oplanden 1971; Thomas Ellwein, *Das Regierungssystem der BRD*, 3. Aufl. Oplanden 1973, S. 293 ff.

(86) 詳しくは、一九六六年度スイス法律家会議の報告と討論。*ZSR* 85 II, 1966, S. 85 ff., 165 ff., 596 ff. Réne Helg と Richard Bäumlin の報告。さらに以前の一九五四年度法律家会議の論争状況を参照。とくに、Kurt Eichenberger, Rechtsetzungsverfahren und Rechtssetzungsformen in der Schweiz, *ZSR*73, 1954, S. 1a ff.; さらに derselbe, *SJZ* 1965, S. 269.

(87) これについては何をおいても、Wolfgang Kaupen, *Die Hüter von Recht und Ordnung*, 2. Aufl. Neuwied/ Berlin 1971. 議会の職務 Parlamentsdienst については、Helmut Quartisch, Die wissenschaftlichen Dienste des Bundestages, in:

Festschrift für Ernst Forsthoff, München 1972, S. 303.

(88) たとえば、Walther Leisner, *Öffentlichkeitsarbeit der Regierung im Rechtsstaat*, Berlin 1966がそうしている。Hans-U. Jerschke, *Öffentlichkeitspflicht der Exektive und Informationsrecht der Presse*, Berlin 1971, insbes. S. 54を参照。

(89) Carl Schmitt, *Verfassungslehre*（注58）, S. 280.

(90) 最も重要な争点は、議員がその委任を保持しながら、政党や党派への所属を変えることが許されるかという問いであり、これは連邦共和国の通説では自由委任の原則から導かれている。Vgl. Konrad Hesse, *Grundzüge des Verfassungsrechts der Bundesrepublik Deutschland*, 6. Aufl. Karlsruhe 1973, §15 IV 1, S. 239 f. m. Nachweisen〔ヘッセ『西ドイツ憲法綱要』（一三版訳）、阿部照哉他訳、日本評論社、一九八三年〕; 今では Wilhelm Henke, *DVBl*, 1973, S. 553.

(91) 重要な争点は、市場への参入の限定を通じた報道の集中化の（連邦憲法裁判所により、E. 12, 205, 260; 20, 162, 176で法政策的に擁護された）制限である。これについては報道委員会 Pressekommission の推奨、Bundestagsdrucksache V/3122, S. 18, 44 f.

(92) 重要な争点は、連邦憲法裁判所により確立した判例で——BverfGE 1, 208（242 f.）以来 BverfGE 24, 300（341）に至るまで——支持された、政党設立の自由と自由な政党間競争に対する、選挙法の5パーセント条項による制限である。

(93) 参照、一方では BverfGE 8, 51 ff. 他方では 20, 56 ff.

(94) Vgl. Eichenberger, *Leistungsstaat*（注13）, insbes. S. 22 ff., 28 f.

(95) Karl Jaspers, *Die Atombombe und die Zukunft des Menschen*, München 1958〔ヤスパース『現代の政治意識：原爆と人間の将来　ヤスパース選集15・16』、飯島宗亨・細尾登訳、理想社、一九六六―一九七六年〕.

(96) このように主張するのは、W. Lenin, *Staat und Revolution*（1917）, Kap. V 2（Ausgabe in: *Ausgewählte Werke*, Bd. 2, Berlin-Ost 1955, S. 158, 223 ff.）〔レーニン『国家と革命』宇高基輔訳、岩波文庫、一九五七年、一二一頁以下〕による「プロレタリアート独裁」というマルクスの概念の意識的解釈とオプション。

(97) ルソーの『人間不平等起源論』（一七五五年）を形作り、『社会契約論』、とくに第三巻第一〇／一一章の基礎となったこの見解は、Karl Barth, *Die protestantische Theologie im 19. Jahrhundert*, Zollikon 1947, S. 153（160 ff.）〔バルト『カール・バルト著作集12　一九世紀のプロテスタント神学（中）』、佐藤司郎他訳、新教出版社、二〇〇六年、五頁、一四頁以下〕にとり、政治の形成を「次善」の解決の追求と理解する基礎だった。

(98) Fritz Scharpfが上述注29で引用した著作で主張している。

(99) これをハーバーマスはその上述注40で引用した著作、S. 172 ff.〔二二〇頁以下〕できわめて明瞭に示していた。似た意味で、Herbert Krüger（注11）, insbes. S. 341 ff.; Ulrich K. Preuss, *Zum staatsrechtlichen Begriff des Öffentlichen, untersucht am Beispiel des verfassungsrehtlichen Status kultureller Organisationen*, Stuttgart 1969, S. 73 ff. 両者はスメントに依拠している。

(100) たとえば、Jörg Paul Müller, Soziale Grundrechte in der Verfassung?, *ZSR* 92 II, 1973, S. 687 ff. がこれを展開していた。

(101) これについて指標となるのは、Karl Oftinger, *Schweizerisches Haftpflichtrecht*, 2. Aufl. Zürich 1958/ 60/ 62.

(102) 要約的には、Ernst Friesenhahn, *ZSR* 87 I, 1968, S. 245 ff. さらに Wilhelm Henke, *Das Recht der politischen Parteien*, 2. Aufl. Göttingen 1972.

(103) これについて明瞭には、Gerhard Leibholz, Staat und Verbände, *VVDStRL* 24, 1966, S. 5（17 ff., 27 ff.）; vgl. BverGE 20, 1 ff.

(104) BverGE 20, 56. そこでは国家的政党資金助成の前史も。

(105) 政党仲裁裁判制 Parteischiedsgerichtsbarkeit の問題状況については、たとえば参照、OLG Frankfurt *DVBl.* 1971, S. 75. 諸政党の現在における内部構造については、Jürgen Dittberner/ Rolf Ebbighausen（Hrsg.）, *Parteiensystem in der Legitimationskrise*, Opladen 1973, insb. S. 35 ff.

(106) Ellwein（注85）, S. 188 f.; Heino Kaack, *Geschichte und Struktur des deutschen Parteiensystem*, Opladen 1971, S. 391f. すでに兆候を示していたのは、政党法第二五条による諸政党の活動報告義務の限定と、これに関する BverfGE 24, 200（355 ff.）.

(107) これについては、Helmut Ridder, Sehfart tut Not! in: *Fortschritte des Verwaltungsrechts, Festschrift für Hans J. Wolff*, München 1973, S. 325 ff.; Ingo Richter, *Bildungsverfassungsrecht*, Stuttgart 1973, insbes. S. 155 ff., 242 ff.

(108) Wolfgang Däubler, *Das Grundrecht auf Mitbestimmung*, Frankfurt a. M. 1973, insbes. S. 129. 以下については、有識者委員会（共同決定委員会）の報告 «Mitbestimmung in Unternehmen», Bochum 1970, Bundestagsdrucksache VI/ 334を参照。Thomas Raiser, Paritätische Mitbestimmung in einer freiheitlichen Wirtschaftsordnung, *Juristenzeitung* 1974, S. 273.

(109) ヴィルヘルム・ヘニスの上記注28で引用した著作における中心的テーゼはこのように述べる。

(110) たとえば、Ernst Rudolf Huber, *Grundgesetz und wirtschaftliche Mitbestimmung*, Stuttgart 1970, insbes. S. 121 ff.; Peter Pernthaler, *Qualifizierte Mitbestimmung und Verfassungsrecht*, Berlin 1972, S. 76 ff., 150; Friedrich Klein, *Enteignunung, Sozialisierung und Gemeinwirtschaft im Sinne des Bonner Grundgesetzes*, Tübingen 1972, insbes. S. 23 f.; 控えめなのは、Gunther Schwerdtfeger, *Unternehmerische Mitbestimmung der Arbeitnehmer und Grundgesetz*, Frankfurt a. M. 1972.

(111) これについてたとえば、Rudolf Bühler, Der Kampf um das Fideikomiss im 19. Jahrhundert, *ZSR* 88 I, 1969, S. 131（138 ff.）. これ以外の論証は、Schefold（注21）, S. 29 ff.

(112) Vgl. Hans Ryffel, Recht und Politik, *ZSR* 91 I, 1972, S. 459（479 f.）.

(113) Grosser（注26）, S. 113 f.; Raiser, *JZ* 1974, S. 277.

(114) 参照、注110。

(115) Vgl. etwa Hans Stadler, *Die Gewerkschaften, ein Staat im Staate*, München 1965.

(116) たとえば Walter Leisner, *Mitbestimmung im öffentlichen Dienst*, Bonn 1970, insbes. S. 44 ff.

(117) Vgl. Däubler（注108）, S. 39; Frank Deppe, u. a., *Kritik der Mitbestimmung*, Frankfurt a. M. 1969.

(118) 共同決定委員会の報告（注108）, S. 56 ff.

(119) Peter Häberle, *Öfentliches Interesse als juristisches Problem*, Bad Homburg 1970; vgl. derselbe, Grundrechte im

Leistungsstaat, *VVDStRL* 30, 1972, S. 43 (125 ff., 141 LS 49). Michael Stolleis, *Gemeinwohlformeln im nationalsozialistischen Recht*, Berlin 1974; derselbe, *Verwaltungsarchiv* 65, 1974, S. 1 (6 ff.).

(120) Hans Kelsen, *Vom Wesen und Wert der Demokratie*, 2. Aufl. Tübingen 1929, S. 101 ff. 〔ケルゼン『デモクラシーの本質と価値』、西島芳二訳、岩波文庫、一九四八／一九六六年、一三〇頁以下〕.

第2章　ロマン主義の国家形式としての立憲君主制?

はじめに

ヨーロッパ・ロマン主義の時代における非同時性はまた、法律家、とくに憲法史家にとっても、一つの問題として立てられる。それゆえ、国家諸科学もがこの文芸学者仲間の一員に加えられ、歴史家と芸術学者の枠を超えてさらにその範囲が拡張されたことに、とくに感謝したい。個々の学問の境界を越える対話は、自身の学科で未解決の諸問題にその境界の外から答えを得る、また、それでこれらの問題が解決されずとも、それらを新たな一つの文脈に置いてよりよく理解する、そのための手助けとなろう。

非同時性というテーマは、憲法学者、とくに憲法史家にとり、すぐに立憲君主制の問題を思い起こさせる。この国家形式は、確かに前二世紀のヨーロッパにおける議論で中心的役割を果たしてきたし、個々の国家ごとに異なる局面で、部分的には賞賛され、部分的には批判されてきた。そこでロマン主義の共鳴は、聞き漏らしようもないほど、耳に響く。

それでもなお、この共鳴が、立憲君主制をロマン主義の国家形式と呼ぶのに十分かという問題は残る。本稿は表題を意識的に疑問形とし、そして――その限りで本稿の結論を先取りしている――一義的な答えを与えられず、学科間の対話がここでさらに助けとなるよう望むしかできない。だが私は、二つの特殊な難点のため、立憲君主制の憲法体制をロマン主義に割りふるのは難しいと考えている。

第一。国家論的考察と憲法的考察を文芸史のそれと結びつけるのは、きわめて意味深く刺激的であり、そして双方の領域間に人的結びつきがあり、それどころか個別の人の中でそれらが一致しており、それには十分な理由がある。いかにそうでも文芸史や精神史上の諸学派や諸時代に関する問題設定は、憲法の諸モデルや憲法の諸構成に関する諸問題や、ますますもって具体的な憲法問題の解決と分けておかれるべきである。学生歌で忌み嫌われた「職務上の渋面」で、Ｅ・Ｔ・Ａ・ホフマンなどもその公務を片付けていたようだが、私の見誤りでなければ、これは彼の詩とほとんど関係なかったし、両者、つまり法律家としての活動と詩人としての活動の結びつきを、法律的活動の内容のなかに確認するのは難しい[1]。ノヴァーリスなどは、ヨーロッパへの教皇の支配につき夢中で話してはいても、国法的構想としてはほとんど何も語っていない。アダム・ミュラーなどは、評論家として異なる主君と観点の間をふらついてもいる。各学科は別れたままであり、おそらくそれは変わるまい[2]。立憲君主制「なるもの」とロマン主義「なるもの」とは、それゆえ目に見えて結びついてはいる。だが、その時々の具体的構造は多様で異なっており、そして結びつきはそれゆえしばしば不明瞭である。以下では、こうした留保つきでのみ、それらの結びつきがたどられうる。

第二にロマン主義と立憲君主制の関係は、歴史的視角のとりかたに応じて著しく異なってくる。立憲君主制後期段階、第一次大戦ごろの時代におけるその精神史的位置価を問うと、ドイツの発展と西ヨーロッパの発展の基本的な非同時性がはっきりする[3]。そこドイツで立憲君主制を用いた立論は、ロマン主義化の機能を持っていた。

理由づけをするために、一九世紀初期における諸々の発展と態度が、まさにロマン主義が引っぱり出された。だが、その影響が歴史的に見て立憲君主制を実際に基礎づけたかどうかは、なお問題である。立憲君主制の事実としての成立と、その後からの正統化とは、双方ともにロマン主義と関わっているかもしれない。だが問題となっているのは、まったく異なる二つの見方であり、それらを混同せぬよう注意を要する。

　これらの問題を前にして、三つの段階を踏んでゆきたい。第一部では、ロマン主義の伝統、もともとはロマン主義化された伝統と関連させて、立憲君主制の後からの見方を照らし出したい。それは、第二に、立憲―君主制の憲法類型をロマン主義との関連で理解しようとする試みへ、そして最後に、第三に、このように理解された憲法類型の独自性と持続性の問題へと話を進めてゆく。

一　ドイツ国家形式のロマン主義的神聖化としての立憲君主制

1

　近代ドイツ憲法史の特徴をなす要素の一つに、一九世紀を通じて一九一八年まで続いた印象深い憲法の連続性がある。たいていのドイツ個別邦国の重要な影響力ある憲法は一八一五年以降、つまりウィーン会議議定書の枠内におけるドイツ連邦議定書の発布以降に遡るが、[4] その第一三条は各連邦国に「邦《ラント》身分的憲法」を保障していた。それに従い要求され、発布された諸憲法は、ドイツ連邦とドイツ帝国の構成各邦国を一九一八年まで規定し、確かに変更はあったが、その本質では一貫して維持された恒常的基本モデルだった。その限りでは、一九世紀の

「ドイツ型立憲君主制」といえる。それはウィーン会議を主根とし、それゆえ時代的にも思想上の枠としても十分ロマン主義にうまくはめ込まれる――それがどの程度成功するかは後で振り返りたい。だがともかくこの憲法類型に関しては、エルンスト―ヴォルフガング・ベッケンフェルデが多くの注目を集めた論文のなかで画定した、一定のメルクマールが心に留めておかれるべきである。(5)それは、君主が憲法を、全体として、もしくは主として――そこにニュアンスの差は認められうる(6)――自己の権利から与える。君主はそこで臣民の基本権とならんで邦教会の地位と邦身分制議会の存在を保障する。そこでは、二院からなる会議が重要であり、第一院はおおむね、王子たち、陪臣となった君侯、その他の名士、そして君主により指名された人々からなり、第二院は各邦の代表者たちからなり、一部は特定の諸団体から派遣され、一部は制限選挙権により選ばれる。両院と君主は立法にあたって協力し、重要な国家方針を定める行為や、予算と増税もその内容に含まれる。憲法改正もそこに含まれる。つまり王侯は、両院と同じく、それを強要できない。

これに対して行政については――これが分権化されている、つまり地方団体のそれである限りは、地方からの影響をともなう――、君主は大臣を定め、そして、通常はその提案にもとづき、それ以外の職務担当者を定める。その限りで両院は、まずは間接的な、君主への請願権により媒介される影響権をもつにすぎず、君主の統治権力は、実行する大臣の法的責任により統制されるとはいえ、浸透する。それはなにより、軍の掌握に妥当し、その際ここで大臣の影響がより強くなりもすれば、王家の命令権力が排他的にもなる。そのため、憲法と邦身分制議会の存在とに枠づけられながら、統治、行政、そして軍事権力全体は完全に君主により定められた執行の手にあり、また同じく、君主により定められてはいるが、その際少なくとも原理的には独立した司法に、争いのある法律適用の義務がある。

それにもかかわらず、国家は憲法国家と呼ばれる。憲法への拘束と、両院の協力を通じて、国家は立憲的に決定される。君主も、人格と職務担当者としては不可侵で無答責であるとはいえ、そこに拘束される。この矛盾は、憲法の侵害があれば過失が訴えられうることにより解消される。つまり、確かに君主ではなく、その大臣たちにではあるが、両院により釈明が求められうるし、その訴えにもとづき、独立した裁判所、国事裁判所が、大臣の処罰と、それとともに――間接にも直接にも――その基礎にある憲法問題とについて、判断を下す。それにより君侯と身分制議会の均衡が図られ、合憲的秩序が保障される。

この体制がドイツを本質的に一九一八年まで規定した。それはドイツの国家的性質の同一性につき、決定的な部分となった。

2

以上の論述は、必要な、ただしここで進められる議論のため避けられぬ切り詰めの結果であり、さまざまな側面で疑問にさらされうる。だがまさに、それ自体十分に理由のあるこれらの異議が、上述のモデルの効力を証明している。

（a）まず、一八四八年の革命が立憲君主制のドイツ的体制を土台から揺るがした。三月革命以降最初の措置、つまり報道の自由、選挙改革、両院とともに働く自由主義的大臣の登用、なによりフランクフルト国民議会、これらは、立憲君主制を問題にし、それを廃止しかねない道を開いた。それはパウロ教会の成果、一八四九年三月二八日のドイツ帝国憲法から、確かにまだ一義的には読み取れないが、おそらくともかくも基礎づけられうる。それは多くの支分邦国憲法にも影響を及ぼした。[7] だがまさに、一八四八年の革命は挫折した。フリードリヒ・ヴィルヘルム四世は自分に差し出された帝冠を拒否し、そしてそれにより――彼の――立憲君主制解釈を擁護した。だがなにより、ドイツ諸王侯は、一九四九年夏から、その立憲君主制モデルを再び拘束力あるものと宣言し、そして連邦全邦国にそれを義務づけた。公式の「ドイツ人民の基本権の廃止」(8)も含む、復古的連邦会議の数々の措置は、かつて存続していた体制への回帰をしるしていた。そのためその継続性は、一八四八年を通じて、確かに問題とされ、個々には修正を受けたが、否認されたのではなく、確認されたのである。

(b) 次に、一八一五年のドイツ連邦議定書における立憲君主制の基礎づけというテーゼに対して、プロイセンは違った経過をたどり、一八四八年の事件の結果として憲法が発布されたという反論がありうる。(9) だがすでに復古期にプロイセンは、王の憲法制定の約束は守られなかったとしても、この約束をひいて、県《プロヴィンツ》身分制議会が県における代表として邦身分制憲法の命令を実施した。(10) 一八四八年の発展は、まず実際に立憲君主制秩序の連続性を問題にした。なぜなら、プロイセン国民議会は、平等に選挙され、立憲君主制の諸構想を超え、そしてより具体的に議会主義–民主制の立場を検討したからである。だがまさにそのため、この議会はフリードリヒ・ヴィルヘルム四世により解散させられた。彼により、国民会議の準備作業に立ち戻ったにせよ、一八四八年一二月五日憲法は欽定され、彼はその直後に緊急命令にもとづき三級選挙権を導入して平等選挙権の原則に背を向け、それと強い圧力により、両院と合意に達した一八五〇年一月三一日憲法に至った。この結果はしたがって、立憲–君主制の立憲モデルと連邦議定書第一三条に合致した合意だった。それに続く現実政治と憲法紛争の始まりにより、この結果は――そしてなにより君主権力の要素は――さらに土台が固められ、その結果プロイセンはいくらか外れた経過をたどったにもかかわらず、ドイツ立憲君主制の典型とみなされえたし、今もみなされうる。(11)

(c) 類似したことは、最後に一八六六年の戦争の結果であるドイツ連邦解体、一八七一年の帝国の創設とその構造にも当てはまる。確かに、それにより各邦《ラント》諸憲法は帝国法における別の基礎と新しい屋根を獲得した。だが、一八一五年のそれと同様に、この帝国法も君主制原理に依拠し、それにより帝国、プロイセン、そして他の諸邦について、一八一五年に形を得た国家形式を確認した。帝国はそれ自体がビスマルクの目的にかなった建築物だが、これについて、ヴィルヘルム二世のもとで、それどころか神の恩寵を強調する支配構想が儀式化され、それをエルンスト・ロベルト・フーバーさえ「新ロマン主義的伝統主義」[12]と名づけた。

3

外的発展から、それゆえ一八一五年から一九一八年までの連続性というテーゼが理由づけられる。それに対応して、このテーゼはドイツ国法学の自己理解に中心的な役割を果たした。ドイツ型立憲君主制は、すでに一八七〇／七一年の戦争の後すでにフランスに対して卓越したものと認定される、大きな成果だとみなされていた。この成果は、たとえばルドルフ・グナイストの諸構想によれば、名誉職と法治国家性を国家権力の必要な統一性と結びつけた[13]。第一次世界大戦の前史がドイツ国家組織の特殊性を強調すればするほど、立憲君主制というドイツ的国家形式の讃歌がますます強く鳴り響いた。この形式は、はるか昔から、政治の形に影響を与える輸出品だったが――ここではギリシャで新生国家に対するバイエルンモデルの意義が指摘されうるが[14]、この側面はたいていの南東ヨーロッパ君主制により補完されうるし、近年のブルガリア政治への影響にまで及ぶ――、それだけでなく、ドイツ経国策の卓越性の印とみなされていた。これはパウル・ラーバントの国法論により長々と説明されたが[15]、同書は当時の世界に――また『現代の公法』[16]に関する気負った論集と結びついて――ドイツ国家学の指導的役割を理解させた。

個々の点で、たとえばルドルフ・スメントはその以降の仕事に強く影響を及ぼした博士論文で、プロイセン憲法典のベルギーモデルとの差異を研究した。(17) 確かに後者は一八四八年にプロイセン憲法制定のモデルとみなされてきた。だがそれは、立憲君主制から議会により規定される君主制への転換に関する典型例だった。スメントはここで、プロイセン憲法典に確定される差異がこの転換との対立を示していること、そしてどの点がそうなのかを浮き彫りにした。似たやり方で、ゲオルク・イェリネクやオットー・ヒンツェのような論者は、君主制原理を立憲的秩序の要点と評価し、議会制への転換をともかくドイツに関しては否定した。(18) しかし、エーリヒ・カウフマンは一九一七年に発表した帝国憲法におけるビスマルクの遺産に関する著作で、第一次世界大戦における議会制化傾向を前にして、かなり古典的な論証を提出した。差し迫った危機状況にもかかわらず、カウフマンは徹底してそうした展開に反論した。彼は、君主制に規定された連邦参議院と、同時にプロイセン首相でもある帝国宰相とを含む帝国憲法のモデルを不可侵だと論じた――まさにこれらは、ドイツ各支分邦国における立憲君主制を守っていた要素である。ドイツ連邦と帝国統一をへて現代に至るドイツの本質についてというわけだが、こうした連続性に関する歴史理論的要求は明白だった。この連続性の、少なくともロマン主義化的な傾向は見誤りようもない。

4

批判的な方向に転じてみよう。立憲君主制は、一八一五年以降ヨーロッパで本質的に優勢だったが、たいていの国では議会を強化する方向で発展してゆき、その結果政府は、イギリスのモデルにならって、議会多数派の信頼に依存するようになったが、その一方でドイツはこれを避けた。ドイツは君主の代表／具現によってのみならず、君主制原理によっても特徴づけられ、自由主義や社会民主主義の批判家が論じたように、「見せかけの立憲主義」、「官憲国家」だった。

こうした批判家たちの非難は、立憲君主制初期にまで遡られうる。そこでは、「扇動家たち」とカールスバート決議を適用した彼らの訴追、三月革命前期のスイスへの亡命者たち（たとえばゲオルク・ビュヒナー、ゲオルク・ヘルヴェグ）とフランスへの亡命者たち（ハインリヒ・ハイネ）、一般的にいって青年ドイツ派が思い出される。[19]ハイネは、パリから、すでに一八四四年にプロイセン式軍帽を念頭に次のように嘲笑していた。

あいつはなかなか騎士ふうだし、
むかしのゆかしい浪漫時代を思い出させる、
城主の奥方、ヨハンナ・フォン・モンフォーコンを、
フーケ男爵を、ウーラントを、ティークを。[20]

ここから一八四八年は理解されるし、この革命の挫折が多くの参加者の新たな亡命を、ときにはもちろん国内亡命をもたらしたのは納得できる。プロイセン憲法争議においてそれとの論争はあったが、結果として今やビスマルクに操縦される体制を強化した。だが反対派はそれにより締め出されたわけではなかった。

反対派の集団、なかでもテオドア・バルトとその雑誌『ナチオン』によりつくられたサークルに、官憲国家の最も鋭い批判者となったフーゴー・プロイスは属する。[21]彼はこのモデルの連続性を強調し、それに人民国家の理想を対置したが、彼はこの理想も同じくドイツの発展のなかに根ざしているのを描いた。だが官憲国家というド

イツの特殊な道は第一次大戦まで優位を譲らなかったが、それはプロイスにとり、まず（一）時代遅れとなった権力諸構造の無批判‐不合理な継受、続いて（二）国家行政と自治行政、官僚制と軍における無秩序で矛盾した構造の基礎、最後に（三）ドイツの外政的孤立の理由であり、これらが、プロイスがすでに批判ずみの第一次世界大戦と破局をもたらした。[22] 立憲‐君主制体制の内政的問題状況と外政的問題状況とが矛盾していることは、それにより明らかにされ、根本的な転換の必要性と対照されている。

それゆえ、フリードリヒ・エーベルトが、一九一八年の一一月革命を通じて人民代議員評議会の長になり、フーゴー・プロイスに、彼は自由主義者であり社会主義者ではなかったにもかかわらず――一九一八年までドイツには社会民主主義者の国法学者はいなかった――ドイツ人民国家再建に適した建築家を見たのも、不思議ではない。[23] プロイスは一九二五年一〇月九日に没するまでこの仕事に全力を傾け、その際、人民国家の敵対者たちの攻撃を前にこの国家を擁護した。彼の教え子であるヘドヴィヒ・ヒンツェには、プロイスの準備作業をドイツと西ヨーロッパの比較憲法史へと編集する仕事が残された。[24] この著作は、ドイツの特殊な道への批判を裏づけ、それ以来、数世代の歴史家たちを通じてそれと合致する解釈の基礎を示した。それが遅れて特殊な道と言い張られるにいたった規定要因としてのロマン主義は、そこで本質的要素である。

二　立憲―君主制的憲法構想をロマン主義に定着させる試み

1

だがこのなにより回顧的視点はなお、ロマン主義が実際に立憲君主制を形づくってきたことを証明していない。立憲君主制とロマン主義の結びつきの末尾に疑問符をつけることが、少なくとも四つの重要な反論により要求される。

（a）まず、立憲君主制の前提としての憲法概念は、その起源においてロマン主義的に特徴づけられていない。より古い時代の先行者を度外視すれば、憲法国家への転轍ははじめに北アメリカの諸植民地とアメリカ合衆国で行われた。なにより宗教的自由とプラグマティック―民主主義的国家信条がそれである――それらははるかロマン主義に根ざしている。[25] だが旧世界でも憲法思想は、イギリスの伝統、モンテスキューとフランス革命という主題によるその複製と結びつき、完全に啓蒙とその諸公準により規定された。[26] したがってその結果として、一七九一年のフランス憲法は、それどころか立憲――もちろんこの形式で機能していたわけではないが――君主制の典型と理解されうる。確かにウィーン会議、ドイツ連邦、そして王政復古はここに結びつこうとはせず、それと対立する秩序を実現し、革命という行き過ぎの芽を摘むことが問題とされていた。

（b）これがなおのこと妥当するのは、反対に一義的で明言されたロマン主義的国家構想が考慮される場合である[27]――アダム・ミュラーの国家芸術、ノヴァーリスのキリスト教的ヨーロッパの要請、ジャン・パウルの旧帝国の神聖化、そしてなにより、カール・ルートヴィヒ・フォン・ハラーがはっきりそう名づけた国家学の復古[28]が思い出される。それはもっぱら歴史的正統性に基づき、これを連禱様式で六巻を通じて援用し、そして家産制国家、つまり君侯の所有としての国家を基礎づけた。合理的な憲法、いわんやそれによる君侯の地位の限定などは、宿敵の像である。そのため、立憲君主制の余地はない。

ハラーはその回心のゆえにベルンのカントン議会から除名され、そのベルン公民権を剥奪されたが、ドイツで、なによりとくにプロイセン宮廷に影響力を持っており、これが考慮に入れられれば、上の立場は重要性を獲得する。そこで彼の理念は、ゲルラッハ兄弟を介して、王子そして後のフリードリヒ・ヴィルヘルム四世の教育、人間形成、そして王位継承順位に影響を与えた。改革と解放戦争の時代には王によりたびたび約束されたにもかかわらず、[29]プロイセン憲法発布が拒否されたが、それはここから明らかになる。フリードリヒ・ヴィルヘルム四世は、憲法を即位後すぐに一八四〇年一〇月四日の政令のなかに取り上げ、[30]そこでこの「羊皮紙に書かれた国家原則」を非難した。それ以来、「紙切れ」、「紙屑」として憲法という言葉は放置された。王は愛想よく公布したいため、自分と人民の間に紙切れが挟まるのを許さず、人民近くにいる君侯という偶像を引き合いに出して、立憲君主制憲法政治によるよりも、よりよくロマン主義的観念に合わせたいと考えた。一八四九年の帝位拒絶もこの文脈で理解されうる。カール・ルートヴィヒ・ハラーの蒔いた種は芽を出したが、それはロマン主義の成果としてであっても、立憲君主制モデルの拒否としてであった。

(c)　これに対して、プロイセンの改革時代が、国民代表や憲法をも組み込む近代化を追求していた点でいうと、こうした改革の支持はどの程度までロマン主義者に帰せられうるのかという問題が出てくる。この問いには確かに統一的に答えられない。争いがないのは、プロイセン改革者のグループと同時代にベルリンで影響力のあったロマン主義者たちの間に密な結びつきがあったということである。だがこうした結びつきも、ロマン主義者たちとプロイセン復古主義の支持者たちの間、ならびに直接に後者たちと改革者たちの間に同じく存在していた。とくにヴィルヘルム・フォン・フンボルトはこのため偏った帰属を禁じ、[31]人格の発展と、個々の活動分野ごとに区別される活動領域が多面的であるよう命じた。その限りで、冒頭で強調したように、政治的効果と行政に合った効果とは独立して考察されねばならず、その限りでフンボルトにおいては確かに啓蒙的および古典主義的影響が優勢だった。[32]さらに一義的に、シュタイン男爵と国家宰相カール・アウグスト・ハルデンベルクは法律家や行政専門家だった。改革の覚書や改革の諸措置をロマン主義的と呼ぶことは、個々のロマン主義思想の影響を確認できるかもしれないにせよ、私見では偏っており、仮説にとどまるように思われる。

（d）最後に、ロマン主義的国家構想は、それらが復古的に整えられておらず、近代化を追求している場合も、その限りで立憲君主制とは別の方向に傾きえたということを、限定つきで顧慮しなければならない。スイスでは、シェリングの影響をうけた国家哲学者（であり医師！）のイグナツ・パウル・ヴィタル・トルクスラーにそれが最もよく認められるが、[33]彼はロマン主義国家観を別の文脈で言葉にした。だが解放戦争とそれに続く時代の同盟青少年団運動、体操やブルシェンシャフトは、その政治的追求目標をあまり立憲君主制に定めていなかった。これは、「確信犯」、ザントによる作家でロシアの密偵コッツェブーの暗殺に関する議論で、とくに明らかになった。[34]このフィヒテ、アルント、そしてとくにカール・フォレンのようなロマン主義者による影響がまさしく、ここで人的な投入、特定の契機に向けた行為をなした――憲法国家的秩序に反してさえ。この秩序はそれにより決定的に弱められた。これについてはすぐに振り返る。

中間決算すると、立憲君主制の要素たる憲法概念はまずロマン主義とはほとんど関係がなく、それどころか、何より人的接点が関係者にはあったにもかかわらず、ロマン主義の国家構想と立憲主義的改革は対立していたとの確認が残った。

2

それでもなお、ドイツ連邦協約は、上述の第一三条でドイツ連邦全国に邦《ラント》身分制憲法を約束する、不完全とはいえ条約として合意されたある種の憲法文書だが、[35]これはウィーン会議の議定書の一部だった。したがって、それはヨーロッパ君主たちの神聖同盟の働きがもたらした部分的結果だった。ここではそのためロマン主義的基礎はまったく明白である。[36]それにもとづく作業が邦《ラント》身分制諸憲法の体制と、加えてドイツにおける立憲君主制とに、指導的で拘束力ある刺激を与えた。それゆえ、そしてその限りで、ロマン主義における立憲君主制の基礎に関する問いに、肯定的な答えが与えられるのは、もとよりまったく当然である。

それは何より、正統性原理としての君主制原理に妥当する。神聖同盟は、それにより形成された復古期ヨーロッパとならんで、ドイツ連邦議定書をもこの原理で基礎づけた。[37]かくして問いは変更されうるし、またされねばならない。君主制原理とロマン主義の関連が問題なのではなく、問いは、こう理解された正統性が君侯に対する立憲的な拘束や制約とどう折り合ったか——連邦議定書がハラーの意味での家産制国家ではなく、君侯の憲法による拘束を規定したのはなぜかである。

3

これについてはまず、現実政治的な、一八一五年の状況では当然の理由がある。革命期、それにより呼び起こされた意識の変換、新たに形成された政治的諸秩序、そしてそれを分節して形づくる可能性、これらはまさに解放戦争の国民‐民主主義的陶酔にあった時期に、完全に考慮外にあったわけではない。ライン連邦はあとまでナポレオンにより影響され、フランスの盟邦として各支分邦国動員の道具だったかもしれないが――ライン連邦は少なくとも形式的に立憲的な諸制度をドイツの大部分に移植した。

これとは逆に、それにより引き上げられ、領域的に巨大化した、バイエルン、ヴュルテンベルク、クアヘッセンのような中間諸国は、従来の家産制諸国の復古になるように、それらの領域的統一を断念するつもりはなく、それらの名士たち、ことに一八〇六年以降に陪臣となった君侯たちも、自分たちの権力喪失、より大きな領邦国家への組み込みを代償なしに受け入れるよう納得させられてはいなかった。(38) より大きな国家の権力構造に参与することによる服属の埋め合わせという問題が、当然に出てくる。それは複数の国で現れたが、ヴュルテンベルクにおいて良き古き法をめぐる闘争に際して最も鋭かった。ヴュルテンベルクは、憲法の発布をためらわなかったばかりか、通常の事例から外れて、王と身分制議会との合意にそれをしたがわせた。(39) 陪臣化された君侯の編入をめぐる紛争は、邦《ラント》身分制諸憲法の枠内では、中央国家および支分邦国の憲法体制で、邦国以下の、とくに地方団体水準における代表制問題の最初の現れであるように思われる――それは今日まで解決されていない問題だが、邦《ラント》身分制〔議会〕の諸構造が、民主的平等の諸条件のもとで代表制の枠内で考えられうるよりも、その解決により適当な前提を提供していた。(40)

さらにまた、すでに革命がドイツの広い範囲で、とりわけフランスの影響下にあった諸地域で、地方行政を自治行政としてつくり上げていた。(41) 改革期のプロイセン地域は、シュタイン男爵により仕上げられた、一八〇八年一一月一九日の都市令により、自治行政化をさらに押し進めた。(42) ここでは、諸都市で、新たな法律が実際に、市議会における市民の共和主義的代表制を規定しており、そこには、自由委任、市参事会選挙権、そして包括的な活動範囲があった。まさにこれは、類似した方向を指示する郡と県の改革にとって出発点であることが明らかになった。その輝かしい締めくくりは、シュタインとフンボルトの構想によれば、プロイセン国民代表制となるはずであった。実際にフリードリヒ・ヴィルヘルム三世は、たびたびこの方向での再編を約束していた。[43] それについての議論は、最終的に成果が上がらなかったにせよ、一八一五年には活気にみちていた。それはすぐに活気を失い、一世代にわたって影響がなく、一世紀にわたり君主制原理により限定され続けたとしても、単純に中断してしまったわけではない。

4

だが、この現実政治的で、それ自体逃れられない観点の背後に、さらにロマン主義的態度が潜んでおり、それをカール・バルトはフリードリヒ・シュライアーマッハーに即して示し、ジャン＝ジャック・ルソーに帰した。[44] 自然的創造秩序の起源における統一は破壊された。目標はそれを再建することである。だがそれは起源のままの形では達成されえず、再-構成、再-興〔復古〕にとどまる。カール・ルードヴィヒ・フォン・ハラーの説によるのとは違い、これはそれゆえ新たな形成であり、確かに起源の形式を再獲得するという目標があるが、これが完全に達成されえないことを意識している。これは事実に関する所見を解釈する助けになるとされた。立憲君主制は、それによれば、起源における、神の恩寵により与えられた君主の正統性を、これが今日可能である範囲で再生する試みとなろう。現実政治は理論的に（そして神学的に）正統化されるというわけである。

5

付け加えられるべきものとして残っているのは――そしてこれにより環は閉じられる――、一八一五年に提示された代表制と憲法のモデルが結果として完成され、この完成が冒頭で言及した一九一八年までの憲法の連続性を保障するのに寄与し、それが（たいていの）他のヨーロッパ諸国とはっきり対立して、ドイツの特殊な道の基礎となった、ということである。

それ以外のヨーロッパでは、立憲君主制は過渡的現象であることが明らかになった。それは部分的に革命による崩壊を通じて解体されたが、それは何よりフランスでは一八三〇年の七月革命の結果であり、一八三一年には独立したベルギーのこれに続く再建である。この文脈では、ギリシャのヴィッテルスバッハ期の――もちろんそれより遅れた――終焉も位置づけられうる。[45] 他の諸国では、議会の政府に対する影響が徐々に増して行き、結果として政府の議会に対する責任制がイングランドのモデルにならってもたらされた。その限りで立憲君主制の憲法国家的論理的一貫性が実現された。

ドイツの発展は違う道をたどった。それはすでにドイツ連邦議定書第一三条の解釈をめぐる議論とともに始まっていた。確かに、何よりカール・フォン・ロテックやカール・フリードリヒ・テオドア・ヴェルカーのような南西ドイツ自由主義者たちは、個々に見ればたとえば財産的制限選挙権のようにあまりに穏健とはいえ、議会主義的‐民主主義的代表制をそこに見ていた。彼らはそこに西ヨーロッパ型の発展があると見て、これを支持した。[46] これに対してメッテルニヒは、神聖同盟の要求に合致したドイツ連邦の発展のために、事態を別様に評価した。彼に委任され、フリードリヒ・フォン・ゲンツは邦《ラント》身分制憲法と代表制憲法との違いに関するパンフレットをまとめた。[47] 後者が統一した人民の代表制を規定するのに対し、邦《ラント》身分制議会はもっぱら邦《ラント》における異なる諸勢力の王家に対する代理であり、王家のなかで統一的国家権力は極まると主張した。これに関する議論は復古期全体にわたって広がったが、上述のザントによるコツェブー暗殺により、[48] そしてそれに続くカールスバート決議により、独特の色合いを帯びた。報道、学問の自由、そして集会に対し、連邦の権限により統一的に監視がなされうるとする、抑止的および予防的諸措置がとられたが、これらは――確かに連邦協約に反していた――ドイツにおける政治的公共性の形成を阻んだ。それにより、この目標方針は結局、議会による統制の手段である邦《ラント》身分制憲法から、その鋭鋒をくじくことができた。確かにメッテルニヒは、ゲンツの見解を議決によって確認しようとする試みにあたって抵抗に会い、それを押し通せなかった。だが一年後に連邦議定書を具体化するという課題を利用しつくして[49]連邦により発布された、一八二〇年五月一五日のウィーン最終議定書では、[50] 邦《ラント》身分制諸憲法にも注目され、そして第五四条ないし六二条でこれに関する説明的および補充的諸規定が発せられた。そのおそらくは最も重要なものは第五七条に含まれていた。

> ドイツ連邦は自由都市を例外として主権的王侯からなるため、これにより与えられる基本諸概念の結果として全国家―権力は国家の首長に統一され続けねばならず、そして主権者は邦《ラント》身分制憲法を通じて特定の権利行使に限り身分制議会の協力に拘束されうる。

この規定は、それ以外の規定、たとえば邦《ラント》身分制議会の審議公開性の完全な導入を制限し、それ以外では諸政府の形成の自由を確認する諸規定により補完されており、これは概念法学の古典的事例であるばかりか、ヘーゲル法哲学に至るまで作用したゲンツの立場が与えた影響のそれでもある。[51] 国家の統一は主権者に具現される。身分制議会の任務は、個別的利害の代理であり、したがって限定された権限分野である。

　ロマン主義的な思想の所産をこれらの定式化に見出すことは困難かもしれない。[52] だがそれらは、権威的−法律学的な仕方で、当初はさまざまな方向に開かれていたと思われる構想の発展を制限した。七月革命の後も、連邦は数多くの命令で、そしてこのドイツの特殊な道を正当化する四〇年代以降に発表された著作、わけてもフリードリヒ・ユリウス・シュタールの君主制原理に関する著作で、これに固執した。[53] それにより、続く波状攻撃をもコントロールし、連続性を保障し、それに回顧的にロマン主義化を施して神聖化するための道具立てが、手に入れられた。

三　独立した憲法類型としての立憲君主制？

1

　立憲君主制をヨーロッパの憲法文脈でみると、そこに過渡的現象そのものが見られるのが自然である。憲法発布と人民代表の形成とともに、君主は糸を手放した。今やその糸で、ますます議会により規定されるようになり、君主に固有の役割を押しのけるような政治体制が紡がれた。憲法国家では、まとめられた人民が勝利を収めた。立憲君主制は、議会主義的君主制に、そしてそれとともに、君主を国家元首と称するが、実質的にはそれ以上の点で他の民主制とは区別されない、現代民主制の一現象形態となる。

2

ドイツ的発展の道筋もこうであり、その限りで一九一八年十一月革命は継続的発展の終結と理解されうるだろうか？　エルンスト・ヴォルフガング・ベッケンフェルデは、これをその冒頭で言及した基礎的論稿で肯定し、(54)その考察様式は最近の文献ではどちらかというと有力になっている。(55)このように見ると、ドイツ型立憲君主制は、他のヨーロッパ型の一変種に過ぎないということになろう。立憲的体制とロマン主義の結びつきは非本質的、あるいはせいぜいエピソードであり、上述のドイツの特殊な道は、ロマン主義とは何のかかわりもない偶然となるだろう。

ベッケンフェルデの論証の重要な保証人はカール・シュミットである。彼は一九三四年に、憲法史的ではあるが、現実的問題に合わせて書かれたある著作で、(56)一八一〇年ごろのプロイセン改革、とくにプロイセン憲法紛争でも、市民的–自由主義的立場が主張され、そのため軍事的観点が過小評価されてしまい、そして一九一四年以前に軍事的能力が必要なだけくみ出せなくなってしまったと論じた。この論証をもって、彼は第一次大戦の匕首伝説に補足的な根拠を与えようと試みた。現在——一九三四年——になってようやく、市民的社会思想の憲法危機を克服し、アドルフ・ヒットラーが一九三四年一月三一日のそのライヒ議会演説で「市民的に正統復古主義的な妥協」と呼んだ国家的体制の——そうでなければまったく当然の——王政復古を妨げる……可能性が生じた。(57)

この解釈で今日興味深いのは、歴史であるその政治的選択よりも、問題として存続する方法的基礎である。カール・シュミットは、(58)決断主義的、理念型的に、軍人国家と市民社会という対立概念を用いて論じている。憲法は全体的決定であり、そして、その時々の「引き伸ばし的妥協」を顧慮せずに、これかそれかの原理を押し出さねばならない。衝突する諸原理に被せられた覆いとしての憲法は、諸原理を同時に、そしてそれらの間にある緊張関係の中で具体化しながら妥当させるという目標を有するが、[59] こうした憲法は排除され、いずれにしても長続きしない。実際のところ、王家と人民代表、政治的指導と民主的決定、軍事権力と政治権力の間に、原理同士の争いがあるのは明白である。だが憲法の課題は、こうした原理間紛争に対して紛争を調停する枠組みと可能性を与えるところにある。立憲君主制の憲法は、どうしてそれができないというのだろうか？

3

エルンスト・ルドルフ・フーバーは、その憲法史でこの可能性を肯定し、立憲君主制憲法類型の独自性を強く際立たせていた。[60] そこで彼は、すでに示したように、ドイツ的立憲君主制の特殊ドイツ的形成、その解釈——肯定的含意もあれば否定的含意もあり、ロマン主義化による神聖化として、あるいは宿命的な特殊な道として——にもとづくドイツ以外のヨーロッパにおける諸発展からの切り離し、そして優に百年続く憲法の連続性、これらをよりどころにできた。これはある特殊な、特別な性質をもった憲法類型を確立するのに十分だと、私には思われる。

ともあれ、「これにより与えられる基本諸概念に従った」[61] 考察が示し、そしてフーバーの論述が立証するところでは、この憲法類型は君主の全権的地位を、できる限りその軍事的および行政的装置をその支えとしつつ、前提としている。ラント身分制的、後には議会主義的要素にはほとんど発展の余地は残されていない。憲法は、原則として認められた協力権と自由権の保障というより、君主大権の保障だと示される。その限りで「見かけだけの立憲制」[62] という悪口は、ドイツ型立憲君主制を特徴づけるには適当でなく、フーゴー・プロイスによる特殊な道への批判を基礎づける。[63] この道は後からロマン主義化により神聖化され、ナポレオン以降のヨーロッパを形成するためにロマン主義が果たした寄与と関連してそこに迷い込んでしまった。だが改革政策も、ドイツ立憲君主制の権力技術も、ロマン主義者の直接的影響とは、せいぜい緩やかにしか結びつかないように、私には思われる。

【原注】

（1）これは、Arwed Blomeyer, *E. T. A. Hoffmann als Jurist*, Berlin 1978の思いやりのこもった研究をみると明らかになる。

（2）自身をロマン主義的に正統化するアテネ学派による法律的−政治的要請の直接的代表者がどのような問題をもたらしたかについて、本論文収録書〔Alexander von Bormann（Hrsg.）, *Ungleichzeitigkeiten der Europäischen Romantik*, 2006, Würzburg〕のEvi Petropoulouの素晴らしい叙述〔S. 45ff. Griechische und deutsche Romantik〕が明らかにしている。これに対応して、またこの意味で基礎的なのは、Carl Schmitt, *Politischen Romantik*, München/ Leipzig 1919（2. Aufl. 1925, 6. Aufl. Berlin 1998, 以下では初版より引用〔シュミット『政治的ロマン主義』、橋川文三訳、未來社、一九八二年〕）. 同書は政治的ロマン主義をその諸目標の非確定性のゆえに批判し、そして「偶因論」（S. 78 ff.〔一〇二頁以下〕）に帰する——そのため規範に拘束されず、そしてその点で法律学的ではない思考様式だとする。重要なのはとくに、アダム・ミュラー Adam Müllerに関する論述、S. 28 ff., 110 ff.〔三六頁以下、一四九頁以下〕.

（3）これにつき基礎的で重要なのは、Hugo Preuß, *Verfassungspolitischen Entwicklungen in Deutschland und Westeuropa, Aus dem Nachlaß*, herausgegeben von Hedwig Hintze, Berlin 1927. これにつき詳しくは、以下一、四。

（4）テクストは、E. R. Huber, *Dokumente zur deutschen Verfassungsgeschichte*, Bd. 1（3. Aufl.）, Stuttgart 1978, S. 84 ff.

（5）Ernst-Wolfgang Böckenförde, Die Verfassungstyp der deutschen konstitutionellen Monarchie im 19. Jahrhundert, zuerst in: W. Conze（Hrsg.）, *Beiträge zur deutschen und belgischen Verfassungsgeschichte im 19. Jahrhundert*, Stuttgart 1967, S. 70 ff., mehrfach wieder abgedruckt, u. a. in: Böckenförde/ Wahl（Hrsg.）, *Moderne deutsche Verfassungsgeschichte*（*1815-1918*）, Köln 1972, S. 146 ff.; Böckenförde, *Staat — Gesellschaft — Freiheit*, Frankfurt a. M. 1976, S. 112 ff. 立憲君主制の（ベッケンフェルデによって部分的に批判された）基礎的叙述は、E. R. Huber, *Deutsche Verfassungsgeschichte seit 1789*, 8 Bände, Stuttgart 1957-1990が与えていた。要約的特徴づけは、Bd. 3, 3. Aufl. 1998, S. 3 ff. 基本権の意義について今では、Judith Hilker, *Grundrechte im deutschen Frühkonstitutionalismus*, Berlin 2005.

（6）重要なのは何より、ヴュルテンベルク侯国の例であり、そこでは「よき旧き法」が君主を身分制議会と憲法について合意するよう強制していた。Vgl. Huber, *Dokumente*（注4）, Bd. 1, S. 187 ff.

（7）この限りでとくに進んだブレーメン憲法の例につき、私は細かく以下の論文で示した。Hundertfünfzig Jahre Bremischen Verfassung, in: *Jahrbuch der Juristischen Gesellschaft*, Bremen 2000, S. 7 ff.

（8）Huber, *Dokumente*（注4）, Bd. 2, S. 2. 同所のこれ以外の反動的決議も。

（9）Huber, *Verfassungsgeschichte*（注5）, Bd. 1, S. 296, 302 ff., 310 f. における叙述。

（10）Ebd. S. 657.

（11）詳しい描写と典拠について参照、Dian Schefold, Verfassung als Kompromiß? Deutung und Bedeutung des preußischen Verfassungskonflikts, in: *Zeitschrift für Neuere Rechtsgechichte*（1981）, S. 137 ff.

（12）Huber, *Verfassungsgeschichte*（注5）, Bd. 4, S. 182. 支配の不安定さと再—人格化について参照、H. U. Wehler, *Deutsche Gesellschaftsgeschichte*, Bd. 3, München 1995, S. 1016 ff.

（13）Rudolf Gneist, *Der Rechtsstaat und die Verwaltungsgeschichte in Deutschland*, Berlin 1872, 2. Aufl. 1879, Neudruck 1958.

（14）これにつき、本論文掲載書〔注2、Alexander von Bormann（Hersg.）, Ungleichzeitigkeiten der Europäischen

Romantik〕所収の Nikolaos K. Hlepas論文〔S. 165ff. Ein romantische Abenteuer? Nationale Revolution, moderne Staatlichkeit und bayerische Monarchie in Griechenland〕参照。

(15) Paul Laband, *Das Staatsrecht des Deutschen Reiches*, 1. Aufl. Tübingen seit 1876, 5. Aufl., 4 Bände, Tübingen 1911-1914. その意義と更なる典拠は、Michael Stolleis, *Geschichte des öffentlichen Rechts in Deutschland*, Bd. 2, München 1992, S. 341 ff.; Walter Pauly, Paul Laband, in: H. Heinrichs u. a.（Hrsg.）, *Deutsche Juristen jüdischer Herkunft*, München 1993, S. 301.

(16) Paul Laband, Georg Jellinek, Robert Piloty（Hrsg.）, *Das öffentliche Recht der Gegenwart*, 28 Bände, Tübingen 1906-1932. 同誌ではわけても、ラーバントの「小」帝国国法 Reichsstaatsrecht（1906）と、N. Saripolos, *Das Staatsrecht des Königreichs Griechenland*, 1909.

(17) Rudolf Smend, *Die Preußische Verfassungsurkunde im Vergleich mit der Belgischen*. Göttingen 1904.

(18) Erich Kaufmann, *Bismarks Erbe in der Reichsverfassung*, Berlin 1917, wieder abgedruckt in ders., *Gesammelte Schriften*, 3 Bände, Göttingen 1960, Bd. 1, S. 143 ff.

(19) これに関する典拠は、Dian Schefold, Zensur und Meinungslenkung, in: H. Brackert/ J. Stückrath（Hrsg.）, *Literaturwissenschaft. Ein Grundkurs*, 8. Aufl. Reinbek b. Hamburg 2004, S. 439（442 f.）. 詳しくは、Wolfram Siemann, Ideenschmuggel, *Historische Zeitschrift*, 245（1987）, S. 71 ff. 最近では、Andreas Eschen, *Das Junge Deutschland in der Schweiz*, Frankfurt a. M. 2004.

(20) Heinrich Heine, *Deutschland — ein Wintermärchen*, Hamburg 1844, Caput III Strophe 11〔ハイネ「ドイツ冬物語」井上正蔵訳、『筑摩世界文学大系26　ドイツ・ロマン派集』、一九七四年、三八一頁によった〕「あたらしい歌、もっとすてきな歌」（Caput I, Strophe 9〔三七九頁〕）は、第一章の琴ひきの娘とともに始まる、ロマン主義化する基本的な雰囲気と、対置されるべきである。

(21) この文脈につき現在は、Lothar Albertin, Liberaler Revisionismus: Theodor Barth und Hugo Preuß, in: D. Lehnert/ Chr.

Müller（Hrsg.）, *Vom Untertanenverband zur Bürgergenossenschaft*, Baden-Baden 2003, S. 59 ff.

(22) 最も先鋭なのは、Hugo Preuß, *Das deutsche Volk und die Politik*, Jana 1915, 2. Aufl. 1916における戦争の責任追及。この文脈につき、Dian Schefold, Hugo Preuß, in: H. Henrichs u. a.（Hrsg.）, *Deutsche Juristen jüdischer Herkunft*, München 1993, S. 429, 並びに前注で引用した論文集所収の諸論文。

(23) Walter Jellinek, Entstehung und Ausbau der Weimarer Reichsverfassung, in: G. Anschütz/ T. Thoma（Hrsg.）, *Handbuch des Deutschen Staatsrechts*, Bd. 1, Tübingen 1930, S. 127.

(24) Hugo Preuß, *Verfassungspolitische Entwicklungen in Deutschland und in Westeuropa. Historische Grundlagen zu einem Staatsrecht der Deutschen Republik*. Aus dem Nachlaß herausgegeben und eingeleitet von Hedwig Hintze, Berlin 1927.

(25) よい洞察を与えるのは、ヴァッサー Hartmut Wasser編によるジェファソン Thomas Jeffersonの論文集、*Betrachtungen über den Staat Virginia*, Zürich 1989. より完全な英語版は、Adrienne Koch/ William Peden（Hrsg.）, *The Life and Selected Writings of Thomas Jefferson*, New York 1994. ドイツの伝統については、Eberhard Schmidt-Aßmann, *Der Verfassungsbegriff in der deutschen Staatslehre der Aufklärung und des Historismus*, Berlin 1967を参照。同書は「ロマン主義」概念をおもに避けている。

(26) Robert Redslob, *Die Staatstheorien der französischen Nationalversammlung von 1789*, Leipzig 1912; Karl Loewenstein, *Volk und Parlament nach der Staatstheorie der französischen Nationalversammlunge von 1789*, München 1922（Neudruck 1964）の古典的な叙述だけを参考文献に挙げる。

(27) これにつき、本論文掲載書〔注2、Alexander von Bormann（Hrsg.）, Ungleichzeitigkeiten der Europäischen Romantik〕所収のウアバッハ論文〔S. 365ff. Reinhard Urbach, Romantische Theorie und politische Praxis in Österreich zwischen Restauration und Ständestaat〕とそれが挙げる数多くのほかの例。

(28) Carl Ludwig von Haller, *Restauration der Staatswissenschaft oder Theorie des natürlich-geselligen Zustandes der*

Chimäre des künstlich-bürgerlichen entgegengesetzt, 6. Bde, Winterthur 1816ff.; vgl. auch Huber, *Verfassungsgeschichte*（注５）, Bd. 1, S. 143 f.; Schmidt-Aßmann, *Der Verfassungsgeschichte*（注25）, S. 140 ff.

（29）上述Ⅰ２ｂと注９を見よ。

（30）Huber, *Verfassungsgeschichte*（注５）, Bd. 2, S. 486, Bd. 1, S. 144で言及された、一八四七年のハラーによる、連合ラント議会Vereinigter Landtag召集拒否に関するパンフレットも参照。シュミット Carl Schmitt, *Politische Romantik*（注２）, S. 79 ff.〔一〇三頁以下〕によれば、ロマン主義的偶因論の克服のために、神を基礎とする正統性のみが考慮されている。可能な統一を設立する憲法の機能はまったく考慮されていない。

（31）本論文掲載書〔注２、Alexander von Bormann（Hrsg.）, *Ungleichzeitigkeiten der Europäischen Romantik*〕所収のフォン・ハインツ〔Ulrich von Heinz〕の Wilhelm von Humboldt „ein klassisch-romantischer Aufkläler“〔S. 223ff.〕にとってはそうである。フンボルトのゲンツ〔Friedrich von Gentz〕との友好関係（「幼なじみ」、注22の前）と重要なロマン主義者の影響を強調する。だがフンボルトの思想に何よりも啓蒙主義と古典主義の要素を見ている。

（32）フォン・ハインツの論考とその豊かな典拠と並んで、最近では Dietrich Spitaa, *Die Staatsidee Wilhelm von Humboldts*, Berlin 2004, insb. S. 65 ff. を参照。同所では、国家の影響の限界を確定する試みに関する諸理念以来のフンボルトの思想の連続性が強調されている。

（33）これにつき、Peter Schneider, *Ignaz Paul Vital Troxer und das Recht*, Zürich 1948. 同書は新たな文献を顧慮しながら、以下の形で再録されている。Peter Schneider, Geisteswissenschaften in den zwanziger Jahren, in: K. W. Nörr/ B. Schefold/ F. Tenbruck（Hrsg.）, *Geisteswissenschaften zwischen Kaiserreich und Republik*, Stuttgart 1994, S. 187（189-194はとくにロマン主義との関連で）. 私見については、Dian Schefold, *Volkssouveränität und repräsentative Demokratie in der schweizerischen Regeneration*, Basel 1966, insbes. S. 14 ff., 23 f., 158 ff., 170 ff., 320 ff. を参照されたい――比較可能なフランスの潮流を、Carl Schmitt, *Politische Romantik*（注２）, S. 8ff.〔一一頁以下〕が描いている。

（34）適切かつ立ち入った評価は、Huber, *Verfassungsgeschichte*（注５）, Bd. 1, S. 727 ff.; また Carl Schmitt, *Politische*

Romantik（注2）, S. 143 ff.〔一七八頁以下〕は、「そうしたロマン主義的政治行動の簡単な適例」といっている。

(35) 今日の欧州統合を一九世紀の国家結合論と切り離そうとするあらゆる試みに対して、欧州憲法の基礎たる憲法条約の構想の類似性と、この構想が一八一五年以来と同様に国家連合と連邦国家との間を動揺していることが、示唆しておかれるべきである。これにつき、Dian Schefold, Zur Verfassung des europäischen Bundesstaates, in: L. Krämer（Hrsg.）, *Recht und Um-Welt, Essays in Honour of Dr. Gerd Winter*, Gronningen 2003, S. 65 ff.

(36) これについても、本書のウアバッハUrbach論文を参照していただきたい。

(37) 一八一五年九月二六日のロシア、オーストリア、プロイセン同盟条約を参照。条約は、Huber, *Dokumente*（注4）, Bd. 1, S. 83 f. 国家理論的および憲法史的整理については、Thomas Würtenberger, *Die Legitimität staatlicher Herrschaft*, Berlin 1973, insb. S. 162 f.; その文脈については、Robert de Traz, *Vom Bundnis der Könige zur Kiga der Menschheit*, Zürich o. J.（1935/37）の刺激的叙述。

(38) 特徴的なのは、連邦議定書の第六条Ⅱと第一四条の諸規定だが、前者は陪臣化されたかつての帝国身分制議会にとって共同票の可能性を規定し、後者はこの貴族の地位を連邦のためになるように規律していた――「第一の皇帝直属の地位を失った貴族Standesherr」（第一四条Ⅰのb条）たる地位が直接保障されていたが、これは現連邦構成邦の邦《ラント》身分制議会第一院への所属を少なくとも当然としていた。

(39) これにつきすでに上述一1および注6。個々の点では、Huber, *Verfassungsgeschichte*（注5）, Bd. 1, S. 315 ff. を参照。

(40) 欧州連合の枠内に地域団体および地方団体評議会（地域評議会、EC設立条約第二六三条以下）が存在し、各加盟国にそれに並行するものが存在していないことが、これに調和している。

(41) 適切な概観と資料集は、Christian Engeli/ Wolfgang Haus（Hrsg.）, *Quellen zum modernen Gemeindeverfassungsrecht in Deutschland*, Stuttgart 1975.

(42) テクストは、Engeli/ Haus, a. a. O., S. 104 ff. Huber, *Verfassungsgeschichte*（注5）, Bd. 1, S. 172 ff. を参照。だが何よ

り基礎的なプロイスの評価を参照。Hugo Preuß, *Die Entwicklung des deutschen Städtewesens*, Leibzig 1906; ders., Ein Jahrhundert städtischer Verfassungsentwicklung, in: *Staat, Recht und Freiheit*, Tübingen 1926, S. 25 ff.

(43) これにつき個々には、Huber, *Verfassungsgeschichte*（注5）, Bd. 1, S. 290 ff.

(44) Karl Barth, *Die protestantischen Theologie im 19. Jahrhundert*, Zürich 1947, 2. Aufl. 1952, S. 159 f., 189 f., 195ff., 379 ff., 389, 402. ルソーに関して私はこれを描き出そうと試みた。Dian Schefold, Rousseaus doppelte Staatslehre, in: *Der Staat als Aufgabe. Gedenkschrift für Max Imboden*, Basel 1972, S. 333 ff.（348 f.）. Carl Schmitt, *Politische Romantik*（注2）, insbes. S. 6〔一一頁〕の論評も参照。

(45) これにつきフレパス Nikolaos K. Hlepas論文〔注14〕。

(46) 基礎的には、Hartwig Brandt, *Landständische Repräsentation im deutschen Vormärz*, Neuwied 1968, insbes. S. 33 ff.; Huber, *Verfassungsgeschichte*（注5）, Bd. 1, S. 640 ff. さらに、Uta Holey, *Das imperative Mandat im Vormärz*. Diss. FU Berlin 1975, S. 118 ff., 126 ff. による考察。これ（S. 78 ff.）はロマン主義者に特有な態度を析出しようと試みている。また、Klaus Bosselmann, *Der Widerstand gegen die Repräsentativverfassung*. Diss. FU Berlin 1979による考察。前史につき、Hasso Hofmann, *Repräsentation*, Berlin 1974（Neuaful.）と前三月期に関する諸帰結につき、S. 416 ff.

(47) Friedrich von Gentz, *Über den Unterschied zwischen den landständischen und Repräsentativverfassungen*, 1819. 数多くの新版あり。批判については、Huber（注5）, Bd. 1, S. 644 f.

(48) 上述、一（d）。

(49) とくに、第一〇条、第一六条II、第一八条の（d）条、第一九条――もちろんそのすべてが満たされたわけではない！

(50) テクストは、Huber, *Dokumente*（注4）, Bd. 1, S. 91 ff.

(51) G. W. H. Hegel, *Grundlinien der Philosophie des Rechts*, §§ 273, 275, 300-302〔ヘーゲル『法権利の哲学』、三浦和男訳、未知谷、一九九八年〕.

(52) 参照、Carl Schmitt, *Politische Romantik*（注2）, S. 93〔一一〇頁〕. 同所では脚注でフリードリヒ・シュレーゲルを引き合いに出しながら、ロマン主義者としてのゲンツの性格決定を否定している〔一四三頁〕。

(53) Friedrich Julius Stahl, *Das monarchische Prinzip*, Berlin 1845. 重要なのはさらに、Friedrich Bülau, *Darstellung der europäischen Verfassungen in den seit 1828 darin vorgegangenen Veränderungen*, 1841.

(54) Ernst Wolfgang Böckenförde, *Der Verfassungstyp der deutschen konstitutionellen Monarchie*（注5）, 特徴的なのはまさに、出発点としてのベルギーの発展とドイツの発展の比較である。

(55) これと以下につき、Dian Schefold, Verfassung als Kompromiss?（注11）, S. 137 ff. 典拠につき、S. 139 f. Fn. 15.

(56) Carl Schmitt, *Staatsgefüge und Zusammenbruch des Zweiten Reiches, Der Sieg des Bürgers über den Soldaten*, Hamburg 1934.

(57) Ebd., S. 7 f.

(58) Carl Schmitt, *Verfassungslehre*, Berlin 1928（9. Aufl. 2003）, S. 23〔シュミット『憲法理論』、尾吹善人訳、創文社、一九七二年〕. すでに当時立憲君主制に至る諸推論がある。S. 53 ff.

(59) Konrad Hesse, *Grundzüge des Verfassungsrechts der Bundesrepublik Deutschland*, 20. Aufl. Heidelberg 1996, §2 III, §8〔ヘッセ『西ドイツ憲法綱要』、阿部照哉他訳、日本評論社、一九八三年、第一三版訳〕の意味で。

(60) Huber, *Verfassungsgeschichte*（注5）, Bd. 3, S. 3 ff.; Bd. 5, S. 533 f.

(61) ウィーン最終議定書第五七条、上述Ⅱ 5を見よ。

(62) この概念につき、E. Nolte, *Historische Zeitschrift* 228（1979）, S. 529 ff.

(63) 上述一 4と注24。

第3章　社会《ゲゼルシャフトリッヒ》を基盤とした民主制理論と国家的民主制理論
――ヘルマン・ヘラーへの覚え書き

一　社会的《ゾチアル》民主制と国法学の間

ヘルマン・ヘラーの著作が扱われるにあたっては、彼はむしろ社会民主主義の理論家として位置づけられるべきか、それとも国法学者としてか、という問いがまずはじめに提起されてきた。いずれの見方も有益で、更なる理論的発展に実りをもたらしうる。いずれの面でも、その著作は包括的で、将来の方向を示す主張を含んでいる。社会主義的諸理念の歴史に結びつく諸著作は、生々しい政党政治的論争にまで及んでおり、ここに重点を置くなら、明らかにヘラーはドイツ社会民主主義思想史への寄与が見逃されてはならない論者である。シュテファン・アルプレヒトやルエディ・ヴァーザーがしたように、[1] こうした立場からヘラーの理念を体系的に描き出すのは十分にやりがいのある仕事である。だが、本考察ではこの点に関心を集中しない。それでも、ヘラーがその思想を意識的に社会民主党の党派的立場で展開したことは、なお本質的である。

もちろん逆に、ヘラーをヴァイマル共和国の方法と方針をめぐる論争との関連で見ることもできる。国法学思考の発展を特徴づける諸区分をもとに学派の形成を画定するのならば、ヘラーは、まさに学問の領域でも好戦的で、しばしば論争の種を捜し求める情熱的な弁士であるため、この文脈にうまくあてはまる。ヘラーと他の国家理論学派、たとえばカール・シュミット、ルドルフ・スメント、ハンス・ケルゼンとの接線を引くことはできる。だがヘラーは、それらすべてから自説を区別し、対立点を強調しており、その結果、彼は独立した学派の創始者で代表者と捉えられうるようになった。こうした問題設定もヴァイマル共和国の理論史的文献で広くはっきりみてとれる。それには、ヴォルフガング・シュルフターの今日では古典的な著作や、ミヒャエル・ヘーバイゼンまでの最近の諸研究が思い出される。(2)

さまざまな見方はあるが、それらは前置きとして四つの側面をもとに図式化されうる。

・国家機能の分析にあたってヘラーの問題は、国家機能のマルクス主義的説明ではなく、あらゆる国家学の前提たる国家の必然性の説明である。ヘラーは確かにマルクス主義的範疇を用いて論じているが、明確かつ原則的に、国家を特定の歴史的布置状況の関数と理解するのに反対している。(3)

・方法論的には、ヘラーの全著作と発言はヴァイマルの国家論的議論と結びついている。それらはここでもちろん特別な役割を占めている。というのは、存在科学的な基礎の受容、経験的な存在の受容により、はじめて国家理論的な方法の選択と概念形成がなされるからである。ヘラーはこの問いと格闘し続けた。(4)『国家学』における説明は、その限りで相当期間続いた反省と成熟の過程を適切にまとめたものである。

・存在の概念は、したがってヘラーの理論にとって基礎的だが、これは唯物論的考察様式に還元されない。ヘラーははじめから、人々と諸民族Völkerの、とくに労働者層の文化科学的状態を考察にとりこんでいた。そのため、存在を通じた上部構造の機械的規定は問題になりえず、不利な立場にある人々の同権を求める闘争、つまり労働者層が政治—国家的秩序へ「入り込んで闘うこと」が重要であり、この秩序の基本諸原理は静態的に見られていた[5]。

・その際、論争の内容はかなりの程度まで国家理論的性質を帯びていた。国家、主権性、社会的法治国家の概念が問題となった。確かにこれらは労働者層にも役立とうが、国家理論上の概念であり続け、こうした概念が、社会主義的視点からみても基準となり、社会主義的に支配された国家で法的形式となるというわけである。

そのため、現代社会における階級分裂と社会的対立に直面して、ヘラーは労働者の立場に移り、その利害の代弁を自分の使命とした、という仮説が立てられよう。その限りで彼は自分を社会主義者だと感じていたし、実際そうだった。だがこうした彼の政治的および学問的活動の狙いは、過去の理論的基礎と、方法及び方針論争においてヘラーの立場がもたらしたその発展をもとに、これらの文脈で機能できるようになる国家に向けた活動だった。

こうした二律背反の中で民主制原理への問いが決定的となる。ここでは社会を基盤とした民主制という概念を用いることにして、それがヘラー国家学の理解に実りをもたらすかどうかが問題となる。それとは反対に、ともかく、国家的秩序に適用されんとした民主制の原理があった。こちらからは、ヘラーがこの国家的民主制原理にどのような寄与をし、それがどの程度その社会主義理念の実現に役立ったかという問いが投げかけられる。(6)

二　社会を基盤とした民主制理論の構想

ヴァイマルの憲法論争に限れば、民主的秩序が社会にどのような基礎をもち、どう組立てられるかと問われうるという意味で、存在科学的に、国家の民主的基礎づけとその担い手としての人民への問いを提起するきっかけが与えられる。この民主的思考の支線は、アリストテレスに遡りうるが、ジャン-ジャック・ルソーはそれを、社会契約論の中心テーゼと一定の緊張関係をもたせつつ、十分視野に入れていた。政治的諸決定において——政治経済学に関する初期の著作での諸議論にあるように——多数派と少数派の対立が生まれるならば、確かに多数派は、こうした統一の中で一般意思に表現を与えるよう要求できる。だが少数派も、自分に関しては、一つの一般意思を示している。(7)

こう考えると、この概念は相対的である。共通意思の各々は、上位段階にある優位する共通意思の一部であり、下位にある共通意思の集塊をより高次の段階におけるそれへと描き出すところに課題が見られうる。したがって社会的分化は、さまざまな段階における民主的諸決定の基礎となる。首尾一貫すれば、社会契約論の末尾では、諸国家の一つの総体国家への結合が問題になり、それをルソーは社会契約論でもはや行わなかったが、他の著作で示唆した。(8)

確かにここで問題は民主制理論の支線であり、ルソー自身でも、なによりフランス革命およびそれ以降で彼の理念が適用される場面でもそうである。だが、この支線が引き続き展開されてゆき、まさにヘラーの活躍した時代にヘドヴィッヒ・ヒンツェがこの社会的－分権的な民主制構想の意義をフランス革命の諸議論においても指摘したのは、ほとんど偶然ではない。(9) 彼女はそこで――夫オットー・ヒンツェを別にすれば――なによりフーゴー・プロイスより影響を受けていたが、そのほどを彼女は後になって印象深く示した。(10) だが、彼女はそれと、まさにヴァイマル共和国の初期段階に頂点に達した継続的発展を結びつけた。その基礎にはまず、ヨハネス・アルトゥジウスの著作があったが、小さな範囲の人間諸団体からライヒに至る集積を描き出したその著作は、当時はオットー・フォン・ギールケとゲオルク・イェリネクにより取り上げられていた。(11) それを土台としつつ、フランス革命から生まれたヨーロッパ新秩序に対しドイツによるおそらくは独立の寄与となった地方自治行政の理念は、社会を基盤とした民主制理論に寄与できた。シュタイン男爵がその都市令で地方民主制の基本モデルを社会における基礎をもとに法的に用意していたが、そこでこの構想は、全ドイツ人民の国民代表〔議会〕で頂点に達すると考えられるより包括的な枠組みの中にあった。(12) オットー・フォン・ギールケはそのゲノッセンシャフト法、ラーバント批判、そして先鋭化した人間的諸団体の本質に関する論争書で、(13) 法人擬制と君主主権に依拠する国法学に反対する立場を打ち立てた。つまり、国家は社会の諸団体から構成され、その限りで下から上に構築されるというのである。

これらの研究にフーゴー・プロイスは依拠した。彼が『領域諸団体としての、市町村、邦国《ラント》、そして帝国《ライヒ》』(14) を執筆した際、そこで彼はまずシュタインの思想を取り上げたが、それをギールケの意味で一般化し、決定中心の多元性を支持して、国家の絶対性要求を、また包括的な世界秩序をも、疑問視した。プロイスにとって、こうした基礎的研究は理論にとどまらず、具体的な地方政治の活動、地方自治法に関する学問的活動、そしてそれらとともに社会を志向した民主制理論の基礎づけもこの研究を土台としていたが、もちろんヴィルヘルム帝国末期では、当初およそそれらの余地はないと見えていた。

こうした理論の機能は、もはや君主制官憲国家により規定されないドイツの体制を築くことが一一月革命で問題になると、ますます具体的になった。人的資源状況も一因として――ドイツには社会民主党員の国法学者はおらず、ヘラーはまだ若すぎた[15]――、フーゴー・プロイスがヴァイマル憲法の父となり、そしてそこで「きわめて潜在能力の高い自治行政」の原理を要求したが、これは邦《ラント》国家権力の地割りを克服する試みでもあった。

しかし、この憲法論と憲法との構想には多くの異論があった。伝統的諸勢力以外にも、より徹底した形の社会を基盤とした民主制モデルがそれに対立した。それは〔体制転換〕関係者の、具体的には一九一八年一一月には労働者と兵士の活動状況を踏まえようとするものだった。新たにつくられるべき共和国は、憲法国家的組織によってではなく、社会を基盤とした運動から構成されるとされたので、当然ながら民主制構想の社会における基盤がいっそう強調された[16]。ともあれ、上述の方針すべてから、社会の現状を基礎にし、そこから政治的民主制を作り上げるという方針へと、民主制の基礎づけは収斂したように見えた。ライヒ憲法典では、わけてもその第一六五条と一二七条に、この影響の跡をたどることができる。

ヴァイマルで憲法が審議された年月に徐々に見えはじめた展開は、最終的に同じ方向を示した。政党の機能について憲法はまだ何ら注意を向けていなかった――あってもせいぜい否定的だった[17]――ので、憲法の現実では、人民意志の形成、選挙、および政治過程、とくに議会の過程での意見形成において諸政党が果たしている役割に鑑みれば、諸政党は社会における基礎として国家を構成していなかったのではないか、という問いを立てることが可能だった[18]。それに応じて、国家的民主主義が政党制の社会における基礎の上に構築されるべきではないかと問題提起された。この新たな構想は、ヴァイマル共和国の後期段階ではじめて議論され、何より連邦共和国における更なる発展にとり決定的となるが、すでにヴァイマルの当時認識されていたように、国家的民主制理論と社会を基盤とした民主制理論との関係を吹き飛ばしかねない爆薬を隠しもっていた。なぜならそこでは、国家の政治的統一を、異なる諸政党、それどころか対立する諸政党の多元主義の上に基礎づけることが肝要だったからである。これは、実践的にはヴァイマル後期における分裂した政党の多様性のなかで、そして理論的には国家は政治的統一体たるべしとの要請を前にして、どうすれば成功できたのだろうか。

三　ヘラーにおける社会を基盤とした民主制理論の所見

そうした社会を基盤とした民主制構想がヘラーに及ぼした作用を再構成する試みは、まず失敗に終わる。社会を基盤とした民主制の上述の形式は、ヘラーに何の役割も果たしていないか、せいぜい周辺的なものである。それらは、民主制の基礎に関するヘラーの問題設定をほとんど、あるいはおよそ特徴づけていない。

1　地方自治行政

これはまず地方自治行政に当てはまる。その考察とこれへの関心は、周辺に位置している。「基本権と基本義務」（一九二四年）に関する著作のなかにのみ、そのごくわずかな記述が見出される。[19]そこではフーゴー・プロイスとの接線は確かに示唆され、指示もあるが、それを超えていない。『国家学』では、社会的現実性に関する章にも、国家に関する章にも、地方を基礎にしたその構築についての論述はない。「国家と教会」や「国家と経済」

は話題にされているにもかかわらず、である。[20] むしろ反対にヘラーは、下から国家構築するゲノッセンシャフト理論や、主権ドグマの消去からは、たびたび距離を取っている。そこでは、プロイスとサンディカリズムが有機体論的な――ロマン主義的と評価された――見解として否定されている。[21] 地方と社会における集団形成が視野に入れられている限りで、「それら諸集団を介して最終的に国家的団体秩序が固有の団体諸機関をもってこの協力を保障する」[22] というように、協力を確保する国家の機能が視野に入れられてはいる。

2　評議会民主制

国家的民主制の社会的基盤としての評議会民主制的理念に対する態度もあまり変わらない。ヘラーにとってこの観点は中心的位置をおよそ占めるに値していない。そのため『国家学』ではこれはおよそ話題にされていない。しかし、一九一八年以降の時代に、ヴァイマル憲法第一六五条を前にして、問題圏はかなり具体的に現実性があった。確かにヘラーは「基本権と基本義務」に関する著作[23]でこれを扱っている。だが、ここでも他の箇所と同じく、[24] 彼は、国家的-議会制民主制を代替する、つまりこれを排除して、職能身分的組織を置くというヴァイマル憲法第一六五条の構想を取り去ることに価値を置いている。生産の「社会化」は、世界、人類、社会、あるいは普遍性のなかでではなく、国民的にのみ、国家の中で実現されうるのであり、[25]「社会《ゲゼルシャフト》の現実像」は、社会化の担い手であれ評議会思想の担い手であれ、「国家と国民の肯定的評価」[26] によってのみ獲得されうる。

3　政党

それに対応することが政党に妥当する。確かに政治的統一の形成を考察する際にヘラーが示す現実的見方は、多元主義批判、とりわけカール・シュミットのそれからはっきり区別される。[27] だが、政党の機能は、人民をその基礎とする権威的国家組織の正統化への協力である。[28] その結果として、政党間の競争がたとえば国民表決によりどの範囲で相対化され、それと競合関係に立つかは、合目的性の問題となる。まさしくこの点でヘラーの現実主義が賞賛されても、[29] それは本来の政党国家制の構想から切り離されねばならない。目標は、まず政党内部で、次に国家領域で同質化された民主制ではなく、むしろ国家的民主制だけである。これは諸政党が諸勢力をあらかじめ形成するのに役立つかもしれないが、必ずしもそうなるわけではない。

4 「社会的民主制」

国家的民主制の枠内で社会を基盤にした民主制の諸形式があまり重視されていないということは、「社会的《ゾチアル》民主制」というほとんど同義の概念が、当時の、そして特に社会民主党の議論で一定の重要な役割を果たしていただけに、奇異な感じを与えざるをえない。

（a） それに対応して、社会的民主制の概念はヘラーにおいてもしばしば登場するが、そこでは、それ以降の発展にとり特に重要な社会的法治国家の定式が、まさしく独特に概念形成され、先鋭化されている。[30] これは「人民立法府」による市民的法治国家の変形に関連し、したがって社会的観点での国家的立法者の活動は、政治過程の社会的基礎とは関連していない。政治的民主制において多数決により決せられる人民立法府は、諸特権を保障する、そしてそれゆえファシズム的独裁の危険を内包する市民的法治国家を、配分の水準で社会的調整を配慮し、それにより法治国家的民主制を保持する社会的法治国家に転換する。

社会的民主制のそうした構想や類似の構想をヘラーはしばしば論じている。[31] まず前民主主義的な権力メカニズムへと、たとえばビスマルクの社会政策を通じて転換し、[32] しかる後に社会主義的問題設定にもとづく民主制として社会的意味でその有効性をつくりかえるのは、[33] 現存の国家に他ならない。労働者層はそれに参加し、社会主義者たちは能動的に協力する。その限りで、民主制を社会的な意味で実現する社会を基盤とする諸集団について論ずることができる。だが、彼らは（現存する）国家に「入り込んで闘わ」ねばならないとされ、それは何より『社会主義と国民』で描かれ、『国家、国民、そして社会民主主義』で鋭く強調された。[34]

（b）社会的民主制の概念規定とその成立に至る記述は、同時代の状況のなかで意味を持っていた。『社会主義と国民』はまさにイエナにおける一九二五年の青年社会主義者全国大会にとって基礎となり、それをもとにヘラーの報告に対してマックス・アドラーはその共同報告の中で反論した。[35] アドラーは、国家を強制組織と承認する限りでは、ヘラーの概念規定と一致していた。[36] だが彼はこの概念を、事実として不十分だと明言し、階級支配に基づく非連帯的強制秩序と、連帯的強制秩序を区別するよう要求した。後者のみが、階級支配の廃棄の後に「社会的民主制」と呼ばれ、それにはもはや支配秩序と称せられる余地はない。[37] この質的な——アドラーにより「社会学的」と名づけられた——区分は、非連帯的国家の肯定と社会主義者がそれを受容する可能性を排除し、また、プロレタリアートの階級利益を優先的に実現せずに国民感情を育成することをも排除した。これは青年社会主義者全国大会で激しい対立をもたらし、ヘラーと彼を支持するホフガイスマル派に向けられた反対決議案を穏健に書き直しようやく何とかうやむやに収められたほどだった。[38] アドラーは自分の立場の足元を、翌年にさらに『政治的民主制か、社会的民主制か』[39] という適切な書名の著作で固めたが、そこで彼はマルクス主義的視点から、（非連帯的な）政治的にとどまる民主制を、それとは質的に別種の社会的民主制に転換する必要性を固執し、その際プロレタリアートの独裁をも、社会的民主制に至る手段と段階として論じた。だがしかし、彼はこの分離を一貫させれば、強制秩序一般の克服に到達せざるをえなかったのではないか、つまり、ユージン・パシュカーニスが――より徹底しているが、こちらもまた一貫せずに――擁護したような、マルクス主義にいう法と国家の諸形式の死滅に到達せざるをえなかったのではないだろうか。[40]

5　結論

このように対置してみると、ヘラーばかりか、二〇年代に彼に対立した社会民主党の立場においても、社会を基盤にした民主制の構想が周辺的な役割しか果たさなかったことが明らかになった。[41] 中心的だったのは、国家改造問題であり、そして国家権力の占有だったが、それはヘラーにとって現在の国家の枠内における具体的目標であり、一方マックス・アドラーは、社会主義国家の質的別種性により強くこだわり、プロレタリアートの独裁を通じてでもブルジョア国家を改造することを、社会的民主制の前提にしていた。だが、両者にとって、まずは現存国家の中でそれを力ずくで実現することが決定的だった。社会を基盤にした民主化とは反対に、そして社会を基盤にした民主化が構成要素として新たな国家理解に寄与できたかもしれない可能性は顧慮されず、そのため第一に国家においてどのように民主的システムをつくりあげるかという問題が立てられた。

四　国家的民主制理論の構想

1　人民主権性の正統性問題

その限りで国法学は、ヴァイマル憲法の前文と冒頭の条文にもとづいて人民主権性を基礎とした憲法体制を条件に、二重の意味で新しい課題を手にしていた。もはや宗教的基礎をもった君主制的正統性の原理が国家の最高権力を規定しないのであれば、新たな正統性を人民の支配に関して基礎づける、たとえばマックス・ヴェーバーのやりかたで正当化することが肝要だった。[42]最高権力の担い手がもはや君主ではないなら、どの範囲まで新たな担い手である人民が統一的国家権力をつくり出せるかを基礎づけ、それを描きだすことが大事な仕事だった。確かに二つの問題は、民主的原理の支配への関与が考慮された限りでは、すでに立憲主義的君主制の国家で提起されえたものである。宗教的ないし伝統的に正統化され、統一を配慮する君主権力が勘案されていれば、民主的共同決定はかなり容易に正当化できた。だが、ウィーン議定書（一八二〇年）第五七条が確定しようと試みたように、国家権力の統一が君主の中に限定されえたところでは、国家指導への民主的諸利害の協力があっても、人々が民主的協力の萌芽に新たな危機を見ようとさえしていたため、君主制原理の原則的正統性も、その統一性も疑問視されなかった。[43]

2　ありえた回答

一九一八年一一月九日をもって、これに対して正統性問題は完全に先鋭化され、そして、「国家学の危機」[44]を論ずることが正当化された。ヴァイマル憲法前文、それとともに第一条第二項の明文は、どの程度まで国家権力統一の基礎としての人民の統一を裏づけることができていたのだろうか？　さまざまな種類の答えが可能であり、議論の対象とされた。

（a）まず、憲法の明文で率直に満足し、それによって保障され、したがって統一的な権力と評価されていると人民の地位をみなすことも考えられる。それは実証主義的な出発点であり、まさにパウル・ラーバントの影響で国法学が実証主義に狭められていた状況では、まったく一貫していると考えられていた。たとえばゲルハルト・アンシュッツは、ヴァイマル憲法第一条を注釈するにあたり、国家と統治の形態規定のなかに、「概念規定のみならず一つの規範をも」見ているが[45]、そこで彼は憲法の拘束力ある妥当性を要請し、こうしてそれ以上の問いを回避した。いくらかより理論的だが、同じく憲法の文言から、リヒャルト・トーマは[46]、その民主制概念を獲得しようと試みた。

（b）より徹底してこの立場は、法秩序そのものが公的権力を形づくり、その結果として人民は法秩序と同じく一つの統一を形成し、それを創設し、またそれによって創設されるというテーゼによって基礎づけられえた。それは、ハンス・ケルゼンが彼の展開した純粋法学の枠内で民主制について引き出すことができ、そして実際に引き出した帰結だった[47]。実定法の理論に限定することにより、その正統性への問は、政治的——まさに法的に問題とされた——統一性の現実的内容の問と同様に、脱落した。しかし、ケルゼンが『民主制の本質と価値』を検討した際には、彼は事実上、二つの問題に完全に立場を決めていた、つまり確信を持った民主主義者だった。だが、彼の方法論的立場からは、それは本来すでに境界線を踏み越えていた。彼がそれにより取り組んだ問いは、純粋法学の枠内では法学に向けられた問いではなく、政治的問いだった。

（c）反対に、政治的統一は民主的正統性の第一の前提として要求されうるし、それによって民主制は、政治的統一体としての人民自身が同一性の原理に従い行動するとされる国家形式として定義されえた。[48] 統一的行動の事実はそれにより正統性と効果性を同時にもたらした。基準は決定統一体そのものだった。それによりともかく人民の、つまり全員の自己決定がどの程度保証されえたかは、未決のままだった。確かに人民の決定における政治的統一は、可能性として理論的に構成され、政治的に要請され、一定の状況下では確認され、そして憲法モデルとして認証されうる。だがそこで、個人が統一体を代表して統一的決定を下すというのは、それほど当然ではなかったのではないだろうか？　その限りで「今日まで説得力ある体系論をもった法治国家的－民主的憲法のタイプ」[49]を展開した憲法論は、一九二二年に下され、続く諸著作で実行に移された『決定』[50]を先取りしていた。

（d）したがって、はじめから、政治的統一が簡単に受け入れられないのなら、その生成と樹立の研究と叙述がなされねばならないと異議が出されたのは、もっともだった。それにより方法論争が開かれた。政治的統一を民主制の前提とする概念形成は、統一の概念を情緒的に積み込んでいたので、すでに実定法の解釈を超えており、[51] そのため統合理論は、規範的基礎は政治的統一の想定にとり十分ではなく、人民の中における統一の樹立が記述されねばならないと、要求した。価値哲学と現象学、ことにテオドア・リットの『個人と共同体』を基礎にして、直接には第一次大戦の共同体経験によって統合理論は形づくられ、そうした統一性形成を精神科学的方法によって記述し、それと同時にこれを正統化しようと試みた。[52]

（e）これはヘラーの方法の展開の背景をなしていた。法律家はおよそ伝統的な諸基準に義務づけられており、さらに法律家にとって法律は「人民立法府」の所産[53]として特別な尊重に値するため、ヘラーは司法審査権のはっきりした肯定を引き出せなかったわけだが、[54]法律家の実務的活動の中にヘラーは国家学の危機[55]を意識しており、そのため伝統的実証主義もケルゼンにより徹底されたそれも不十分であることを眼前にして、政治的統一の再建を目指した。だが有機体説に反対し、ゲノッセンシャフト的な形成の記述では満足せず、精神科学的方法に対立し、彼はすでに二〇年代半ばに、そして『国家学』できわめてはっきりと、存在科学的、政治科学的方法を要求した。この方法は現実科学的に見出されうる政治的統一の諸基礎をその作用統一体としてスケッチしようとしていた。[56]

3　課題としての憲法論

実践的憲法政策と国家学にとって、人民に国家権力を基礎づけることから、国家の指導における人民の行為を規範化し、その有効性を確かにするという課題が導かれた。国家学はその点で憲法論に具体化された。つまり選挙権、人民の直接参加、とりわけ立法への参加、議会制統治システム、そしてそのライヒと諸州《ラント》における確保という諸問題に具体化された。その際、これに合わせた表題がつけられた指導的著作が、カール・シュミットにより、彼のアプリオリ的—理念型的方法で首尾一貫して基礎づけられて、公表されることになった。統一性の要請を通じて、政治的意志の形成問題は背景に追いやられ、たとえば「実定的憲法概念」が、「引き伸ばし的な公式的妥協」だとして信用を失墜させられた多元主義的—統合的憲法概念に置き換えられた。[57]それに対応したことは、民主制、自由、代表の概念についてもいえる。

この例が示しているのは、方法と方針の論争がいかに強く具体的憲法政策の諸問題を規定し、覆っているかである。たとえばライプホルツの代表理論は、カール・シュミットにより肯定的に引用され、同じく統合理論の方法的構想に基づいていたが、[58]それを通じて単なる利益代表は拒否されていた。後の転向を待ってはじめてライプホルツは、部分的にはイタリアの影響、部分的には彼の師にあたるトリーペルの諸考察を取り入れ、部分的には実証主義的諸立場——ここではわけてもグスタフ・ラートブルフ——に接近して、政党国家の肯定的見解に至った。この立場は一九四九年以降ドイツの議論を規定することになった。[59]だが後にも先にも——そして今日まで——、それを通じて現実に直接民主制がどの程度実現されるかは、答えられないままだった。[60]どの程度まで憲法論は、国家的民主制の構想を具体的内容で満たし、それを実現できたのだろうか？　そしてこの課題を解決するにつき、ヘルマン・ヘラーの寄与は何だったのだろうか？

五　ヘラーにおける国家的民主制理論の診断

1　政治的作用統一体としての国家

ヘラーに関するこの問いへの答えは、まず、彼にとっても政治的統一の保障は、彼が社会の領域における諸対立を問題と見ていたにもかかわらず——そしてそれゆえに——、優越した要求だった点にある。[61]具体的には、社会的諸対立の克服であり、階級間の分裂は強力な統一的国家を必要とした。この基本的立場はさまざまな発展段階で示され、そこでいくらか変化してはいたが、総じてヘラー国家学の継続的基礎であり、それとともに民主制論のそれでもあった。

（a）第一次大戦後の時期当初には、国家肯定が規定的だった。これはヘーゲルの『ドイツ憲法』序文、ラサール『労働者綱領』[62]序文、そしてヘーゲルとドイツにおける国民的権力国家思想に関する教授資格論文にはっきり現れていた。クラウス・マイヤーによれば、ヘラーはその教授資格請求の前日に（一九二〇年三月一〇日）キールで、おそらくグスタフ・ラートブルフに影響され、ＳＰＤに入党したが、もちろん「「国際主義」と「史的唯物論」をＳＰＤの世界観的な基本的立場として承認しない」というはっきりした留保をつけていた[63]。国家が社会改革の枠組みとして働かねばならないとの主張は、すでにここで確かになっていた。

（b）この態度はその後に二〇年代半ばの諸著作で、わけても『社会主義と国民』[64]（一九二五年、一九三一年第二版）および『現代の政治的思想圏（邦題『ドイツ現代政治思想史』）』（一九二六年）で詳しく論じられた。出発点は人民の究極的な生の形式であり国家の基礎である国民の理念だった。ヘラーは、国民の自然的、人間学的－文化的基礎を示そうと試みた。その際、生物学的――具体的には人種的――特性を否定し、人間の文化的結合にはじめて国民の特性を見た。国民の本質は、生物学的にも唯物論的にも還元されぬよう擁護されねばならない。だが、その発展の中で国民は人民の「究極的な生の形式」[65]であり、階級闘争の目標はその克服ではなく、その完成、国民的文化共同体でしかありえない。「私たちは国民の中に入り込んで闘おう」[66]――これが社会主義的理念の課題であり階級闘争の目標である。その結果として、国家はすべての社会における行為の秩序だった共生を特定の領域で究極的に保証する決定機関とみなされる[67]。

（c）こうした「方針と決定」[68]はむしろ、さまざまな政治的理念圏との論争における、そして二〇年代半ばではなにより唯物論型のマルクス主義と民族主義的人種理論との論争における、政治的な位置規定であり、「主権」に関する著作[69]で国家理論的基礎づけが導かれた。方法論的にはここで――ケルゼンと、またギールケ／プロイスのゲノッセンシャフト論とも鋭くはっきりと対立し――「数多性の中の具体的で政治的な統一体、つまり私たちが国家と呼ぶもの」[70]をめざし、実質的には権力と決定力の統一性をそのために要求した。すなわち、支配と秩序という社会学的範疇を法的に把握する可能性の保障としての主権性原理である。[71]それでは一体、誰が主権の担い手とみなされうるのか？　ここで国家的民主制理論の基本問題が先鋭化する。もはやそれが君主でないならば、「国家」とならざるをえないのではないか。だが国家は、それが存在秩序に還元されうる必要がないというのなら、具体的な主体に移されるしかない。[72]しかし、カール・シュミットが試みたように、何らかの国家機関を主権的と宣言すると、それは矛盾に陥る。つまり、民主的国家は人民主権性なしにはやっていけない。[73]共通意志の現実的新形成が国家意思として分析されねばならない。ここに、ライプホルツと似すぎるほど並行して、だが方法的には反対の基礎に立ち、高位官職による代表が、民主的国家の多数決原理を具体化した中心概念となる。[74]代表を通じてのみ、統一的で唯一の法システムが形成されうる。それは、個別の代表者に限定されえなくとも、法を手中にする国家人格を必要とする。[75]主権性を通じてのみ、国家の特徴は示されうる。連邦国家の各支分国は、その帰結として国家ではない。[76]だが特に重要な、国際法に対する帰結を、ここでは個々に説明できない。エーリヒ・カウフマンとハインリヒ・トリーペルに依拠し、それを指摘して満足せざるをえない。[77]「普遍的領域決定と作用の統一体」にもとづき、主権は法のために法に反しても絶対的に自己主張するのだが、[78]こうした統一体の実現可能性が、主権の最終的帰結――そしてしたがって主権の絶対化であり、これにはすでに同書成立時におけるドイツの講和政策の視角から、そして今日から見れば輪をかけて、そのまま従えない。

（d）『国家学』では最終的に、『社会主義と国民』に再び依拠しているが、いまや原則的な仕方で、そして先行する「国家」、「政治権力」、そして「政治科学」[79]を準備段階として、方法論的な主張が再び前景に現れている。方法的な――社会の現実分析と――国家的統一の諸条件への適用、これらはすでに著作の構成を通じて提起された基本問題であり、これまで得た成果に基づくと、この思考過程は必然的に思われる。国家学が現実科学だというのは、文化科学的―構造的な意味においてであり、精神科学的な意味でも、自然科学的、とくに生物学的な意味においてでもないという。それはその限りで、純粋法学とは反対に、政治科学に接近する。[80] そのためそれは社会の現実を研究し、その本質を個々に記述しなければならない。そこで社会の諸現象が探求されるが、その際にすでに『社会主義と国民』で展開した思考過程が強い影響を及ぼしている。近代的国家の形成が、歴史的に、自然的諸影響の結果として、文化的産物として、問題にされている。そこでは地政学と人民／民族概念という時代に結びつけられたテーマとの論争が、ここでも人種学を取り去って、繰り広げられている。[81] しかしながら、人民／民族と国民との統一は、経済的な階級分裂に直面しながら統一が作り出されねばならないことを、その特徴とする。世論と法秩序もそれに寄与するが、これに対して、統一を独立して構成しない。むしろ国家の構築が、上述の要因すべてを組み込みながら、自立的で組織された、決定と作用の統一体と特徴づけられねばならない。[82] それが中心面である。組織として国家は統一体となり、それを構成する全要因を組み入れる。作用統一体であることが国家権力を特徴づける、――そしてそれはまた、国家学が諸部分を整理したうえで、それらの中ではじめて端緒として認識されうる、国家組織の基礎である。

2　憲法論？

だが、ヘラーの国家的民主制理論を理解するうえで、以上でその基本問題は明らかになった。国家の組織論的な構成の理論としては、それは『国家学』の完成した部分では示唆されているだけであり、それはもし可能であったなら、編者ゲルハルト・ニーマイヤーが伝える「国家の本質と構成」に関する最終章の計画のなかで、[83]さらに具体化されるはずだった。まさしく国家権力に関する章はその痕跡があるにすぎず、[84]国家人民と国家諸形式に関する章は、まるで詳しく論じられていない。

しかし、仕上がった章の中にあるものも、ヘラーがそもそも民主的な意思形成メカニズムとその諸問題を実際に扱おうとしていたのかどうかという、更なる問いを提起する。「国家の本質と構成」は、この形成体を他の社会における形成体から区別し、その独特の機能を強調し、それを形成する諸力すべてを組み込んで国家を統一する必要性を説明し、そして国家憲法体制を、法規範と社会の現実との間に立つ、統一体としての国家の秩序として問題にした。[85]そこでは、たとえば憲法制定権力の問題も立てられている。だがそれも、その法の諸原則への拘束と現存する社会の諸構造へのはめこみが示されているだけで、憲法組織論として具体化されてはいない。[86]いずれにせよ、国家学の水準で——以前の主権論と同様に——そうした具体化はおこなわれず、そして、ヘラーがそこに関心を抱いていたかどうかは答えられないままにならざるをえない。国民は国家において作用統一体に集合しなければならない。それは組織によって、代表によって、統一的な意思を形成し、国家権力の主権性を介して、それを実行する。それでは一体、これが組織‐制度としていかにして保障されるのか？　この——しかし決定的な——問いは、『国家学』では、ともかくその編者の仕上げた版を読んでも、放置されている。

3　民主制理論としての政治的教育活動

とはいえ、確かに、ヘラーはたえず国民と国家的統一の文化的諸条件に言及しており、これは前法的諸条件の単なる定式や誓約ではなく、ヘラーがその活動全体で真剣に受け止めていた具体的な課題設定である。[87]何より二〇年代前半の彼の行いを規定し、さらにそれ以降のそれをも形づくった、政治的教育活動、労働者教育、そして人民高等学校へのヘラーの傾斜を、それがはじめて説明する。(88)これを基礎にしてはじめて、『社会主義と国民』のような著作は可能になり、労働者層を国民的統一の文化的諸条件に組み込むよう要求し、そして労働者層に、この共同体に「入り込んで闘う」よう求めた。(89)「国家と文化」はそれゆえ、ヘラーの伝記にみられる彼の仕事に関して実践的に意味があるだけでなく、学問的著作にとって決定的な問題設定でもある。インゴ・リヒターは、「国家の社会における前提」について論じており、(90)それに対応した諸著作に現れている社会的参加は、今日読んでみても印象深い。

もちろんその際、時代に拘束され、部分的には問題に対してあまり適切ではない論述には驚かされる。たとえばヘラーは『血と土』を引き合いに出し、(91)大学改革の議論に際して学生数の縮減を要求している。(92)ヘラーはその文化的理想を政治的作用統一体の基礎にしようと試み、そして、たとえばエルンスト・ロベルト・フーバーの文化国家構想を規定していたような官憲国家的傾向を免れていたとしても、(93)コミュニケーション的行為に関する最近の理論や、それに影響されて、成人教育に関する近年の諸理論を規定しているような、(94)（人民）教育組織の提供者と受取人の間における文化的コミュニケーションのモデルには、到達していない。

具体的に、そして本稿の問題設定にとって分かりやすいところでは、当時十分に議論され、たとえばフーゴー・プロイスにとって規定的だった、地方民主制の場としての地方団体自治行政と、人民高等学校組織とにほとんど結びつきが感じられないという点に、それは明らかである。(95)教育活動は、実際にはキールやライプチッヒで行われていたとしても、(96)ヘラーにとって国民的で、(97)したがって国家的な政治的課題であった。民主的自治行政と民主的国家を促進する人民高等学校との間には、直接的で概念的な結線は存在していない。

4　民主制の憲法法

国家的領域をも規定する民主制理論の不毛な所見は、国家的組織の基礎と前提としての政治的統一に中心的意義が与えられたせいで生み出されたが、それはもちろんメダルの一面に過ぎない。これに憲法問題に関するヘラーの著作が付け加えられるなら、それは補完され、ある意味で反転される。[98]ここで、ヘラーは自分の民主制への信仰を、[99]確かに原則的な点では国家とその作用統一体への信仰と捉えていたが、実践的な国法学的主張では民主主義者として、ヴァイマル民主制の憲法構造強化に寄与したことが明らかになる。これはすでに、むしろまばらにではあるが、地方自治行政、評議会モデル、政党民主制に関して主張された諸見解に関して示されており、[100]社会的民主制の概念に関しては、国家的領域に関係するとはいえ大きな意義がもたらされた。[101]これについてはすぐに振り返る。しかしながら、ヘラーの発言の民主制理論的意義は、何よりも国法的領域にある。

(a)　国家論的著作への鍵概念と連結環は、その限りで上述の代表概念であり、[102]それを私たちは統一形成への手段として理解した。ヘラーはこの機能を強調し、そしてその限りで代表の本質に対するライプホルツの見方との結びつきを保っていた。[103]だが主権論ですでに、代表は統一とではなく、人民の主権性と結びつけられ、そして一般意思の、人民主権性の代表と解釈されていた。つまり、「人民主権の国家は、これに対して例外なく法律的に拘束された、高位官職的代表しか知らない」。[104]この考察様式は他の諸著作で繰り返されている。[105]それにより、ヴァイマル憲法第一条第二項は具体的な法律的意義を獲得する。

もちろん、その具体的内容が何かは曖昧なままである。共通意思が（経験的な）人民意志から切り離されて考えられうるというルソーのパラドックスは、[106]まさに――ライプホルツがはっきり行ったように――政治的統一を形成し表現する代表に妥当せざるをえない。ここに決定的なのは、「高位官職的」代表がそのようなものとして、いかにして活動を統制され、いかに保障されるか、である。

その限りではヘラーの理論的推論の成果はまたしても乏しい。だが具体的な憲法論的主張のなかに、はっきりした言明が見られ、ここでは代表制論を書き終えた後のライプホルツの展開との一致が興味深い。すでに政党の民主的機能に関する説は、国家を統一体として示す代表の機能と矛盾するにもかかわらず、ヘラーにも見られる。[107]だがなにより、ヘラーはそのヴァイマル憲法に即した比例選挙の平等に関する法律鑑定のなかで、プロイセンのラント議会選挙権を検討しつつ、数学的自動配分システムからの逸脱を正当化し、それとともに平等原則の解釈にも、破片政党に対する予防対策が決められた民主的統治システムの実質にかなった正統化にも、寄与した。[108]この議論は、一九五一年以降に連邦憲法裁判所の判例を形づくるのに与った。[109]

（b）類似した考えの進め方は、ライヒ憲法における法律概念に関するヘラーの報告にも表現されている。[110]法律概念の分断への異議はここで、いかに解釈論的に細分化がほどこされていても、政治的に、ことに民主的に動機づけられている。「人民立法府によって（少なくともその協力で）定められた最高の法命題に、できる限りすべての国家活動が拘束されるべき」[111]であり、この法命題が法律概念を形づくるならば、民主的に正統化される議会立法者の優位が中心点を占めるようになる。ここで高位官職的代表の概念はその具体的対象を手にし、国家の統一という抽象的必要性は人民により具体的に規定された国家活動の正当化となる。

（c）この法律概念の帰結が、最終的に社会的法治国家の概念である。その社会的民主制との距離は、すでに示しておいた。[112]この概念は、「法治国家か独裁か？」[113]という問題設定を背景として展開されている。ブルジョア的法治国家は抽象的な自由の構想や普遍的準則への法律の限定を通じて、社会的諸対立の先鋭化を容認する、それどころか促進するので、「人民立法府が自由主義的法治国家を社会的法治国家へ移行させる」[114]ことが重要になる。これが連邦共和国にとって実りある社会的法治国家の理論の核心命題である。だが、ヴォルフガング・アーベントロートはヘラーを基礎として基本法第二〇条第一項、第二八条第一項第一文の社会国家を理解し、これに一九七八年のスペイン憲法第一条は依拠したが、[115]ヘラーの上に引いた一節と、「法治国家か独裁か？」という著作の文脈ではこれとは異なり、社会的法治国家は憲法原理ではなく、したがって変更の諸要求に対する規範的基礎ではなく、事実である。人民立法府はブルジョア的法治国家をつくりかえ、それとともに「ファシスト的独裁と社会的法治国家の間の決定」[116]、野蛮と、ヘラーがその全活動で信じていた国家との間の決定を下す。

一九二九年／三〇年におけるこの二者択一の認識は、ドイツ史の行先案内表示である。基本法がそこから第七九条第三項にいう不可変の原則を引き出していたら、それは今日の憲法解釈にとって課題の設定となったかもしれない。ヘラーにとってはもちろんそれは問題ではない。「人民立法府」は、彼が支持して闘った民主制への信頼の表現だった。それゆえ、一九三三年ドイツでは、ヘラーのための余地はなかった。そしてそれゆえに彼は、一九三三年に執筆した国家学では、もはやこれへの信頼を持っていなかった。社会的法治国家の概念は、そこではそれ以上展開されていない。

六　結論

結果として、ヘルマン・ヘラーの思考に関する社会を基盤とした民主制理論と、さらに国家的民主制理論に対する問いは、ヘラーが疑いの余地なく民主的態度をとり、それが彼の国法的著作に表現されているにもかかわらず、中心的ではないのが明らかになった。理論的活動の中点では方法的問題設定がなされ、現実科学的な社会的全体の分析と、そこで国家を統一体と理解する必要性の基礎づけが行われた。こうした問題設定の背後に社会政策的関心事がある。つまり、確かに労働者層の地位改善と人民への組み込みが問題とされ、この目的のために、政治的―精神的教育も重視されていた。だがこの関心事を実現する場は、統一的国家だった。その社会における諸前提にいかに関心を寄せても、その組織化にではなく、国家の組織化が関心の対象であり、そして後者は正統化をもたらす意思形成ではなく、作用統一体としてのそれだった。ヘラーはこの重点を意識し、彼が明らかにした十分な理由をもって、設定した。彼をその理由で批判するのは適当ではないだろう。だがそれでも、この重心の置き方がどのような帰結をもたらしたか、そしてもたらすかは、明らかにされねばならない。

１　「民主制本来の形式としての代表的民主制」

社会における現実性の文脈による正統化の機能様式が国家へと押し戻されたために、自立した国家権力、作用統一体の組織、代表が前景に現れた。この考察様式がもたらす効果は、今日まで明らかになっている。[117]「代表的民主制が民主制本来の形式」と理解され、このテーゼはヘラーを十分に裏づけとして引き合いに出せる。[118]民主制原理を引き合いに出して国民請願と国民表決の要求を違憲と判定した一番最近の州憲法裁判所判決まで、国家権力は組織として自立し、統一的でなければならず、個々の利害にさらされてはならない、というテーゼが影響を及ぼしている。直接的民主制による正統化の抑圧が、コミュニケーション的行為の今日的形式に合致し、今日の憲法法に置かれているような、民主制の理解に合致するかどうかは、もちろんなお問題である。[119]

2　国際化諸傾向の拒否

国民と国家の絶対化は、第一次大戦後の状況から説明されるが、ヘラーはその問題点を見ており、軍事的意図で展開されていたわけではない。とはいえ、それでも国際化の諸傾向とは対立する。これらの傾向は、ヘラーの時代にすでに議論され、ヘラーはこれらに当時批判的な態度をとっていた。彼の選択の多くは、今日では誤りである。(120)だがヘラーが、現在欧州統合に立ちふさがるさまざまな文脈のなかに位置づけられると、(121)これに対して、欧州連邦国家を支持する彼の選択が思い出されてもよい。(122)

3　人間の独占支配

だがなにより、ヘラーは現代国家に対する信仰を要求し、その中に「入り込んで闘う」よう無理に求めたため、結果としてそれは人間に対する独占支配をもたらした。ヘラーは多元主義を社会的対立の形式と政党多元的憲法実践のなかで考察し、そこではそのつど国家的作用統一体への服従が求められた。歴史的にこれは、ヘラーが最後まで対立し続けた、ファシズムやナチズムによるはるかに凶悪な独占支配に対する対案と、またそこからの保護と見られうるし、見られねばならない。これは歴史的功績だが、それと並ぶのは人間による人間の発展である。(123)これをヘラーは事実として信じようとしなかったが、これは今日、私たちの課題である。

【原注】

（1）Stefan Albrecht, *Hermann Hellers Staats- und Demokratieauffassung*, Frankfurt 1983; Ruedi Waser, *Die sozialistische Idee Hermann Hellers*, Basel 1985; Christoph Müller/ Ilse Staff (Hg.), *Der soziale Rechtsstaat*, Baden-Baden 1984, S. 503 ff, 521 ff. の諸論文〔前者は、アルプレヒト「賛美と峻拒の間で」、内田博訳、Ch・ミュラー／I・シュタフ編著『ワイマール共和国の憲法状況と国家学』、安世舟・山口利男編訳、未來社、一九八九年、一八三頁以下〕も参照。

（2）Wolfgang Schluchter, *Entscheidung für den sozialen Rechtsstaat*, 2. Aufl. Baden-Baden 1983〔シュルフター『社会的法治国家への決断』、今井弘道訳、風行社、一九九一年〕; Michael Hebeisen, *Souveränität in Frage gestellt*, Baden-Baden 1995, insb. S. 399 ff. Christoph Gusy, *Die Weimarer Reichsverfassung*, Tübingen 1997, S. 427 ff.; Dian Schefold, *Geisteswissenschaften und Staatsrechtslehre zwischen Weimar und Bonn*, in: K. Acham u.a. (Hg.), *Erkenntnisgewinne, Erkenntnisverluste*, Stuttgart 1998, S. 567（569 ff.）〔本書第四章一一七頁（一一九頁以下）も参照。

（3）最近の叙述として、Albrecht Dehnhard, *Dimensionen staatlichen Handelns. Staatstheorie in der Tradition Hermann Hellers*, Tübingen 1996, S. 22 ff.

（4）Hermann Heller, *Staatslehre*（1934）, in: *Gesammelte Schriften*, Hg. Chr. Müller u. a., 2. Aufl. Tübingen 1992（im folgenden: GS）, Bd. 3, S. 79（122 ff.）〔ヘラー『国家学』、安世舟訳、未來社、一九七一年、六一頁以下〕.

（5）基礎的には、Hermann Heller, *Sozialismus und Nation*（1925/ 31）, GS 1, S. 437（insb. 462 ff.）〔ヘラー「社会主義と国民」、同『ナショナリズムとヨーロッパ』、大野達司・細井保訳、風行社、二〇〇四年、とくに四二頁以下〕; *Staatslehre*, GS 3, S. 125 ff.〔『国家学』六四頁以下〕でも取り上げられている。

（6）問題設定につき本論文を収録する、Christoph Gusy, *Demokratisches Denken in der Weimarer Republik*, Baden-Baden 2000, Abschnitt II a. E.

（7）Jean-Jaques Rousseau, *Economie Politique*, in: *Ouveres* Bd. 3（Ausgabe la Pléiade 1964）, S. 252 ff.〔ルソー『政治経済論』、河野健二訳、岩波文庫、一九五一年、一五頁以下〕.

（8）Jean-Jaques Rousseau, *Du contrat social*, Buch IV Kap. 9〔ルソー『社会契約論』、桑原武夫・前川貞次郎訳、岩波文庫、一九五四年、一九四頁〕; サン・ピエール Abbé de Saint-Pierre に関する著作も参照。*Ouveres* Bd. 3, a.a.O., S. 561 ff.〔ルソー「サン＝ピエール師の永久平和論抜粋」、「永久平和論批判」など、宮治弘之訳、『ルソー全集第四巻』、白水社、一九七八年、三一一頁以下〕. これにつき、Iring Fetscher, *Rousseaus politische Philosophie*, Ausgabe stw 1975, S. 179 ff.; Dian Schefold, Rousseaus doppelte Staatslehre, in: *Gedenkschrift Imboden*, Basel 1972, S. 333（341）.

（9）Hedwig Hintze, *Staatseinheit und Föderalismus im alten Frankreich und in der Revolution*, 1928（Neudruck Frankfurt 1989）.

（10）Hintze, a.a.O., S. 486 mit Anm. 74; vgl. ders., Hugo Preuß, in: *Die Justiz* 2, 1927, S. 223 ff.

（11）Otto von Gierke, *Johannes Althusius und die Entwicklung der naturrechtlichen Staatstheorien*, 1880（Neudruck 1968）〔第一部につき、ギールケ『共生と人民主権』、笹川紀勝監訳、国際基督教大学社会科学研究所、二〇〇三年〕; vgl. Georg Jellinek, *Allgemeine Staatslehre*, 3. Aufl. 1913（Neudruck 1960）, S. 206 f.〔イェリネク『一般国家学』、芦辺信喜他訳、学陽書房、一九七四年、一六二頁〕.

（12）シュタインの意義につきとくに、Hugo Preuß, Stein-Hardenbergsche Neuorientierung（1917）, in: *Staat, Recht und Freiheit*, Tübingen 1925, S. 109 ff.; Ernst Rudolf Huber, *Deutsche Verfassungsgeschichte seit 1789*, Bd. 1, Stuttgart 1960/75, S. 122 ff., 172 ff., 291 ff.

（13）Otto von Gierke, *Das deutsche Genossenschaftsrecht*, 4 Bde. 1868-1913; *Das Wesen der menschlichen Verbände*, 1902（Neudruck 1965）〔ギールケ「人間団体の本質」、曽田厚訳、『成蹊法学』二四号、一九八六年、二一七頁以下〕; Labands Staatsrecht und die deutsche Rechtswissenschaft, *Schmollers Jahrbuch* 1883（Neudruck 1961）.

（14）Berlin 1889（Neudruck 1964）. これと以下につき、Dian Schefold, Hugo Preuß, in: H. Heinrichs u. a.（Hg.）, *Deutsche Juristen jüdischer Herkunft*, München 1993, S. 429（437 ff.）.

（15）Vgl. Walter Jellinek, Entstehung und Ausbau der Weimarer Reichsverfassung, in: Anschütz/ Thoma（Hg.）, *Handbuch des Deutschen Staatsrechts*, Bd. 1, Tübingen 1930, S. 127 ff.

(16) これに関連する諸観念の拡散性につき、Christoph Gusy, *Die Weimarer Reichsverfassung*, a.a.O., S. 9ff.

(17) ヴァイマル憲法第一三〇条第一項。

(18) これにつき要約的に、Christoph Gusy, *Die Lehre vom Parteienstaat in der Weimarer Republik*, Baden-Baden 1993. ライプホルツの、*Das Wesen der Repräsentation*, 1929（insb. S. 98 ff., 117 ff.）から Die Grundlagen des modernen Wahlrechts, *VVDStRL* 7, 1932, S. 159 ff. jetzt in: *Strukturproblem der modernen Demokratie*, Ausgabe Frankfurt 1974, S. 9（20 ff.）〔ライプホルツ『現代民主主義の構造問題』、阿部照哉他訳、木鐸社、一九七四年、一二頁（一六頁以下）〕への転向をとくに参照。これについては、Susanne Benöhr, *Das faschistische Verfassungsrecht Italiens aus der Sicht von Gerhard Leibholz*, Baden-Baden 1999, S. 124 ff.

(19) GS 2, S. 281（298-300）〔ヘラー「基本権と基本義務」、同『ヴァイマル憲法における自由と形式』、大野達司・山崎充彦訳、風行社、二〇〇七年、一頁（二四―二九頁）〕.

(20) GS 3, S. 316 ff.〔『国家学』（注4）、三〇七頁以下〕. 上述注9で言及したヒンツェの著作は受容されなかった（他方、その夫であるオットー・ヒンツェ Otto Hintze はしばしば影響を及ぼした）。

(21) これが明白なのは、*Die Souveränität*（1927）, GS 2, S. 31（41, 44 ff.）〔ヘラー『主権論』、大野・住吉・山崎訳、風行社、一九九九／二〇〇二年、九頁、一一頁以下〕.

(22) Staat, Nation, Sozialdemokratie（1925）, GS 1, S. 527（533）〔ヘラー「国家、国民、そして社会民主主義」、大野達司・山崎充彦訳、『神奈川大学法学研究所論集』、第一四号、一九九三年、四九頁以下、五四頁〕.

(23)（1924）, GS 2, S. 281（314-316）〔注19、一頁、（五四―五六頁）〕.

(24) *Die politischen Ideenkrise der Gegenwart*（1926）, GS 1, S. 267（403）〔ヘラー『ドイツ現代政治思想史』、安世舟訳、御茶の水書房、一九八一年、二二五頁〕. 類似した見方につき参照、Gerhard Anschütz, *Die Verfassung des Deutschen Reichs*, 14 Aufl., Berlin 1933, 第一六五条につき、Anm. 2, S 745.

（25） *Sozialismus und Nation*（1925/31）, GS 1, S. 437（S. 504）〔「社会主義と国民」（注5）、一三頁以下、（八九頁）〕.
（26） Staat, Nation, Sozialdemokratie（1925）, GS 1, S. 527（542）〔「国家、国民、そして社会民主主義」（注22）、（六六頁）〕. S. 533〔五五頁〕も参照。同所では、国家の放棄しがたい調整機能が言及されている。
（27） Politische Demokratie und soziale Homogenität（1928）, GS 2, S. 421（427）〔ヘラー「政治的民主制と社会的同質性」、今井・大野・山崎訳、同『国家学の危機』、風行社、一九九一年、九三頁以下（九九頁）〕.
（28） Ziele und Grenzen einer deutschen Verfassungsreform（1931）, GS 2, S. 411（414 f.）〔ヘラー「ドイツ憲法改革の目標と限界」、大野達司・山崎充彦訳、同『ヴァイマル憲法における自由と形式』（注19）、二五三頁以下（二五六頁以下）〕.
（29） 本書所収の Ulli F. H. Ruhl 論文〔Nationale Demokratie und Parteienstaat, in: Gusy (Hg.), *Demokratisches Denken in der Weimarer Republik*, Baden-Baden 2000, S. 469 ff.〕はこう述べる。
（30） この定式につき、Rechtsstaat oder Diktatur?（1929/30）, GS 2, S. 443（450）〔ヘラー「法治国家か独裁か」、同『国家学の危機』（注27）、一二一頁以下（一二八頁）〕. Vgl. Wolfgang Abendroth, Zum Begriff des demokratischen und sozialen Rechtsstaats, in ders., *Antagonistische Gesellschaft und politische Demokratie*, Neuwied 1967, S. 109 ff.; vgl. auch ders., in: *Der soziale Rechtsstaat*, a.a.O., S. 213（230 ff.）〔アーベントロート「ワイマール共和国とドイツ連邦共和国における政治学者にして国法学者ヘルマン・ヘラーの役割」、近藤真訳、『ワイマール共和国の憲法状況と国家学』（注1）、三九九頁（四二三頁以下）〕. より懐疑的なのは、Dian Schefold, in: *Der soziale Rechtsstaat*, S. 555（571 f.）〔シェーフォルト「ヘルマン・ヘラーの憲法概念」、広沢民生訳、『ワイマール共和国の憲法状況と国家学』、二一五頁（二三四頁以下）〕.「社会的民主制」概念の典型的な同義での適用は、Autoritärer Liberalismus?（1933）, GS 2, S. 643（646）〔ヘラー「権威的自由主義?」、同『国家学の危機』、一九一頁以下、一九三頁〕.
（31） その例は、*Die politischen Ideenkrise der Gegenwart*（1926）, GS 1, S. 267（324, 330 f., 333, 358 f. insb. 375 ff.）〔『ドイツ現代政治思想史』（注24）、九五頁、一〇三頁以下、一一三頁、一五五頁以下、とくに一八五頁以下〕. 示唆的にはさらに *Staatslehre*（1934）, GS 3, S. 79（235）〔『国家学』（注4）、二〇七頁〕.

(32) *Die politischen Ideenkrise der Gegenwart*（1926）, GS 1, S. 398 f.〔『ドイツ現代政治思想史』（注24）、二二八頁以下〕.

(33) たとえば Grundrechte und Grundpflichten（1924）, GS 2, S. 281（290 f.）〔「基本権と基本義務」（注19）、二二頁以下〕; Staat, Nation und Sozialdemokratie（1925）, GS 1, S. 527（537）〔「国家、国民、そして社会民主主義」（注22）、六〇頁〕.

(34) *Sozialismus und Nation*（1925/ 31）, GS 1, S. 437（474）〔「社会主義と国民」（注5）、五六頁〕; Staat, Nation und Sozialdemokratie（1925）, GS 1, S. 527（537）〔「国家、国民、そして社会民主主義」（注22）、六〇頁〕.

(35) 同大会はヘラーに関する文献でしばしば描き出されている。たとえば、Schluchter, a.a.O., S. 125 ff.〔シュルフター『社会的法治国家への決断』（注2）、一四四頁以下〕; Albrecht, a.a.O.〔注1〕, S. 59 ff.; Klaus Meyer, Hermann Heller, in: *Der soziale Rechtsstaat*, a.a.O., S. 78 ff. 対立する側について、Alfred Pfabigan, *Max Adler*, Frankfurt 1982, S. 240.

(36) Max Adler, Korreferat, in: Heller, GS 1, S. 542（544）, アドラーによる要約は、*Die Staatsauffassung des Marxismus*, Wien 1922.

(37) Adler, in: Heller, GS 1, 548.

(38) GS 1, S. 553 ff. における討論と、決議案 S. 557 および決議 S. 562.

(39) ヘラーとのテーマ上の近さに関して、特徴的な副題「社会主義的教育に関する一論稿」Ein Beitrag zur sozialistischen Erziehung, Berlin 1926, 青年社会主義者全国大会との関連については、S. 65.

(40) Eugen Paschukanis, *Allgemeine Rechtslehre und Marxismus*, deutsche Ausgabe Wien/ Berlin 1929（Neudruck 1970）, insb. S. 110-112〔『法の一般理論とマルクス主義』、稲子恒夫訳、日本評論新社、一九五八年、一三六—一三九頁〕. もちろんアドラーは（いわんやヘラーは）引用されていない。コルシュ Karl Korsch による序にあたる書評を参照、S. VI ff.

(41) E. R. Huber, *Deutsche Verfassungsgeschichte seit 1789*, Bd. 6, Stuttgart 1981, S. 32も同旨。ともかくヘラーの思考過程は著しく短縮されている。

(42) これにつき、Martin Drath/ Christoph Müller, Einleitung, in: Heller, GS 1, S. XXIV ff.

(43) Carl Schmitt *Staatsgefüge und Zusammenbruch des Zweiten Reiches*, 1934はこのように論ずる。その文脈につき、Dian Schefold, Verfassung als Kompromis?, *Zeitschrift für Neuere Rechtsgeschichte*, 1981, S. 137（140, 146）.

(44) Heller（1926）, GS 2, S. 3 ff.〔「国家学の危機」、同『国家学の危機』（注27）、一頁以下〕.

(45) Gerhard Anschütz, *Die Verfassung des Deutschen Reichs*, a.a.O.〔注24〕, ヴァイマル憲法第一条につき、Anm. 1 S. 37, 同じく第一条第二項につき、Anm. 2/3.

(46) Richard Thoma, *Das Reich als Demokratie, Handbuch des Deutschen Staatsrechts*, Bd. 1, S. 186 ff.

(47) Hans Kelsen, *Vom Wesen und Wert der Demokratie*, 2. Aufl. Tübingen 1929, S. 14 ff.〔ケルゼン『デモクラシーの本質と価値』、西島芳二訳、岩波文庫、一九四八年、四四頁以下〕. 彼により起草されたオーストリア連邦憲法第一条は、「オーストリアは民主的共和国である。その法は人民に発する」といっている。

(48) Carl Schmitt, *Verfassungslehre*, Berlin 1928（Neudruck 1970）, S. 205 ff., 238 ff.〔シュミット『憲法理論』、尾吹善人訳、創文社、一九七二年〕.

(49) シュミットCarl Schmittはその憲法論への一九五四年の序言でこう述べている。*Verfassungslehre*, S. VII.（注49）.

(50) Christian Graf von Krockow, *Die Entscheidung*, Stuttgart 1958〔クロコウ『決断』、高田珠樹訳、柏書房、一九九九年〕——フィヤコウスキーJürgen Fijakowskiのほぼ同時に出された*Wende zum Führerstaat*と並び、五〇年代の文献における基礎的なシュミット解釈の一つである。

(51) とくにCarl Schmitt, *Der Begriff des Politischen*, Berlin 1932（Neuaufl. 1933, Neudrucke des Textes von 1932 Berlin 1963, 1979）〔シュミット「政治的なものの概念」、菅野喜八郎訳、長尾龍一編『カール・シュミット著作集I』、慈学社、二〇〇七年、二四七頁以下〕はこう論ずる。C. Bürger（Hg.）, *Zerstörung, Rettung des Mythos durch Licht*, Frankfurt 1986, S. 147 ff. 所収の、P. Bürger, U. K. Preuß, D. Schefoldの論文を参照。

(52) これにつき、本論文掲載書〔注29〕所収のRoland Lhotta, Rudolf Smend und die Weimarer Demokratiediskussion: Integration als Philosophie des "Als-ob", S. 286 ff.

(53) Der Begriff des Gesetzes in der Reichsverfassung（1928）, GS 2, S. 203（226 ff. und LS 6）〔ヘラー「ライヒ憲法における法律概念」、大野達司・山崎充彦訳、同『ヴァイマル憲法における自由と形式』（注19）、六五頁以下（九一頁以下および要旨6）〕.

(54) Vgl. Rechtsstaat oder Diktatur?（1929/30）, GS 2, S. 443（450）〔「法治国家か独裁か」（注30）、一二八頁〕. 同所では司法審査権と、その出自に制約された裁判官によるその実務における実施が、人民立法府による市民的法治国家から社会的法治国家への転換を妨げていると名指しされている。

(55) 一九二六年に発表された論文の表題がこれである。GS 2, S. 3 ff.〔ヘラー「国家学の危機」（注44）〕.

(56) *Staatslehre*（1934）, GS 3, S. 92 ff.（注4）、第一部全体、とくにS. 130 ff.〔七一頁以下〕では、際立った仕方でルドルフ・スメントとの短い線引きだけがなされている。これにつき基礎的には、Wolfgang Bauer, *Wertrelativismus und Wertbestimmtheit im Kampf um die Weimarer Demokratie*, Berlin 1968.

(57) Carl Schmitt, *Verfassungslehre*, S. 20 ff, 29 ff.（注49）.

(58) Gerhard Leibholz, *Das Wesen der Repräsentation*, 1929. 方法については、S. 13 ff.（ヘラーも引用されている）. Carl Schmitt, *Verfassungslehre*, S. 208（注49）の指摘も参照。

(59) 典拠は上述注18。ラートブルフの論文、in: *Handbuch des Deutschen Staatsrechts*, Bd. 1, S. 285 ff.

(60) Gerhard Leibholz, *Strukturprobleme*（注18）, S. 143 ff. で掲げられた要求を参照。

(61) 現在の有意性と可能な改釈につき、Thomas Vesting, *Politische Einheitsbildung und technische Realisation*, Baden-Baden 1989, insb. S. 77 ff.

(62) 三ついずれも（1919-1921）、in: GS 1, S. 3 ff., 13 ff., 21 ff.

(63) Klaus Meyer, Hermann Heller, in: *Der soziale Rechtsstaat*（注1）, S. 65（70）.

(64) GS 1, S. 437 ff. bes. S. 267 ff.〔「社会主義と国民」（注5）、『ドイツ現代政治思想史』（注24）〕.

(65) GS 1, S. 467〔「社会主義と国民」（注5）、四九頁〕.

(66) GS 1, S. 474〔「社会主義と国民」（注5）、五六頁〕. 似たものは、S. 537〔「国家、国民、そして社会民主主義」（注22）、六〇頁〕.

(67) GS 1, S. 482〔「社会主義と国民」（注5）、六五頁〕.

(68) 適切に、選集第一巻の全体タイトルはこのようになっている。

(69) (1927), GS 2, S. 31 ff.〔『主権論』（注21）〕.

(70) Vorwort, GS 2, S. 33〔『主権論』（注21）、一頁〕.

(71) GS 2, S. 65〔『主権論』（注21）、三三頁〕の定義はこのようにいう。Vgl. S. 120, 185〔八五頁、一五二頁〕.

(72) GS 2, S. 81 ff. 95〔『主権論』（注21）、四七頁以下、六〇頁〕.

(73) GS 2, S. 96〔『主権論』（注21）、六一頁〕.

(74) GS 2, S. 97〔『主権論』（注21）、六二－六三頁〕.

(75) GS 2, S. 128〔『主権論』（注21）、九三－九四頁〕.

(76) GS 2, S. 134〔『主権論』（注21）、一〇〇頁〕. プロイス Hugo Preußに対してのみならず、非主権的国家に関するラーバント説にも重要な抵抗をしている。

(77) Erich Kaufmann, *Das Wesen des Völkerrechts und die clausla rebus sic stantibus*, 1911, 並びに Heinrich Triepel, *Völkerrecht und Landesrecht*, 1899 への依拠につき、GS 2, S. 144 f.〔『主権論』（注21）九九頁以下〕を参照。

(78) S. 185〔『主権論』（注21）一五二頁〕の要約的定義はこのように述べる。

(79) GS 3, S. 3 ff., 35 ff., 45 ff.〔それぞれ、Staat, Political Power, Political Science〕.

(80) GS 3, S. 146 ff.〔『国家学』（注4）、九三頁以下〕. これについてとくに、W. Bauer〔注56〕および Th. Vesting（注61）を参照。

(81) GS 3, S. 247 ff.〔『国家学』（注4）、二〇九頁以下〕.

(82) GS 3, S. 339 ff.〔『国家学』（注4）、三三一頁以下〕.

(83) ニーマイヤー Gerhard Niemeyer による編集上の覚書を参照、GS 3, S. 399 ff.〔三九九頁以下〕.

(84) GS 3, S. 349-361〔『国家学』（注4）、三四四－三五九頁〕. 国家組織の必要な権威が強調されているのは、S. 359〔三五六頁〕. ニーマイヤーによれば（S. 399）〔三九九頁〕、ヘラーは S. 354〔三五〇頁〕の箇所を執筆途中に息を引き取ったという。

(85) Dian Schefold, Hellers Ringen um den Verfassungsbegriff, in: *Der soziale Rechtsstaat*, S. 555 ff.〔シェーフォルト「ヘルマン・ヘラーの憲法概念」（注30）、二一五頁以下〕.

(86) GS 3, S. 393 ff.〔『国家学』三九六頁以下〕. これにつき Schefold, a.a.O., S. 564〔シェーフォルト「ヘルマン・ヘラーの憲法概念」（注30）、二二六頁〕.

(87) これにつき、Gerhard Robbers, *Hermann Heller: Staat und Kultur*, Baden-Baden 1983, S. 72 ff.

(88) GS 1, S. 579-733に収録された諸論文を参照。

(89) 参照、上述五1（b）および注66。

(90) Ingo Richter, in: *Der soziale Rechtsstaat*, S. 427. 以下の本文についても当該箇所。

(91) *Sozialismus und Nation*（1925/31）, GS 1, S. 455〔「社会主義と国民」（注5）、三五頁〕.

(92) Universitätsreform（1931）, GS 1, S. 707（713）.

(93) Ernst Rudolf Huber, *Zur Problematik des Kulturstaats*, 1958; vgl. auch ders., *Deutsche Verfassungsgeschicite seit 1789*, Bd. 4, 2. Aufl. Stuttgart, 1982, S. 637 ff.; Bd. 6, 1981, S. 855 ff.

(94) Vgl. Richter, in: *Der soziale Rechtsstaat*, S. 439 ff. ネークト Negtとハーバーマス Habermasが引き合いに出されている。Vesting〔注61〕, S. 81 ff; vgl. auch Tatsuji Ohno, Funktionalismus und soziale Integration in Berücksichtigung des Kulturbegriff in Anlehnung an die Rechtsgrundsatztheorie Hermann Hellers, in: *Kanagawa Law Review* 33, 1999, S. 69 ff.

(95) Vgl. Hugo Preuß, Das Recht des städtischen Schulverwaltung in Preußen, 1905. これにつき、Dian Schefold, Hugo Preuß（注14）, S. 442 ff.

(96) 初期の講演（一九一九年）、GS 1, S. 589に兆候として見られるが、これは広範にドイツとオランダの国民性の対立により規定されている。

(97) これに関して数多くの著作は、GS 1, S. 617 ff., 623 ff.（insb. 651 ff.）, 681 ff.

(98) この点で説得的なのは、Gusy, *Die Weimarer Verfassung*, S. 427（注2）. ヴァイマル国法学を方法論争と方針論争に切り縮めることに警告がなされている。

(99) *Die politische Ideenkrise der Gegenwart*（1924）, GS 1, S. 267（309 ff.）〔ヘラー『ドイツ現代政治思想史』（注24）、七三頁以下〕.

(100) 上述三1から三3を見よ。

(101) 上述三4を見よ。

(102) 上述五1（c）を見よ。

(103) 君主制的代表の説明がこう述べている。GS 2, S. 94〔『主権論』（注21）、五九頁〕. 権威的代表については、Rechtsstaat oder Diktatur? GS 2, S. 458 f.〔「法治国家か独裁か」（注30）、一四〇頁〕.

(104) GS. 2, S. 97〔『主権論』（注21）、六三頁〕.

(105) たとえば、Grundrechte und Grundpflichten（1924）, GS 2, S. 299〔ヘラー「基本権と基本義務」（注19）、二六頁〕; Genie und Funktionär in der Politik（1930）, GS 2, S. 611（618）〔「政治における天才宗教と大衆自生主義」、『国家学の危機』（注27）、一四七頁（一五四頁）〕. また、*Staatslehre*, GS 3, S. 359〔『国家学』（注4）、三五六頁〕.

(106) Rousseau, *Du contra social*, Buch IV, Kap. 1〔『社会契約論』（注8）、一四五頁〕,「一般意思は、もはや全体の意思ではなくなる。」

(107) こう述べるのは、Politische Demokratie und soziale Homogenität（1928）, GS 2, S. 421（426）〔「政治的民主制と社会的同質性」（注27）、九八頁以下〕. 上述三3。

(108) Die Gleichheit der Verhältniswahl（1929）, GS 2, S. 319（insb. 335, 344 ff.）〔ヘラー「ヴァイマル憲法による比例代表

制における平等」、『ヴァイマル憲法における自由と形式』（注19）、一三三頁以下（とくに一四九―一五〇頁、一六一頁以下）〕．類似の傾向につき、Leibholz, *Strukturprobleme*（注18）, S. 1 ff. これは直接にヘラーに依拠し、彼を引用している。

(109) BVerfGE 1, 208（247, 249）.

(110)（1928）, GS 2, S.203〔「ライヒ憲法における法律概念」（注53）、六五頁〕.

(111) Leitsatz 6, S. 243〔「ライヒ憲法における法律概念」（注53）、要旨六、一一三頁〕および本文S. 226〔九二頁〕. Europa und Fascismus（1929/ 31）, GS 2, S. 463（525）〔ヘラー「ヨーロッパとファシズム」、大野達司・細井保訳、同『ナショナリズムとヨーロッパ』（注5）、一二三頁以下（一九二頁）〕も参照。

(112) 上述三4を見よ。

(113)（1929/ 30）, GS 2, S. 443 ff.〔「法治国家か独裁か」（注30）〕.

(114) このように決定的な場所で述べている。GS 2, S. 450〔「法治国家か独裁か」（注30）、一二八頁〕.

(115) 上述注30の典拠を参照。

(116) GS 2, S. 462〔「法治国家か独裁か」（注30）、一四六頁〕. Vgl. Dian Schefold, in: *Der soziale Rechtsstaat*, S. 571 f.〔シェーフォルト「ヘルマン・ヘラーの憲法概念」（注30）、一三五頁〕.

(117) このように述べるのは、Ernst Wolfgang Böckenförde, *Festschrift Kurt Eichenberger*, Basel 1982, S. 301 ff., 類似したものは、ders., in: *Handbuch des Staatsrechts*, Bd. 2, Heidelberg 1987, § 30, S. 29 ff.

(118) BremStGH NordÖR 2000, S. 186 ff.; BayVerfGH BayVBl. 2000, S. 297 ff.

(119) この点で更に、ヘラーを乗り越えるが、彼を出発点としているがゆえに、Th. Vesting〔注61〕を。だが一九八九年以来の憲法発展の経過における市民参加という道具立ての一般化もある。これにつきOtmar Jung, *JÖR* 41, 1993, S. 29 ff. und 48, 2000, S. 39 ff.

(120) Vgl. *Sozialismus und Nation*（1925/ 31）, GS 1, S. 437（484）〔「社会主義と国民」（注5）、一三頁（六七頁）〕. ここ

では鉄道の民営化が、ありうる経済効果にもかかわらず、政治的諸理由から否定されている。

(121) このように、連邦憲法裁判所のマーストリヒト判決の理由づけに、ヘラーが引き合いに出されている。BVerfGE 89, 155 (186).

(122) Gespräche zweier Friedensfreunde (1924), GS 1, S. 421 f.

(123) Dieter Suhr, *Die Entfaltung des Menschen durch den Menschen*, Berlin 1976.

第二部　方法と政治の間にある憲法

第4章　ヴァイマルとボンの間における精神科学と国法学

一　ヴァイマル共和国の方法および方針論争

1

国法学は国家の憲法を対象とするが、まさにそのために、憲法の発展における諸転機は学問の体系とその方法に必ず影響を与える。憲法の発展には諸々の断絶や非連続があり、また革命も生じるが、これらは国法学の研究対象を変え、それと同時に国法学自体を変える。ドイツにおける根本的な変革は、一九一八年と一九四五年という年により画されるが、そのためこれらの変革は国法学に影響せざるをえなかった。より具体的には、一九一九年と一九四九年の憲法制定、つまりヴァイマル憲法と基本法が、すべての憲法に関わる仕事の出発点を変え、そして刷新した。

それでもなお、それらの断絶は連続性を排除しない。個々の制度は存続し、また引き続き研究対象であり続ける。それまで発展してきた諸学説は、新たな学問的問題設定にも影響を及ぼす。それまで学問研究に携わってきた人々はその仕事を続け、憲法状況の変革に多かれ少なかれ決定的な意義を認めることができても、自分たちがそれまでもたらした成果が（憲法）立法者のいかがわしい筆遣いにより片付けられてしまったと見なしはしないだろう。

以下ではヴァイマル共和国の国法学とドイツ連邦共和国のそれの間にあるこうした連続性の諸側面を論ずるが、すでに帝国とヴァイマル共和国の間にある国法学の連続性と非連続性が本論文を含む企画の第一段階でヴォルフガング・メルツにより示された。(1) そこで決定的な観点であることが明らかにされ、今日では確かな観点と見なされているのは、(2) ヴァイマル時代に特徴的な国法学の方針論争はすでに第一次大戦以前に始まっていた、詳しくは一九一一年から一九一二年にかなり正確に位置づけられうるというものである。(3) その（不協和音の）ファンファーレは、一九一一年のケルゼンの『国法学の主要問題』と、一九一二年のカール・シュミットの『法律と判決』であった。(4) 新方針に向かわせた次のきっかけは、戦争体験と国法学と国家理論文献におけるその処理である。そのなかで特に影響を及ぼしたのは、一九一七年のエーリヒ・カウフマンのライヒ憲法におけるビスマルクの遺産だった。(5) 君主制国家からの精神的分離過程は、したがって君主制の崩壊と直接的に関連せず、それ以前に始まっていた。君主制秩序からの価値秩序の分離といってもよい。(6)

確かに帝国ではすでに前から、国法学で通説的な実証主義の方法に攻撃が加えられており、国法学は決して一枚岩ではなかった。つまり、オットー・フォン・ギールケのラーバント国法学批判や、(7) またアルベルト・ヘネルの反対説は、公法実証主義が決して異論の余地なきものではなかったことを示している。(8) だが、その限りでは対立的諸学派といえるにせよ、これらはほとんど持続するにいたらず、全体像にほとんど影響しえなかった。いずれにせよそれらは一九一八年をまたいで、せいぜい修正の手を加えたにとどまった。たとえばせいぜい確認できるのは、ルドルフ・スメントがアルベルト・ヘネルのもとで教授資格を取ったぐらいである。[9] オットー・フォン・ギールケの弟子を自認するフーゴー・プロイスは確かにヴァイマル憲法の父となったが、その解釈と理論的発展にはわずかな影響しか及ぼせなかった。[10]

しかし、その後に研究対象は変わった。ここでもメルツに同意できるが、この変化は共和主義的ヴァイマル憲法による。この憲法には、フーゴー・プロイスを通じてそれにふさわしく改釈されたギールケの継承者におけるゲノッセンシャフト[11]（共同体）思想が、フリードリヒ・ナウマンを通じてそうした思想の基本権構想への置きかえが、流れ込んでいる。だが、解釈と憲法理解の方法は、それによりたいした影響を受けなかった。国法学の一部は実定法という実証主義的方法の法的基礎が変わったのに、それとうまく調和しなかった方法的伝統主義により特徴づけられ、[12] 一部は哲学的刺激（リット、フッサール、シェーラー）を受けて、すでに新たな道を切り開いていた。このように緊張をはらんだ場で、メルツにより示された方法論争は展開された。

2

ここで形成されていく諸方針のグループ分けには争いがある。それはさまざまな仕方で可能だし、[13] 当然その時々の認識関心にも規定される。反民主主義的諸潮流についての問いは、自然法的諸傾向や宗教的諸傾向についての問いと異なるグループ分けをもたらさざるをえない。法律学的理論要素の、政治学的、社会科学的、そして精神科学的諸要素との関係を問うなら、さまざまな基準がもたらされる。ともあれ、ここで立てられる問いには、精神科学に特有の方法を中心に据えるのがふさわしい。とりわけヴォルフガング・シュルフターにならえば、[14] この目的には以下のような体系化が生産的のように思える。

（a）量的に見て、また実定法に即した業績に関していうと、新たな諸傾向と方針論争を度外視すれば、後にも先にも実証主義が実定法に即した業績として主流を占めていたと、まず認めておく必要がある。これをもたらしたのは、もちろん公法学における人的な連続性であって、とくにゲルハルト・アンシュッツという人物にそれが現れている。彼はヴァイマル憲法を、「その基本諸思想、その政治的態度全体の味方」として、公然と支持し、その正統性を厳密にゲオルク・イェリネクの意味での「事実的なものの規範力」に帰した。[15] 確かに彼はこうした態度にもはや異論がないわけではないと心得ていた。実証主義の方法的確実性と明白性は過去のものになっていた。そこで実証主義は新たに与えられた状況を組み込もうと試みた。したがって、「穏健な」実証主義ということができ、[16] それ以外の方法的諸要素によるその補完が確認されうる。たとえば社会学によるのは、トーマ、ラウン、ラートブルフだが、すでにG・イェリネクもそうだった。目的論がE・フォン・ヒッペル、H・トリーペル、組織論がH・プロイスである。だがこうしたグループ分けは明確ではなく、学派形成には至らず、当面伝統的な仕方で営まれていた学問を補完した。方針論争を打ち立てる学派形成は、上述の補完をさらに進め、あるいはむしろさらにそれと対立する中で、生じた。その限りでは、以下の四方針がとりわけ有意味だと私には思われる。

（b）実証主義的だが、この出発点をあらゆる補完を拒否して徹底し、政治的にはそれによりラーバントと反対の立場に逆転したのは、ケルゼンとウィーン学派の純粋法学だった。伝統的実証主義とは反対に、それははっきりと新カント派を公然と支持し[17]――そしてそれにより他の方針の敵対を招いた。[18] これは二〇年代の主要な対立を形づくったが、もっともそれが際立って顕著に見られたのは、一九二八年のウィーンにおける国法学者大会である。ここでトリーペルとケルゼンが国事裁判権について報告した――そしてトーマの宥和的な論評にもとづけば、報告者たちは両者が出会うはずのところまで諸問題の森に林道を切り開いていたかもしれないのに、両者ともまっすぐ進み、林道は平行線をたどり、頑なに出会いを避けた。[19]

（c）断固として反実証主義ではないが、理念型的な、教養史的（そしてその限りで精神科学的）背景を背負った諸概念を絶対化して対立させ、実証主義的法秩序を打ち砕く作用を及ぼしたのは、カール・シュミットの説だった。彼はそのため伝統的な諸方針にはもはや分類されえないが、すぐ後で言及する精神科学的方針とも明確に区別される。[20]この区別が重要なのは、なにより、シュミットがその業績を通じて、ヴァイマル共和国後期とナチ時代初期にはっきりとした学派を形成し、そしてそれにより五〇年代に影響力を及ぼしたためである。ここでは、エルンスト・フォルストホフ、エルンスト・ロベルト・フーバー、ヴェルナー・ヴェーバーの名前を挙げておけば十分だろう。

（d）これらを背景として、精神科学的方法の新しさは、当時新たな哲学的展開にはっきりと立場を定めたところに見られる。まず新カント派批判によって、[21]次にスメントの最初の仕上げにおいて、[22]さらに平等や代表のような概念を現象学的‐現存在的に補い、[23]国法学の課題を規定しようと試みて、[24]そして最後に統合理論をまとめて描き出し、なにより基本権解釈に対するその帰結を導き出して、[25]その道具立てはそろえられていった。それが統一的学派なのかどうか、またどの程度そうなのかは、さまざまに答えられうる。確かに、カウフマン（一八八〇年生）、スメント（一八八二年生）とトリーペル（一八六八年生）は、またホルシュタイン（一八九二年生）も、独立した由来と、さまざまな、部分的には実証主義的でもある特徴をもった研究者だった。だが、新方向に共通の方針は、ホルシュタインとライプホルツ――トリーペルの弟子たち！――によって概念にもたらされた。これに五〇年代の発展が結びついた。したがってこの点を顧慮すれば、共通の扱いをしても正当化されると私には思われる。[26]

（e）　方法的には共通して新カント派に敵対する点でこの方針に近いが、由来、研究対象、そして政治的方向づけからこれに対立するのが、ヘルマン・ヘラーの現実科学的方法である。それが――ヘラーが一九三三年に早世したにもかかわらず――一つの学派形成を可能にしていた限りで、この学派は、国法学者協会の諸議論におけるその設立者のように、[27]上述の諸方針と対立していた。

こうした列挙は完全ではない。それは、自然法論、[28]有機体論の方針により――フーゴー・プロイス、エドガー・タターリン・タルンハイデン、ハインリヒ・ヘルファールト、[29]そしてその他の方針により補完されうる。もっともその他の方針は（ギールケ受容におけるように）、まったく異質であり、以降の発展にとりあまり重要ではなかった。

これに対して五つの主方針は一九四五年以降の時代に、いずれも大きな影響を持った。それを跡づければ、ドイツにおける二〇年代と五〇年代との連続性を確定する重要な一歩となる。まさにそのため、この課題は巨大で、メルツの論考という幅広い基礎にたっても、五〇年代に及ぶ長い発展を描こうとする研究ではなしえない。それは本質的に公法史、たとえばシュトライスの著作の第三巻のようになるだろう。[30]

3

そのため、計画全体の問題設定に合わせて限定が必要であり、精神科学的方法が中心に置かれ、その他の学派は除外する、せいぜい周辺で、精神科学的方法との関係で扱われねばならない（以下四）。さらにこのテーマは、メルツによる研究との関係で、二〇年代の論者たちを、本質的にその著作が一九四五年以降どのように影響したかを顧慮して、扱うため、それにより限定される。これにより、トリーペル（一九四六年没）とホルシュタイン

（一九三一年没）は脇に置かれ、中心に属するのは、エーリヒ・カウフマン、ルドルフ・スメント、そしてゲルハルト・ライプホルツとなる。これに加えられるのは、三〇年代以降の彼らの弟子と、さらに五〇年代に精神科学的方法で注目をひくさまざまな思潮と傾向である。重点として示されるのは、なによりライプホルツを介して、ヴァイマルの諸議論が連邦憲法裁判所の判例と五〇年代におけるその方向転換におよぼした影響である。それに関する諸議論をもって本考察は締めくくりとなる。もっとも、決定的な転機は、ライプホルツの連邦憲法裁判所退官（一九七一年一二月八日）とその死（一九八二年二月一九日）におとずれるのだが[31]。

二　精神科学的方法とヴァイマル憲法

二〇年代と五〇年代の連続性に関する研究は、もちろんその間の時代をフェイドアウトできず、第一共和制での国法の扱いがその崩壊にどのように反応したか、そしてそれがここから第二共和制のための帰結として何を引き出したのかが問われねばならない。それとともに国法学とナチズムとの諸関係というきわめて繊細な問題設定が求められる。これは——一般的にも個々の論者や学派に関しても——膨大な、そしてしばしば情緒的な議論をもたらしてきた[32]。その原則的な正当性と必要性は、ここで注釈が必要だとしても、この問題ために別の独立した論考をおこす必要がないほどには争いがないと思われる。むしろ問われるべきは、ここでの文脈でまず、国法学の精神科学的方針を二〇年代の諸方針に、後者がファシズムとナチズムの諸傾向が生まれ、育ち、定着するのにどのように関係したかを顧慮して、いかに整理するかに他ならない。これら諸傾向は、なによりドイツで当初は法律学諸理論とはまったく別物であり、法律学的にはそれどころか明らかに原始的で欠損の多いものだったのである。[33]

その限りでこの問題設定に関しても、ヴァイマル時代の精神科学的方法がその刺激を共和制的ライヒ憲法から受け取っていたわけではないという見立てが当てはまる。より具体的に、そして否定的に表現すると、精神科学的方針はヴァイマル憲法を擁護する動きだとは自分で考えていなかった。[34] このことは、共和国が脅威にさらされるのを目の当たりにして、ヴァイマルで一九二六年四月二三、二四日にこのために開催された、共和主義者——実際上多数派は右派自由主義者の——大学教授会議で明らかになった。[35] 確かにこの会議に、いわゆる国法学者のなかで、アンシュッツとトーマ、今しがた行ったグループ分けによれば（穏健）実証主義者たち、また、その記念論文集にスメントが一九二三年に統合理論を基礎づける論考を著していたヴィルヘルム・カールが、[36] 呼びかけ人として署名したが、精神科学的方針の代表者たちは一人も加わらなかった。これらの代表者は、むしろ民主制以前の国家の問題設定と価値設定によって基本的性格が形づくられていた。スメントに関しては、ベルギーと比較したプロイセン憲法文書に関する学位請求論文——西ヨーロッパ—自由主義の挑戦に面して憲法制定における君主制原理を正当化するもの[37]——が特徴的だったし、カウフマンは、スメントのそれと十分比較できる君主制原理に関する学位請求論文[38]の後に、国際法の本質に関する著作で国民国家の主権性を擁護し、そしてライヒ憲法におけるビスマルクの遺産を上述のように正当化している。[39] したがって両者はヴァイマル時代には、むしろ、保守的で共和国に懐疑的な政党に傾いていた。スメントとトリーペルは一九三〇年までドイツ国家人民党DNVPに属し、[40] ライプホルツは一時的に自由ドイツ国家党員だった。[41]

これに対応して、精神科学的方法はヴァイマル憲法第一条に定められた人民主権の原理に向けた立場ではない。人民意思の問題点についてのカウフマンの講演は、[42] 民族精神とその「実質的代表」に関わり、そして機能しないヴァイマル議会制を批判している。[43] スメントの「政治的権力」は、静態的に考えられた国家の単なる要素ではなく、統合過程は人民意思の形式的概念から独立している。より明確に次のように述べられている。「ファシズムが全面的な統合のこうした必要性をきわめて明確に見て、自由主義者と議会主義者をまったく否定しながらも、機能的統合の技術を巧みに手中に収め、否定された社会主義的な物的統合を意識的に他のそれ（国民神話、職能国家等）により置き換えたところに、ファシズムの最も強力な面がある。ファシズムについては、ちなみに好みに応じて判断が下されてよいけれども。[44]」これと対応して、ライプホルツはすでに一九二八年にその就任講義で、そうした統合の諸機能に関心を寄せている。[45] ライプホルツの教授資格論文は代表の本質を、人民の民主的な意見表明の技術としてではなく、それとは反対に、カール・シュミットと類似して、政治的形成原理として明確に規定していた。[46] 実際、導入的に方法的な基礎と呼ばれていたのは「本質の諸洞察」であり、これらは「アプリオリに結びつけられるが、価値が強調されて」はならないとされていた。[47] 社会的諸現象の精神科学的理解は、憲法の具体化にではなく、憲法からの独立要求に寄与した。

その限りで、平等則と司法審査権への立法者の拘束に反対する人々は、こうした革新に民主的憲法秩序に対する攻撃があるのを感づいた。この反論を述べた最初の学位請求論文の一つは、確かにライプホルツによる鋭いが、同時に学問倫理的で無理解な批判だった。[48] だが、ともかく、インフレによってもたらされた諸問題を克服するにあたり立法者に枠を定めようとしたのが、平等原則の新解釈のきっかけとなった。[49] ここから、トリーペルの弟子ライプホルツと新説の支持者たちに対して、利害関係への結びつきを、さらにいえば反民主主義思考を非難する[50]のはたやすい。だが、ライプホルツの――そしてカウフマンの――諸議論は、直接的な利害関係への結びつきを非難する手がかりを与えていない。

共和国に対するこうした距離に関する判断は、さらにいえばファシスト的――しかし一義的にナチス的というわけではない――思考過程への近さを示す兆候についての判断は、さまざまである。そこにヴァイマル共和国の崩壊に対する寄与を見る論者がいる一方で、[51] 他の論者は、[52] リベラルな、理想主義的人間像に即した国家観を強調する。一義的な答えは可能ではないだろう。それは、一定の時点での選択に、そして個々の研究者を通じて仮説的な展開に左右され、そのため人により、年ごとに異ならざるをえない。[53] もちろん、とりわけスメントの見解が本来のナチス文献で十分利用されえたこと――同じくこれが著者の考えではなかったことは、確認される。

三　ナチ時代における影響

ヴァイマルとボンの間の連続性がナチ時代とも連続性があるとの重荷をどの程度負わされているかは、ヴァイマルの後からの評価によっても、一九三三年ごろとそれ以降の態度を一瞥しても明らかにならない。その限りで、ここで考察する研究者たちの間にも区別がつけられねばならない。

トリーペルは、指導的な専門分野の代表者として、またかつてのベルリン大学総長として注目されるが、彼は授権法の公布以降、それがヴァイマル憲法と根本的に矛盾すると確認していながら、権力掌握の正統性の正当化を公表し、そこで民主的－議会制的政党国家を疲弊したものと明言し、「麗しき将来像」への「朗らかな信仰」を宣言した。[54] もちろん、「理解と了解に対する彼の準備は、第三帝国に対してしばらく後には我慢の限界に達した」。[55] ほどなく名誉教授に退き、トリーペルは別の著作と並んで確かにさらにもう一冊のむしろ権力国家的な書物を著したが、[56] ナチス国家には距離を保った。

スメントは、一九三三年一月一八日にフリードリヒ・ヴィルヘルム大学のライヒ建国式典で記念講演を行った。彼は「ドイツ国法における市民とブルジョア」について論じた。[57] 政治的な形成に参加する国家市民の基本権理解が、非政治的人間のための国家から疎遠な領域の保護と対比された。これは、一九三〇年以降、国家的組織の機能停止に直面しても、基本権に関するライヒ憲法の第二編が国家にとり規定的なものとして関心の中心に移動したという点では、時代の趨勢に位置していた。[58] だがここで関心の所在が問題となる。スメントの講演とほぼ時を同じくして、シュミット学派のＥ・Ｒ・フーバーが基本権の意義変化に関する大きな論文を公にした。[59] それは、「分肢化された、自然的人民秩序」を政治的統一の基礎にするところでクライマックスに達していた。[60] ここでは具体的秩序思想と、それとともに基本権理論の成立しつつあるナチス国家との適合性が示唆されていた。[61] スメントの講演は、十分に国民主義が強調されながら、それに反して市民的自由の賛美としての印象を与える。その結果として、スメントは一九三五年にそのベルリンにおける教授の席を辞し、ゲッティンゲンへの異動を受け入れざるを得なくなった。[62] 一九四五年までに彼が発表したわずかな論稿は、現代国家をほとんど顧慮していない。

カウフマンとライプホルツについては出発点が異なる。しかし彼らのユダヤ人の出自のゆえに、彼らはその他すべての観点を顧慮しなければ、公務員再建法に服し、そのため大学教員から締め出されねばならなかった。彼らが――たとえばヘラーとは違って――政治的にも迫害されはしなかったにしても。カウフマンは当初、私的なサークルである、ニコラスゼー会を介して、そしてハーグのアカデミーを介して、続けて影響力を及ぼそうとした。ライヒのユダヤ人虐殺の夜の後に、彼はオランダに亡命し、占領下にもかかわらず生き延びた。その学問的立場はすでに前から固まっており、ドイツ憲法を研究対象から除外していた結果、それ以降はいっそう国際法分野で影響力を持ち、[63] 一九四五年以降はその再建が任された。[64]

より複雑で、本稿の問題設定にとって中心的意義のあるのは、ゲルハルト・ライプホルツの履歴だった。[65] 彼はすでに上述の教授資格論文で一九世紀に形づくられた代表制原理を現代大衆民主制の上に確認しており、[66] それゆえ彼は、すでにヴァイマル共和国後期に、議会制修正の問題に直面していた。一九三一年国法学者大会における選挙権改革とその基礎に関する報告で、[67] すでに彼は代表制の挫折したモデルを、民主制を諸政党の上に基礎づけなおすように置き換えようと試みていた。もちろん、このことは所与の政党状況のなかでは権威主義的諸潮流の甘受をも含まざるをえなかった。ナチス権力掌握の決定的段階で公刊された著作は、そのため「ドイツにおける自由主義的民主制の崩壊と権威主義的国家像」[68] をも確認している。このように見ると、すでに一九二八年に始まっていたイタリアファシズムとの対立に重点があるのは明らかである。ライプホルツは確かに積極的参戦者として、当初は著しい困難にもかかわらず教鞭をとり続ける可能性を確保していた。それでも一九三五年になるとついにその教授職を失ったが、その後も学問的活動と出版の可能性を、はじめはドイツで、その後には少なくとも外国で手にしていた。このように彼、つまりナチスにより免職され、その限りで追放された人物にとり、イタリアファシズムはなお数年間議論に値する選択肢であり続けた。[69] このように矛盾した事実は、これまでドイツではあまり知られていなかったが、確かにファシズムのイタリアが、ヴァイマルの多彩な学説――そのユダヤ人の主唱者や、その一人としてライプホルツも含まれる――を取り上げた憲法論争を十分に知っており、[70] 実質的憲法理論を政党国家を基礎に発展させようと試みていたことを考慮すれば、なるほどと思わせる。確かに今日ではこうした支配的ファシズムを顧慮した諸傾向をナチス的諸議論に近づけがちである。[71] だがこの時代のイタリアの学説が共和制的な戦後憲法の基礎に影響を与えたように、[72] この時代のライプホルツの業績が、すぐ後で光を当てる彼が後に及ぼした作用にどの程度影響したかは、依然として問題である。もちろん影響は切れ目なしにはいられなかった。というのは一面でこの影響はすでに当初から、義兄にあたるディートリヒ・ボンヘッファーとの共同作業が混じり合っており[73]、他面でライプホルツにとっても亡命が最後に残った唯一の救済手段なのは明らかだったからである。そのためこれ以降は、イギリス亡命における方向転換とそれによる業績の特徴づけが優勢になった[74]。

後に五〇年代の発展にとって重要となるより若いスメントの弟子たちがその説をナチスに適合した国法理論の枠内で成果を挙げようと試みていたというのも、確かにこの像に属する。これはまず、一九三六年に、一九世紀のドイツ法理論と国家理論における法と現実に関する著作で、教授資格を得たヘルベルト・クリューガーにあてはまる。彼は三〇年代にはわけても指導者と指導に関する著作で（一九三五年）[75]、また国家の精神的基礎に関するそれで（一九四〇年）世に出た[76]。いずれのテーマも、引用によっても証明されるように、スメントの問題設定に近いのは明らかであるとともに、学問上の師に対し政治的に距離があるという事実も、同じく明らかである。それに対応することがウルリッヒ・ショイナーにも妥当し、彼のヴァイマル国法にささげられていたテーマは、一九三三年以降時代に応じて変わっていった[77]。精神科学的方針はかくして他の方針よりもナチスに対して免疫があったとは証明されなかった。とはいえ、カウフマン、ライプホルツ、そしてスメントは、結局のところ距離をとることになった。

四　ヴァイマルの引き継ぎと一九四五年以降の再建

こうした事情は一九四五年以降も働いた。ここではドイツ諸大学、ことに法学部の一九四五年以降における再建の必要性とそのための措置には立ち入れないが、閉じられねばならない大きな隙間が生じていたことを示唆して満足せざるをえない。敗戦は学問的後継者を激減させた。追放措置は「ドイツの精神的斬首」[78]を、そして本稿の文脈では、一九三三年にスペイン亡命中に没したヘルマン・ヘラーとアメリカに亡命したハンス・ケルゼンの影響がドイツにほとんど認められず、その学派の影響もかなりの程度排除されたという事態をもたらした。[79]これに加えて、占領軍による非ナチ化措置があり、ことに国法学の分野ではそれを避けがたかった。[80]この措置は何よりも、カール・シュミットが教授職を最終的に失い、その学派がともかく当初は重要な影響力をもてないという結果を招いた。[81]東側諸国から教授たちが流れ込み、すぐにソヴィエト占領の東部地区からの亡命者たちも続いたが、彼らがこの欠落の度合いを軽くはしたとしても――少なくとも、第三帝国の間は誤った行動に見ぬふりを決めこむあたりが平均的だったというあたりが並みだったという限りで、ふさわしい国法学者がいないという状態は続いた。

この枠内では、ナチ期のその行為がほとんど不問に付されたスメントのような人物に注意が向けられる。彼はそれゆえ一九四五年にゲッティンゲン大学の戦後最初の学長に任命され、すぐにまた選任された。彼は一九四五年から四六年の冬学期に大学を再開し、そして何より最初の数年からその退官（一九五一年）にいたるまで大学の発展を形づくったが、それにとどまらぬことを果たした。彼は持続的に亡命した研究者の帰還につとめた。[82]さらに決定的に重要なのは、福音教会のための、また教会内での彼の働きだった。[83]

カウフマンは一九四六年にドイツに戻り、一九五〇年までミュンヘンで、研究所と学部において大きな足跡を残し、教鞭をとった。一九五〇年に退官すると、彼は連邦宰相アデナウアーと外務省の法律顧問となった。それと並んで、彼はボン大学の名誉教授として活動した。[84]

ライプホルツの活動については個々に振り返るが、[85] 彼は一九四七年以来、再びゲッティンゲンで教え、国法学以外にも政治学に足跡を残した。一九五一年に彼は連邦憲法裁判所判事となり、その第一世代に属した。それにより彼の影響はとりわけ明白に把握されることになった。

ただし、ショイナーはシュトゥットガルトとボンで講師を務めた後に、再びボン大学の正教授となった。[86] クリューガーは、弁護士と経営者として活動した後、一九五四年からハンブルク大学の正教授となった。[87] カール・シュミットの大学教授職からの追放はこのようにむしろ、わずかに、ごくわずかにしか類例のない例外事例であり続けた。[88] さらに彼の追放は、シュミットの影響により花咲いた学派の、学界への影響を排除しはしなかった。[89]

五　精神科学的方法の展開

精神科学的方法が新たに影響を及ぼすには、もちろんヴァイマルでの立場が批判的に自己点検され、再検討を経ることが前提だった。[90] カウフマンとライプホルツに関しては、三〇年代初頭の彼らの態度がどのように評価されようとも、抵抗との結びつきにより、[91] そして何より亡命によって、この結果は判明していた。スメントの偉大な功績と考えられてよいのは、彼もまた、一九四五年以降に最も疑いをもたれなかった人の一人だとはいえ、まさにこうした再検討に自ら応じたことである。

すぐに一九四五年から四六年冬学期開始にあたりゲッティンゲン大学の歴史−政治の連続講演への導入として、彼が行った国家と政治に関する講演で、[92] スメントはヤコプ・ブルクハルトの芸術作品としてのルネッサンス国家の叙述に言及している。国家の創作を物的ないし機能的統合の概念により芸術作品として特徴づけ、そしてこれにより正統化することは、もし精神科学的方法があれば、この方法に十分ふさわしいものだっただろうという。プラトンのポリテイアとかアンブロージョ・ロレンツェッティの描いた『善政の寓話』[93]などが、スメントのすぐに思いついた例だった。それでもここではそれについて述べない。国家を支配者の権力手段に縮減する構成に、スメントは法的状態、つまり法との関連性を対置する。また、マックス・ヴェーバーの責任倫理のテーゼに政治的行為すべての人倫性との関連性が対置され、後者にはおよそ責任免除がありえず、これは政治や国家を構築する要素とならなければならないという。すでにここで、一九二八年にはせいぜい形式的解釈にとどまっていた、権力手段やファシスト運動も含めてあらゆる国家構造をとらえる統合の過程が、規範的に解釈されている。

一〇年後、社会科学便覧に寄せた統合理論の項で[94]、そこから導かれうる理論的帰結が示された。一面で統合は内容的価値と呼ばれ、そして憲法倫理により形作られた過程として権威的支配の形式主義に対置される。他面で、この過程の現象学的叙述が、統合の秩序における法の特性を誤認させ、必要な統合と個人の組み込みとの緊張を隠蔽する危険をもたらすと、認められている。これに対応して、さらに一〇年後、ある辞典の項[95]では統合への倫理的命令が強調されている。現象学的統合理論から倫理的統合理論への道は、一九二八年にはまだほとんど見分けがつかなかったが、ここでは一つの目的地にたどりついている。

こうした方法論的修正に、研究領域の重点拡大が対応している。ヴァイマル時代にすでにとりわけホルシュタインにそうだったように、教会と国家の関係問題への取り組みが、すでに一九四五年以降最初の著作では中心に置かれていたが[96]、退官後は教会法研究所と福音教会法雑誌の編集へと大幅に撤退した。その巻頭論文は[97]、スメントの叙述によれば変転した連邦共和国の国教法の位置を示す。基本法がヴァイマル憲法の国教法規定を改正なく受け継いだとはいえ、その意義は歴史的な発展に照らせば別物だという。またしても、第一次大戦後と同じく、憲法の理解を規定するのは憲法典ではなく、精神科学的認識である――もっとも今ではナチスの経験と、実際に説得力と信憑性を多く必要とする倫理的－神学的思慮だが。しかしそれらを信じず、テクストを固執する者をそれらはどうやって納得させるのだろうか？[98]

六　精神科学的方法と連邦憲法裁判所

1

五〇年代の国法学に対する精神科学的方針の意義は、さまざまな筋でたどることができる。個々の公刊物については、それらをここで確定されえた特定の学派とその分派に体系化し整理できるし、学説上の論争については、そこで二〇年代の方針論争が影響し続けているのも観察できる。これらの側面のいくつかについては以下で論ずる。しかしながら、その際憲法制定はほぼ完全に括弧に入れざるをえない。確かにここにもそれを思い出させるものがあった。制憲議会では、たとえば、平等原則に対する立法者の拘束という「古い争点」が持ち出され、「肯定的な意味で調停」された。[99]憲法における基本権論争の意義と位置は二〇年代の諸論争を反映している。「一般的法律」概念を意見表明の自由に対する制約として用いることに対してトーマの提起した異議は、[100]はるか一九二七年の国法学者大会を思い起こさせようし、そして政党の規律も似たような文脈を――とくに一九三一年の国法学者大会を――想起させるだろう。制憲議会やヘレンヒームゼーの制憲集会には、精神科学学派に属する構成員はいなかった。国法学者が憲法制定に協力した範囲では、彼らは他の、たいていは理論的に方針を持たず、精神科学的ではない方向を主張していた。

だが、憲法判例は学問的な認識と意見の対立が一般的に拘束力のある決定とその理由づけへといかに転換されるかを証拠立てており、それが連邦共和国の国法学を実践的に当初より特徴づけてきた。[101]この討論の場の意義は明白であった。その当然の帰結として、一九五一年戦後最初の国法学者協会の協議対象の一つは、憲法裁判権の限界だった。[102]これは一九二八年と驚くほど結びついている。そのころトリーペルは、当時の新方針と少なくとも縁遠くはない論者として、そしてケルゼンはその対極にいる論者として、それぞれ互いにすれ違いながら自分の林道を切り開いたが、今度は精神科学的方法はカウフマンとともに登場し、実証主義的傾向の論者ではなく、ケルゼンと同じように政治的および人種的理由で追放されたヘルマン・ヘラーの学派に数えられる論者を共同報告[103]者としていた。それはマルティン・ドラートであり、彼はすぐに連邦憲法裁判所判事に選任されることになる。

2

だがいっそう重要なのははじめから裁判所の活動だった。実際それはとくに精神科学的方針の影響に関する具体的な証拠を提供している。なぜならライプホルツに加えて二〇年代のこの方針の主唱者の一人が、最初から、そして二〇年間にわたって裁判所に属したからである。確かに、合議裁判所の一人の判事に個々の判決を帰するには、とくに連邦憲法裁判所の各部に最初は一二人、後にさらに八人の判事が属するため、かなりの慎重さが求められる。加えて、ライプホルツが属した第二部は、失敗に終わった法律による業務分担（一九五一年の連邦憲法裁判所法第一四条）にもとづき、実務的には機関紛争と連邦に関する紛争を管轄し、規範統制手続と憲法訴願の全責任は――選挙審査、政党禁止、そのほかあまり重要でないものと並んで――第一部に置かれ、そしてそれとともにとくに基本権解釈の展開もここに属した。[104]それでもなお、二〇年代の精神科学的方針の成果は挫折に終わったとみなしうる。それは、とくにライプホルツ自身により、そのヴァイマル期の著作の新版、『現代民主制の構造問題』とその他の著作を通じてそのように宣伝され、[105]大規模な学説的議論を通じて確認されている。[106]そこから五つの例を挙げるが、その最初の三つはライプホルツと、続く二つはスメントと関わる。

（ａ）一九五一年一〇月二三日にすでに南ドイツの再編成手続に関して決定した第二部最初の判決は、三九の要旨――ドイツ裁判史上ほとんど凌駕されない記録――があり、広い範囲で教科書のように読まれている。とくに理由づけの段階ではそうである。[107]確かにそこには、四人の大学教授を含む多くの作者が関与しており、ライプホルツはその一人に過ぎなかった。だが、憲法解釈、憲法諸原則、憲法制定権力に関する言明は、なるほど少なくとも統合理論を思い起こさせる。そしてなにより、要旨の一八と判決文には、[108]厳密に言えばそうした考え方をとる必然性がないのに、ライプホルツの一九二五年作の学位請求論文のテーマと彼の（トリーペルとカウフマンのものでもある）主要テーゼの一つだった、立法者の平等原則への拘束というテーゼがみられる。[109]これはヴァイマル期の学説に決定的影響を及ぼしたが、実務では、とりわけライヒ国事裁判所の実務でも、まったく受け入れられないか、せいぜい部分的に取り入れられたに過ぎなかった。[110]それゆえ連邦憲法裁判所最初の判決での確言は、断定的で実際に理由づけもなく、[111]今日では補足的に成立史的観点と基本法第一条第三項との体系的関連に支えが求められているにせよ、当時は十分に革命的だとみなしえた。これが憲法判例をそれ以来決定づけ、一九五一年に適用された定式が今日に至るまで判例の中で用いられている。[112]

（ｂ）この数カ月後に下された第二部判決では、政党に一般的に憲法訴訟の当事者能力が認められたが、ここでの方向転換は劣らず原理的なものだった。[113]それは確かに、ヴァイマルの実務にしたがって、当初は訴訟判決として隠れて行われた。だが基本法と連邦憲法裁判所法は憲法訴訟をライヒ国事裁判所よりも狭く定義し、連邦憲法裁判所はそれに従っていたので、[114]機関訴訟における政党の出訴権の理由づけは「憲法における政党の一般的地位」[115]による支えを必要とした。つまり、裁判所は――あるいはそういってよければライプホルツは――、一九二九年に考えられた代表の本質、その数年後に彼が現代大衆民主制と対置した代表の本質を引き合いに出し、そして今では後者の政党国家的にならざるを得ない性格を支持する帰結を引き出している。その輪郭、つまり諸政党の憲法上の地位、その限りで諸州にも直接適用されうるとされる、基本法に従った諸政党の機能、並びに国家意思形成への諸帰結が、すでに導かれたり、示唆されている。[116]続く数年の政党法判決すべてはここに形づくられ、そして第一部の違った立場に対してすぐに[117]裁判所の大法廷判決により確定された。

（c）　同じ判決で[118]裁判所はライプホルツの平等原則と選挙制度に関する思想を連邦共和国に適用した。ここで比例選挙のよりよき平等への志向が確認され、つまるところこれは一九三一年のライプホルツの報告と類似して、[119]選挙制度の構築を通じて統治能力を強化する試み、つまり平等原則を顧慮して阻止条項を正当化し、そしてその高さに応じて制限する試みに結びついた。連邦憲法裁判所の活動の最初の数カ月に行われたこうした確定も、今日に至る意義がある。

（d）　まったく直接的にではないが、はっきりと証明できるのは、精神科学的方針が基本権解釈に及ぼした影響である。それを管轄する連邦憲法裁判所第一部とは、もちろん人的な結びつきはない。それでも、リュート判決における意見表明の自由とその制約としての一般法律との解釈は、判決の中でその業績が明示的に引用されているわけではないとはいえ、明らかにスメントに由来する。[120]このことは、すでに民主制国家の意思形成過程における客観的価値としての基本権解釈に妥当する。この解釈は、つまり連邦共和国のこの時期に（一九五八年）すでに広く流布していたが、これは少なくとも一九三三年のライヒ建国記念日におけるスメントによる上述の講演をも引き合いに出せる。だがなにより、制約としての一般的法律の解釈と、そこでの意見表明の自由と対立する諸価値との法益衡量は、一九二七年の意見表明の自由に関するスメント報告の中心的主張に従っている。[122] ここでも、方向転換がそれ以外の全判決を規定しているのは明らかだった。

（e）スメントにより展開された連邦忠誠の概念に対する直接の準拠は、つまるところ第二部のある別の初期決定に見出される。[123] この決定は、建築材料分配における連邦と諸州の合意強制を命じたものである。技術的な決定対象を越えて、それにより連邦共和国の協同的連邦主義の発展が、なにより共同の任務の行政管理が、あとあとまで形づくられた。すでにはるか前に、第一部は連邦国家原理から諸州が相互扶助を行う義務を導き、それにより、まさに最近になって再び重要になった、連邦国家における財政調整に対する、裁判所により個々の点にまで具体化された審査を理由づけた。[124] それに対してヴァイマルの実務は連邦忠誠や親連邦的態度の思想をほとんど受け入れず、[125] 連邦憲法裁判所が判例の最初の数年で連邦忠誠原理と、上述の最初の諸決定によるその受容とから引き出した耳目を驚かす帰結は、[126] 激しい反対にぶつかった。[127] 一九一六年にスメントにより確認された、ヴァイマル憲法におけるライヒの連邦的要素がもはやほとんど存在せず、基本法によっても再生される見通しのないことは、実際のところ争いの余地がなかった。その限りで、一九二八年にスメントによって、一九五二年に判例によって行われた連邦忠誠による論証は、憲法典にではなく理論形成に発する、つまりここでは統合理論に発する国家学の新方向を示す一例だった。だが、集権主義的多極主義も協調政策による安定化を必要としたのであり、[128] したがって憲法判例がそれ以来いかに連邦忠誠の原則を発展させてきたかは——理論的概念の受容ではなく、それに依拠する憲法解釈における——新たな諸問題の解決に対する統合理論の寄与だと理解されうる。

（f）　こうしたリストをもっと大きなものにすることもできよう――たとえば精神科学学派の方法論的観点を憲法解釈の諸原理に一般化したり、(129) スメントの関連業績による国家教会法判例の形成の個別的分析、(130) そしてライプホルツにより方向が定められたが、スメントによっても影響を受けた、連邦憲法裁判所の地位に関する議論(131)などがある。しかし、具体的な判決の論点を個々の作者に帰するのに反対し、常に合議原理と協議の秘密が、とくに精神科学的方法の場合には加えて裁判官の活動と研究活動の異なる機能が持ち出されうるのであればなおさら、上述の例で十分に違いない。

3

それでもなお、すでに述べたことから、スメントが一九六二年に連邦憲法裁判所創設十周年記念講演を依頼されたのは、ほぼ偶然ではない。彼の講演は、(132) 連邦憲法裁判所の連邦共和国憲法体制への教養学的‐体系的組み込みではまったくなく、それだけにいっそう、法の（批判的でもある）多元性を通じた政治的統一に対する統合原理の記述的適用であり、こうした法の倫理的性質への信仰告白だった。

七　精神科学的方法のさまざまな分化

上述のスメントの意義に対応して、彼は学派をなすまでにかなりの影響を及ぼした。これについては、ゲッティンゲンにおけるスメント‐セミナーの精神的風土も重要だった。(133) その弟子たちのさらに――ここではこれ以上跡づけないが――弟子たちを通じて、学問分野への影響はさらに増大し、もちろんいっそう強い色合いをも獲得した。学派形成の程度、方向、そして性格は、一九五二年と一九六二年のスメント記念論集、ことに後者にもっとも明らかになっている。[134]

1

最初のきっかけについてはすでに言及した。二〇年代から三〇年代はじめのベルリンの後継者政策は、すでにスメント（とトリーペル）により強く影響された若い世代の研究者たちの出世をもたらした。そのなかでも——ライプホルツの後では——クリューガーとショイナーが傑出していたが、一九三三年以降は違う道をたどった。一九四五年以降、彼らは遅ればせながら大学への復帰の道を見出し、そのもともとの出自を否定せずに、連邦共和国国法の発展に寄与した。つまり、ショイナーは師の方法にごく近かったが、[135]それに対してクリューガーは統合理論のその国家主義的—権威主義的変化形を一九四五年以降も推し進め、その限りでシュミット学派の影響を受けてもいる。この再教育の頂点と、ヴァイマル時代には相反していた諸方針の遅ればせの連合は、一九六四年の『一般国家学』だった[136]——これはスメント学派にも分類可能だが、それにとどまらず、したがってさまざまに受容された著作である。

2

戦後の弟子たちの中では、まず教会法学者たちが、何よりも精神科学的方針の特殊実践的な影響が認められる特別な集団を形成している。もちろん方法論的出発点は一般的なもので、活動範囲の明確な限定は大抵は可能ではない。というのは、多くのスメントの弟子がその他の公法的素材と並んで教会法の分野をも扱っているためである。国家教会法の分野への影響については、もちろん具体的な方法的きっかけが働いている。つまり統合理論は多元主義的に、第一にそれ自体として独立した諸力の（統合的）複合作用として解釈され、こうした諸力が恒に自立していることが教会に対して強調されている。[137]

3

これは本稿の文脈で直接関心を引く領域にとってもいくつかの帰結をもたらす。まず、方法的出発点は社会理論、つまり社会学と政治学の方向への国法学の拡張を促進した。この分野の同僚との密接な共同作業については個々の記念論文集への寄稿が代表的なものとみなされうるものや（プレスナー）、[138]またそれ以外にはドイツではもはや重く受け入れられていない亡命者（キルヒハイマー）[139]との作業があるが、これらと並んでこうした発展方向の最初で最も重要な代弁者は、ヴィルヘルム・ヘンニスだった。スメントと国法学を出自とし、フライブルク学派（ベルクシュテーサー、オーベルンデルファー）に組み込まれる、文化科学や多元主義を特徴とする政治科学の見方を主張したし、今も主張している。[140]ここから、一九六八年が新たな決定状況として示された。スメントによる統合理論の修正は、[141]政治システムの根本的変更を迫る規範的規準値を正当化しようとしていただろうか？　ヘンニスはこの帰結を否定し、精神科学的方法の理解のきっかけを政治システムに向けた。彼は具体的な社会的状況に発する憲法解釈を追求した。ヴァイマル時代の精神科学的方法に帰せられうるこの方法を、彼は規範的－理念主義的諸傾向（Ad・アルント、アーベントロート、ヴィーンホルツ、マイホーファー、ナールなど）への――論争にまで至る――抵抗のために用いた。[142]これら諸傾向は、否定的ないし不完全と称せられる憲法の現実に規範的憲法を対置しようと試みていたのである。エルンスト・ヴォルフガング・ベッケンフェルデは、[143]ここで始まったものをすぐに実現した。精神科学的方法から出発しながら、ヘンニスによるその「除去運動」は実質的憲法概念を問題視し、もはや形式的だと信用を落とすことのない法治国家的憲法構想を主張した。それによって、公法実証主義との対立、ことにカール・シュミット学派によるその変化形への対立は放棄されたのだろうか？

4

この問いを肯定するにつき、国法の分野に影響力を及ぼした大抵のスメントの弟子たちがヘンニスとは対立する（と部分的には明言された）方向へと進んでいったことが証拠になろう。統合理論の規範的修正からは、複数の帰結が導かれよう。確かに、社会、経済、政治、文化の多様な諸勢力を承認し、支持し、保障するのが重要だった。したがって五〇年代の基本権解釈学の発展は、上述の憲法裁判所がもたらしたきっかけを超えて、かなりの部分までスメント学派の成果だった。[144]だが、統合過程に関与する諸要因の保障にあるこうした側面は、大抵は関心の中心にはなかった。この学派の多元主義的傾向は、寛容の命令や法的保障の対象としてのみならず、進歩と政治的発展に向けた開放性と解釈されるべきだろう。加えて、憲法法から、ヘンニスにより攻撃された方法よりもいっそう慎重かつ方法論的に反省を経たやり方でとはいえ、[145]定まった照準点を取り去ることが重要だった。この立場は、個々の点ではいくらか多様だが、共通の学問的由来を十分に認識させる傾向をもって、たとえばリヒャルト・ボイムリン、[146]ホルスト・エームケ、[147]コンラート・ヘッセ、[148]ヘニング・ツヴィルナー[149]により主張されてきたし、今日も主張されている。そこでとくに重要なのは、政治への、ヘッセでは憲法裁判所への影響との結びつきであり、なによりここでは自身の弟子ときわめて成功を収めた憲法の教科書による影響だった。[150]

5　だが、政治科学的方針も統合理論の意味ではヘンニスと対立する方向で用いられうる。公法実証主義の基礎に関する研究を通じて、ペーター・フォン・エルツェンは、当面十分に進歩と親近性のある実証主義の機能を練り上げ[151]、そこから、上述の憲法法律家のなかではどちらかというと左寄りに位置づけられうる政治科学的および政治的な活力を得た。

八　方針論争の継続と収斂

個々の文脈では、一九四五年以降の方針論争の進展をまとめて体系的に描くことは断念せざるをえないが、そうだとしてもスメント学派の変異の広さがすでに、他の諸方針へ接近が余儀なくされるのを示している。反対に、一面で見られる多彩さの幅と重みが、他面でその端緒が、つまりさまざまな解釈と帰結がもたらす不安定な動揺が、攻撃の理由を与えた。

1　伝統的実証主義との対立は残った。ここからは、連邦憲法裁判所が当初はしっかりした判決実務を手にせず、ヴァイマルのモデルをもとにごく部分的にのみ、そしてさまざまに解釈可能な仕方で特徴づけられていたため[152]、法的安定性の侵害、専門裁判所の権限への干渉、その諸結論の任意性といった連邦憲法裁判所批判がなされた。

その方法論的な出発点は、連邦憲法裁判所がはじめから実践していた、裁判所に――具体的規範審査を超えて――法秩序全体の解釈と「規範維持」への介入を開く、合憲的解釈だった。[153] その限りでとくに争いがあるのは、スメントと何よりライプホルツによって影響された諸判例だった。精神科学的方針の影響に関する上述の諸事例は、長い間――時には今日まで――論争の的となってきた。すでに平等原則への立法者の拘束はこれに加えて長い間抵抗を受けてきた。[154] これはきわめて特殊に、一九四五年をまたぐ公務員関係の継続の否定に妥当した。[155] だが意見表明の自由と報道の自由の統合的機能、並びにこれらの自由を制限する、基本法第五条第二項にいう「一般的法律」の解釈は、わけてもシュピーゲル事件とその連邦憲法裁判所による処理の――きわめて議論の余地ある――試みに直面して、その爆発力を明らかにした。[156] 同決定をめぐる専門的議論では、報道の自由に対する制約としての一般的法律の理解に関する原則的問いが改めて提起され、スメントに依拠して連邦憲法裁判所が始めた解決が批判された。[157] ライプホルツの影響をめぐる論争は――ここではともかく彼個人に特定され、方法論的にはごく間接的にのみ把握可能である――政党の資金調達をめぐる争いにおける同じ期間内に頂点に達した。ライプホルツが「国家と諸団体」に関する一九六五年の国法学者大会で、国家による政党資金助成に対して肯定的意見を表明し、いうところの「自由主義者と民主制否定者」を反助成の「汚らわしい同盟」を結んだ連中――上述のヴァイマルの経験からすれば十分に説明可能な立場だが――と呼んだが、[158] その後、国家的政党資金助成の反対者たちは、予断の不安から彼を忌避し、当該部はこの趣旨の申立を認めた。[159] それにより得られた多数をもって、[160] 国家的政党資金助成は連邦憲法裁判所によって違憲と宣言された。本判決は、それ以降の展開にとって基礎を与え、忌避の問題点とその結果に関し、もう一度方針論争の根本的問題点を投げかけた。[161]

2

外面的にはしばしば類似した議論で、しかし別の精神科学的基礎の上で、シュミット学派との対立が続けられた。その最も鮮明な表現は、スメントによって定められた憲法解釈の発展方向に対するフォルストホフの攻撃であり[162]、それは法治国家的憲法の解体という非難で頂点に達した。これに対しては、まずは内在的に、個々の解釈問題について反論がありえた。その後で、フォルストホフが基本法の基礎に据えようとした法治国家概念が、問題にもしえた[163]。だが決定的だったのは、どの程度まで法律学的解釈が論理的三段論法の技術に還元されえたかだった。つまり、法の諸命題、ことに憲法の諸命題は、価値自由な包摂をめざして有無を言わさず具体化可能なのか、それともこれは精神科学的な（あるいは社会科学的でもよいが）周辺の包含、規範領域の包含を必要とするのか？　アレクザンダー・ホラーバッハはこのような議論でフォルストホフに反対し[164]、そしてそれにより憲法解釈学の新たな一章に移行した。これについては精神科学的方法、とくに統合理論が不可欠の基礎だったが、法律学的方法論の厳密化と更なる育成[165]が徐々に解決にもたらされるべき課題だった。ともかくこの作業が伝統的方法への接近を可能にしたのであり、これはすでに言及したように、個々のスメントの弟子たち、とくにヘンニスとクリューガーがカール・シュミット学派に事実上接近していたのと並行している[166]。

3

対立する方針から、政治科学の経験的‐多元論的諸傾向へとさらに進む意見の相違が生じた。これらはヴァイマル時代のスメントの価値相対主義を外部から推定し、その烙印を押し、さらに精神科学的に基礎づけられた国家求心性を否認した。こうした諸基準をあてはめると、精神科学的方法の政治的にみると保守的な方向づけを弾劾し、実定憲法に出発点をもたないこととの結びつきを確認し、そしてその限りでこの方針を保守革命の一部だと貶めるのは、明らかに可能だった。[167] こうした見方をする手がかりがあったのだとここで認められていたが、それと同様に、反民主主的だとの包括的な非難は、一九三三年の視点転換からも、一九四五年以降の影響のそれをまっても、維持できないばかりか、およそ一般化できないと頑固に主張されもする。したがって、まさしく政治科学の更なる展開に関しても、スメントによる統合過程の記述を政治科学の諸概念で捉えようとする、政治理論の側からそれを受容する試みは、生産的だと考えられる。[168] だがこの点に限っても、ヘルマン・ヘラーの精神科学的方法への鋭い政治的対立が時代によって生み出されたものであり、ヘラーは対立する政治的諸勢力の影響関係を強く社会科学的なアクセントを加えて描いているが、問題設定とそこから得られうる帰結からは、統合理論と十分近いところにあったと、最近の研究は明らかにしている。[169]

このように、諸方針には収斂点ばかりか、一致点がある。今日から見れば、ヴァイマルの方針論争は違った問題設定が重なり合っており、学問的人物、意見、そして新たな学派個々の発生が見て取れる場合に限り、それらの起源が分かるだけである。だが精神科学的国法学派は、実にさまざまな立場の展開に決定的に寄与した。それゆえ、その基礎づけを意識しておくことは、自分の立場を確かめるためと同様に、連続性を認識するきっかけとなる。

要約

諸方法と諸傾向の論争は、ヴァイマル共和国の憲法論争にとり重要だが、それは一九一四年以前にその起源がある。それは実定憲法よりも哲学的論拠により規定されている。本稿は「精神科学的傾向」を扱い、他の諸傾向を除外し、とくにエーリヒ・カウフマン、ルドルフ・スメント、そしてゲルハルト・ライプホルツの業績に重点を置き、彼らの学派としたがって一九四五年以降の影響もそれに加える（一）。もともとファシスト的理念に反対する戦線があったが（二）、結果としてナチスに対する有力な論者たちの距離が明らかになる。迫害やドイツの抵抗との結びつきという諸要素がある（三）。これらの理由から、一九四五年以降の精神科学的傾向の影響は、ナチス経験に関して一定の矯正を経た後に、とても重要となる（四、五）。その影響は、とりわけライプホルツが一九五一年から一九七一年の二〇年間にわたり判事を務めたドイツ連邦憲法裁判所の判決のなかにみてとれる（七）。学界では、わけてもスメントが一つの法学派の始祖であり、個々の問題について立場の違いはあるものの、憲法の発展にとり重要である（八）。これらの違いと、五〇年代のドイツ憲法における他の反対派に対するそれらの関係が論じられる（九）。

【参考文献】

（a）一次文献

Kaufmann, Erich: *Gesammelte Schriften*, 3 Bde., Göttingen 1960

Leibholz, Gerhard: *Die Gleichheit vor dem Gesetz*（1925）, 2. Aufl. Berlin 1959

Leibholz, Gerhard: *Das Wesen der Repräsentation*（1929）, 3. Aufl. Berlin 1966（Neudruck 1973）

Leibholz, Gerhard: *Strukturprobleme der modernen Demokratie*（1958）, 3. Aufl. Karlsruhe 1967（Neudruck 1974）

Smend, Rudolf: *Staatsrechtliche Abhandlungen*（1954）, 3. Aufl. Berlin 1994

（b）二次文献

Friedrich, Manfred: Der Methoden- und Richtungsstreit. Zur Grundlagendiskussion der Weimarer Staatsrechtslehre, *Archiv des öffentlichen Rechts* 102, 1977, S. 160 ff.

Rennert, Günter: *Die „geisteswissenschaftliche Richtung“ in der Staatsrechtslehre der Weimarer Republik*, Berlin 1987

Bauer, Wolfram: *Wertrelativismus und Wertbestmmtheit im Kampf um die Weimarer Demokratie*, Berlin 1968

Wiegandt, Manfred: *Norm und Wirklichkeit*. Gerhard Leibholz（1901-1982）, Baden-Baden 1995

Wendenburg, Helge: *Die Debatte um die Verfassungsgerichtsbarkeit und der Methodenstreit der Staatsrechtslehre in der Weimarer Republik*, Göttingen 1984

Poeschel, Jürgen: *Anthropologische Voraussetzungen der Staatstheorie Rudolf Smends*, Berlin 1978

Korioth, Stefan: *Integration und Bundesstaat*, Berlin 1990

【原注】

（1）Wolfgang März, Der Richtungs- und Methodenstreit der Staatsrechtslehre, oder der staatsrechtliche Antipositivismus, in: K. W. Nörr/ B. Schefold/ F. Tenbruck（Hrsg.）, *Geisteswissenschaften zwischen Kaiserreich und Republik*, Stuttgart 1994, S. 75-133の詳細で豊富な文献を含んだ記述を参照。

（2）特に参照，Stefan Korioth, Erschütterungen des staatsrechtlichen Positivismus im ausgehenden Kaiserreich, *Arichiv des öffentlichen Rechts* 117, 1992, S. 212 ff., Michael Stolleis, *Geschichte des öffentlcihen Rechts in Deutschland*, Bd. 2,

München 1992, S. 448 ff.

（3）März, a.a.O., S. 85. もちろん同論文は、ケルゼンの真に革命的な攻撃をS. 94 f. ではじめて、カール・シュミットをS. 113 ff. で扱っている。これに対しては、Korioth, a.a.O., S. 212 ff. を参照。Peter Schneider, Geisteswissenschaften in den zwanziger Jahren, in: *Geisteswissenschaften zwischen Kaiserreich und Republik*（注1）, S. 187 ff.（202）; Max-Emanuel Geis, Der Methoden- und Richtungsstreit in der Weimarer Staatslehre, *Juristische Schulung* 1989, S. 91 ff. 第一次大戦直前の時代における他の精神的及び芸術的な危機の兆候との並行性は顕著であり、ケルゼンやシュミットにおける法律学的活動以外で確認される包括的な精神科学的兆しにも反映されている。一方については、R. A. Métall, *Hans Kelsen*, Wien 1968〔メタル『ハンス・ケルゼン』、井口大介・原秀男訳、成文堂、一九七一年〕、他方についてはことに、H. Quaritsch（Hrsg.）, *Complexio Oppositorum: Über Carl Schmitt*, Berlin 1988におけるMiachele NicolettiとEllen Kenedy論文、S. 109ff., 233 ff.; Wolfgang Graf Vitzthum, Hermann Broch und Carl Schmitt, in: *Wege in die Zeitgeschichte, Festschrift G. Schulz*, Berlin/New York 1989, S. 69 ff.

（4）これと他の兆候については、Stolleis, a.a.O., S. 448 ff. それにさかのぼる起源があるとの示唆については争いはなかろう。だが危機は上述の著作によってあらわになった――確かにそれらの年の精神的及び芸術的発展と同時的だったのは偶然ではない。

（5）E. Kaufmann, *Das Wesen des Völkerrechts und die clausula rebus sic stantibus*, Tübingen 1911及びRoland Meister, *Studie zur Souveränität*, Berlin（Ost）1981, S. 46 f. のこれに関する鋭い所見をも参照。

（6）このように、本論文草稿に関する議論においてGerhart Wielingerの指摘を受けた。

（7）Otto von Gierke, Labands Staatsrecht und die deutsche Rechtswissenschaft, *Schmollers Jahrbuch für Gesetzgebung, Verwaltung und Volkswirtschaft im Deutschen Reich*, NF 7, 1883, S. 1097 ff.（Neudruck Darmstadt 1961）; Vgl. ders., *Das Wesen des menschlichen Verbände, Berliner Rektoratsrede* 1902（Neudruck Darmstadt 1954）〔「人間団体の本質」、曽田厚訳、『成蹊法学』二四号、一九八六年、二一七頁以下〕. これについて、M. Stolleis,（注2）, S. 348 ff.（359 ff.）;

Hanns Mayer, *Die Krisis der deutschen Staatslehre und die Staatsauffassung Rudolf Smends*, Diss. Köln 1931, S. 12 ff.

（8）これについては、Stephan Graf Vizthum, *Linksliberale Politik und materiale Staatsrechtslehre*, Berlin 1971; Manfred Friedrich, *Zwischen Positivismus und materialem Verfassungsdenken*, Berlin 1971. これら以外の文献は、Stolleis, a.a.O., S. 355 ff. の指示。

（9）Ulrich Scheuner, Rudolf Smend, Leben und Werk, in: *Rechtsprobleme in Staat und Kirche, Festschrift Rudolf Smend*, Göttingen 1952, S. 433; Manfred Heinrich Mols, *Allgemeine Staatslehre oder politische Theorie?*, Berlin 1969, S. 293, Anm. 44.

（10）これについて個々には、Stolleis, a.a.O., S. 353 ff; Dian Schefold, Hugo Preuß, in: H. Heinrichs u. a.（Hrsg.）, *Deutsche Juristen jüdischer Herkunft*, München 1993, S. 429 はこれ以外の証拠を挙げている; März, a.a.O., S. 93. Fn. 49がプロイスにまったく周辺的にのみ言及しているのが特徴的。

（11）März, aaO., S. 88 ff.

（12）特に極端に示されているものとして、オットー・マイヤーの以下の格言を参照。「憲法が滅びるとも、行政法は存続する」*Deutsche Verwaltungsrecht*, 1. Aufl. Berlin 1924, Bd. 1, Vorwort; だが、ゲルハルト・アンシュッツ――徹底して「理性の共和派」でありヴァイマル共和国の擁護者である――が、ゲオルク・マイヤーのドイツ国法教科書の（第七）新版を編集したことは、この有力な見方を確証している。これについてはまた、Werner Heun, Der staatsrechtliche Positivismus in der Weimarer Republik, *Der Staat* 1989, S. 377 ff.（397）.

（13）M. Stolleisと並んで参照、W. März, a.a.O., etwa Peter Badura, *Die Methoden der neueren allgemeinen Staatslehre*, Erlangen 1959; Manfred Friedrich, Der Methoden- und Richtungsstreit, *Archiv des öffentlichen Rechts* 102, 1977, S. 161 ff.; E. R. Huber, *Deutsche Verfassungsgeschichte seit 1789*, Bd. 6, Stuttgart 1981, S. 14 ff.; G. Rennert, *Die „geisteswissenschaftliche Richtung“ in der Staatsrechtslehre der Weimarer Republik*, Berlin 1989; Wolfgang Schluchter, *Entscheidung für den sozialen Rechtsstaat*, 2. Aufl. Baden-Baden 1983〔シュルフター『社会的法治国家へ

の決断』、今井弘道訳、風行社、一九九一年〕; Kurt Sontheimer, *Antidemokratisches Denken in der Weimarer Republik*, München 1962〔ゾントハイマー『ワイマール共和国の政治思想』、河島幸夫・脇圭平訳、ミネルヴァ書房、一九七六／一九九一年〕.

(14) A.a.O., S. 25 ff.; また類似の見解に、Helge Wendenburg, *Die Debatte um die Verfassungsgerichtsbarkeit und der Methodenstreit der Staatsrechtslehre in der Weimarer Republik*, Göttingen 1984, S. 97 ff.

(15) Gerhard Anschütz, *Die Verfassung des Deutschen Reichs*, 14 Aufl. Berlin 1933 (Neudruck 1960), Einleitung, S. 6; 引用は序言（S. VI）からとった。

(16) たとえば、März, a.a.O., S. 96 ff. とくにアンシュッツに関しても、また以下についても。

(17) たとえばすでに、Kelsen, *Hauptprobleme der Staatsrechtslehre*, 1911, 2. Aufl. Tübingen 1923（Neudruck 1960）.

(18) 何よりもまず、Erich Kaufmann, *Kritik der neukantischen Rechtsphilosophie*, Tübingen 1921, auch in: *Gesammelte Schriften*, 3 Bde., Göttingen 1960, Bd. 3, S. 176 ff. これは、たとえばイェリネクではなく、ルドルフ・シュタムラーに向けられ、そして（とくにS. 20 ff. で）ケルゼンに狙いが定められている。

(19) Hans Kelsen und Heinrich Triepel, *Wesen und Entwicklung der Staatsgerichtsbarkeit, Veröffentlichungen der Vereinigung der Deutschen Staatsrechtslehrer*（im folgenden: *VVDStRL*）5, 1929, S. 2-123（insb. S. 104, 116, 117）. きわめて包括的なMärz論文のS. 128は、まさにこの箇所で中断しているため、彼はこの対立の意義を背後に押しやっている。同じ意味でともかくすでに、Rudolf Smend, Die Vereinigung der Deutschen Staatsrechtslehrer und der Richtungsstreit, in: *Festschrift für Ulrich Scheuner*, Berlin 1973, S. 575（579 ff.）. これに対して、たとえば参照; Wendenburg（注14）, S. 75 ff.; Dian Schefold, Normenkontrolle und politisches Rechts, *Juristische Schulung*, 1972, S. 1 ff.

(20) Rennert（注13）, S. 65 ff., März, S. 113 ff.; vgl. schon Erich Schwinge, *Der Methodenstreit in der heutigen Rechtswissenschaft*, Bonn 1930, S. 19 Anm. 39.

(21) Erich Kaufmann, a.a.O.（注18）.

(22) Rudolf Smend, Die politische Gewalt im Verfassungsstaat, *Festgabe Kahl*, Tübingen 1923, Teil III, jetzt, in Smend, *Staatsrechtliche Abhandlungen*, 3. Aufl. Berlin 1994, S. 68 ff.

(23) Heinrich Triepel, *Goldbilanzverordnung und Vorzugsaktien*, Berlin 1924; Gerhard Leibholz, *Die Gleichheit vor dem Gesetz*, Berlin 1925, 2. Aufl. 1959; ders., *Das Wesen der Repräsentation*, Berlin 1929, 3. Aufl., 1966（Neudruck 1973）; vgl. ders., Zur Begriffsbildung im öffentlichen Recht, *Blätter für Deutsche Philosophie* 5, 1931/32, S. 12 ff.

(24) Günter Holstein, Von Aufgaben und Zielen heutiger Staatsrechtswissenschaft, *Archiv des öffentlichen Rechts* N. F. 11, 1926, S. 1 ff.

(25) Rudolf Smend, *Verfassung und Verfassungsrecht*, Berlin 1928, jetzt in: *Staatsrechtliche Abhandlungen*（注22）, S. 119 ff. これについて当時の論争では、とりわけ、Hans Kelsen, *Der Staat als Integration*, Wien 1930; Hans Klinghoffer, Smends Integrationstheorie, *Die Justiz* 7, 1930, S. 418 ff.; Sigmund Rohatyn, Die verfassungsrechtliche Integrationslehre, *Zeitschrift für öffentliches Recht* 9, 1929/30, S. 261 ff. 近年では、BaduraとRennert（注13）およびMols（注9）とならんでとりわけ、Richard Bartsperger, *Die Integrationslehre Rudolf Smends, Diss. Erlangen* 1964; Wolfram Bauer, *Wertrelativismus und Wertbestimmtheit im Kampf um die Weimarer Demokratie*, Berlin 1968, insb. S. 262 ff.; Jürgen Poeschel, *Anthropolotische Voraussetzung der Staatstheorie Rudolf Smends*, Berlin 1978; Stefan Korioth, *Integration und Bundesstaat*, Berlin 1990.

(26) 同旨に、Rennert（注13）, S. 62 ff.; Wendenburg（注14）, S. 137 ff.; これらに従うものに、März, a.a.O., S. 110 ff. および Geis, *Juristische Schulung* 1989, S. 91 ff. これらはもちろん、ヘラーを同じ文脈に置いている。この点についてはすぐに本文で後述。

(27) とりわけ法律概念について、*VVDStRL* 4, 1928, S. 98 ff. ヘラーと他の上述した学派の関係については、Dian Schefold, Hellers Ringen um den Verfassungsbegriff, in: Chr. Müller/Ilse Staff（Hrsg.）, *Der soziale Rechtsstaat*, Baden-Baden 1984, S. 555 ff.（564 ff.）〔シェーフォルト「ヘルマン・ヘラーの憲法概念」、広沢民生訳、ミュラー／シュタッフ編著『ワイマ

ール共和国の憲法状況と国家学』、安世舟・山口利男編訳、未來社、一九八九年、二一五頁以下（二二六頁）〕.

（28）限定つきで参照、Richard Thoma, *Handbuch des Deutschen Staatsrechts* Bd. 2, Tübingen 1932, S. 138 f.

（29）プロイスについては、上述注10を参照。Tatarin-TarnheydenとHerfahrdtについては参照、J. Meinck, *Weimarer Staatslehre und Nationalsozialismus*, Frankfurt 1978, S. 80 ff., 91 ff., 98 ff.

（30）Michael Stolleis, *Geschichte des öffentlichen Rechts in Deutschland*, München, Bd. I: 1600-1800; Bd. II, 1800-1914（注2）.

（31）Leibholzについて一般的に最近では、Manfred H. Wiegandt, *Norm und Wirklichkeit. Gerhard Leibholz*（*1901-1982*）, Baden-Baden 1995の詳細な研究。

（32）一般的に参照——完全さを求めておらず、折に触れて他の文献指示がなされている——Jürgen Meinck（注29）; Kurt Sontheimer（注13）; Udo Reifner（Hrsg.）, *Das Recht des Unrechtsstaates*, Frankfurt 1981; Ingo Müller, *Furchtbare Juristen*, München 1987. この点でとりわけ包括的なのは、Christian Graf von Krockow, *Die Entscheidung*, Stuttgart 1958〔フォン・クロコウ『決断』、高田珠樹訳、柏書房、一九九九年〕; Jürgen Fijalkowski, *Die Wende zum Führerstaat*, Köln 1957; Peter Schneider, *Ausnahmezustand und Norm*, Stuttgart 1957以来のシュミット Carl Schmittに関する文献。——私自身の立場に関しては、Dian Schefold, Kontinuitäten in der Staatsrechtswissenschaft des 20. Jahrhundert, in: *Justiz und Nationalsozialismus — kein Thema für deutsche Richter?*, Bergisch Gladbach 1984, S. 64 ff. を参照されたい。

（33）たとえば参照、Albrecht Götz von Qlenhusen, Zur Entwicklung völkischen Rechtsdenkens, in: *Die Freiheit des Anderen, Festschrift für Martin Hirsch*, Baden-baden, S. 77 ff.; Michael Stolleis, *Gemeinwohlformen im nationalsozialistischen Recht*, Berlin 1974; Kalus Anderbrügge, *Völkisches Rechtsdenken*, Berlin 1978.

（34）ライプホルツは、平等原則への立法者の拘束という仮定が上で主張されたように諸利害により導かれていることに気を悪くして、「われわれの政治的存在にとり自明の基礎としてヴァイマル憲法を肯定する人々」を、断固として擁護してはいたが。Vgl. Leibholz, Rezension von O. Mainzer, Gleichheit vor dem Gesetz, *Archiv des öffentlichen Rechts* 18, 1930, S.

254 ff.（259）; vgl. Heun（注12）, *Der Staat* 1989, S. 395 f.; Friedrich（注13）, *Archiv des öffentlichen Rechts*1977, S. 169 ff.

（35）これについては、Ernst Rudolf Huber, *Deutsche Verfassungsgeschichte seit 1789*, Bd. 6, Stuttgart 1981, S. 988; vgl. Wilhelm Kahl/ Friedrich Meinecke/ Gustav Radbruch, *Die deutschen Universitäten und der heutigen Staat*, 1926.

（36）Rudolf Smend, Die politische Gewalt im Verfassungsstaat und das Problem der Staatsform（注22）.

（37）Rudolf Smend, *Die Preußische Verfassungsrukunde im Vergleich mit der Belgischen*, Berlin 1904. また、君主制連邦国家における不文憲法 Ungeschriebenes Verfassungsrecht im monarchischen Bundesstaat に関するスメントの論文、*Festgabe Otto Mayer* 1916,（in: *Staatsrechtliche Abhandlungzen*（注22）, S. 39 ff.）も、この文脈で見ることができる。

（38）Erich Kaufmann, *Studien zur Staatslehre des monarchischen Prinzips*, Diss. Halle 1906, Teilabdruck in *Gesammelte Schriften*（注18）, Bd. 1, S. 1 ff., Bd. 3, S. 1 ff..

（39）Erich Kaufmann, *Das Wesen des Völkerrechts und clausla rebus sic stantibus*, 1911（Neudruck 1964）; ders., *Bismarcks Erbe in der Reichsverfassung*, Berlin 1917; Manfred Friedrich, Erich Kaufmann, in: H. Heinrichs u. a.（Hrsg.）, *Deutsches Juristen jüdischer Herkunft*, München 1993, S. 693（697）におけるスメントの問題設定との近さに関する示唆は、この点でも説得力があると思われる。

（40）Vgl. Gerhard Leibholz, *In memoriam Rudolf Smend*, Göttingen 1972, S. 18.

（41）Wiegandt（注31）, S. 26 f.; Christoph Strohm, *Theologische Ethik im Kampf gegen den Nationalsozialismus*, München 1989, S. 83.

（42）一九三二年に、*Gesammelte Schriften*, Bd. 3, S. 272 ff. に再録されている。

（43）一方で、Bauer, *Wertrelativismus*（注25）, S. 251 ff. の鋭い批判を参照。他方では、Friedrich（注39）, S. 701による評価を参照。すでにここに、Carl Schmitt, *Die geistesgeschichtliche Lage des modernen Parlamentarismus*, Berlin 1923（2. Aufl. 1926, 7. Aufl. 1991）〔シュミット「現代議会主義の精神史的状況」、樋口陽一訳、『カール・シュミット著作集』第一巻、長尾龍一編、慈学社、二〇〇七年、五三頁以下〕と似て、理念型に高められた理論と経験的調査との対比が確認されるのか、あるいはごく最近の改革諸構想のために展開されたのかという問題が設定されうる。

(44) Rudolf Smend, Verfassung und Verfassungsrecht, in: ders., *Staatsrechtliche Abhandlungen*（注22）, S. 175.

(45) Gerhard Leibholz, *Zu den Problemen des fascistischen Verfassungsrechts*, Berlin 1928. とりわけライプホルツの方法論的進め方に対して批判的な以下の書評を参照。Hans Klinghoffer, *Zeitschrift für die vergleichende Rechtswissenschaft* 44, 1929, S. 462 ff. また、Wiegandt（注31）, S. 22 ff. の論述も、スメントとの近さをまったく過小評価している（注71、S. 25）。

(46) Gerhard Leibholz, *Das Wesen der Repräsentation*, 1929（注23）; これについては参照、Carl Schmitt, *Verfassungslehre*, Berlin 1928（8. Aufl. 1993）, S. 205 ff.〔シュミット『憲法理論』、尾吹善人訳、一九七二年〕. 同書は、ライプホルツの当時未公刊の著作を参照している。S. 208.

(47) Leibholz, a.a.O., S. 18 f., 23.

(48) O. Mainzer, *Gleichheit vor dem Gesetz, Gerechtigkeit und Recht*, 1929. これについては参照、Leibholz, *AÖR* 18, 1930, S. 254 ff.（参照、上述注34）.

(49) Triepel, *Goldbilanzverordnung und Vorzugaktien, Rechtsgutachten*, Berlin 1924; vgl. Erich Kaufmann/ Hans Nawiasky, Die Gleichheit vor dem Gesetz, *VVDStRL* 3, 1926, S. 2 ff., mit Diskussionsbeitrag Kelsens, S. 54. ケルゼンは、完全にマインツァーの方向にある。その他の点では参照、März, a.a.O., S. 121 ff.

(50) 同旨に Kurt Sontheimer, a.a.O.（注13）; vgl. auch Anschütz, *Verfassung*（注15）, zu Art. 109. Anm. 3 V S. 528 f.

(51) 同旨にとりわけ、Sontheimer（注13）, Bauer（注25）, Meinck（注29）, S. 52 ff.（60f.）.

(52) 同旨にとりわけ、Friedrich（注13）, *Archiv des öffentlichen Rechts* 1977, S. 169 ff., Strohm（注41）, S. 54 ff., 83 ff.

(53) ライプホルツに関する判断については、現在、慎重な神学的議論に従っているが、それゆえ法律学的議論は中心にない、シュトロームの著作、ヴィーガントによる包括的伝記（注31）がある。だが後者は全体的発展を扱い、そのためここで問題となっている年は全体的文脈に置かれている。ライプホルツのファシズムとの論争に関する特殊研究は、

Susanne Benöhrの著作が待たれる。まず参照されるべきは、ヴィーガントの書評である。*Kritische Justiz*, 1966, S. 259 ff.

(54) *Deutsche Allgemeine Zeitung* 1933, Nr. 157, zit. nach Hirsch/ Mayer/ Meinck, *Recht, Verwaltung und Justiz in Nationalsozialismus*, Köln 1984, S. 116 ff.; Alexander Hollerbach, *Archiv des öffentlichen Rechts* 91, 1966m S. 417 ff. (427) の重要な解釈を参照。

(55) 同旨に、Smend, Heinrich Triepel (1966), in: *Staatsrechtliche Abhandlungen* (注22), S. 607.

(56) *Die Hegemonie*, 1938; なにより、基礎的で、一九四五年以降影響力のあった、権限委譲と委任 Delegation und Mandat に関する著作、一九四〇年は、しかしながら政治的な含意なしに解釈学的問題を扱っている。

(57) Berlin 1933, jetzt in: *Staatsrechtliche Abhandlungen*, a.a.O., S. 309 ff..

(58) ともかくすでに、アンシュッツによる、プロイセン憲法典に関する注釈（一九一二年）により、すでに先鞭がつけられ、フーゴー・プロイスの立場とは反対に（これについては Schefold in: *Deutsche Juristen jüdischer Herkunft*, a.a.O., m S. 449)、ヴァイマルの解釈学ではとくにニッパーダイにより編集されたライヒ憲法の基本権と基本義務に関する著作（3 Bde., 1929 ff.）で貫かれた、こうしたパラダイム転換が参照されたことは、Carl Schmitt, Inhalt und Bedeutung des zweiten Hauptteils der Reichsverfassung, in: Anschütz/ Thoma (Hrsg.), *Handbuch des Deutschen Staatsrechts*, Bd. 2, Tübingen 1932, S. 572 ff. の功績である。

(59) *Archiv des Öffentlichen Rechts* 23, 1933, S. 1 ff.; 前注で言及したシュミット論文との関連は明らかである。

(60) Huber, a.a.O., S. 97.

(61) Carl Schmitt, *Über die drei Arten des rechtswissenschaftlichen Denkens*, Berlin 1934, 2. Aufl. 1993〔シュミット「法学的思惟の三類型」、加藤新平・田中成明訳、『カール・シュミット著作集1』(注43)、三四五頁以下〕.

(62) これについては、Gerhard Leibholz, *In memoriam Rudolf Smend* (注40), S. 18 f.

(63) 参照、とりわけ、*Règles générales du Droit de la Paix*, Den Haag 1936, 抜粋は、*Gesammelte Schriften* (注18), Bd.

3, S. 320 ff.

(64) これについては、M. Friedrich, in: *Deutsche Juristen jüdischer Herkunft*（注39）, S. 701 f.

(65) これと以下については、Strohm（注41）, S. 57 ff.; Wiegandt（注31）, S. 31 ff., またそれに続いて、注53で言及した、Susanne Benöhrの著作。本稿は以下の指示の一部をこれに負っている。

(66) Leibholz, *Das Wesen der Repräsentation*（注23）, S. 98 ff., 117 ff.

(67) *VVDStRL*7, 1932, S. 159 ff., 後に Gerhard Leibholz, *Strukturprobleme der modernen Demokratie*, 3. Aufl. Karlsruhe 1967（Neudruck 1974）, S. 9 ff.〔ライプホルツ『現代民主主義の構造問題』、阿部照哉訳、一九七四年、木鐸社、三頁以下〕.

(68) München 1933. 同書序言は、一九三三年三月と記されている。

(69) Vgl. Leibholz, Zur Theorie des Faschismus. Rezension von Panunzio, allgemeine theorie des fascistischen Staates, 1934, in: *Archiv für Rechts- und Wirtschaftsphilosophie* 28, 1934/35, S. 570 ff.; ders., Besprechung von Lo Verde, Die Lehre vom Staat des neuen Italien, 1934, *Niemeyers Zeitschrift für int. Recht* 50, 1935, S. 166 ff.; ders., Besprechung von Ferri, Sui caratteri giuridiei del regime totalitario, 1937, *Revue générale de la théorie du droit* 12, 1938, S. 84 f.; ders., Il secolo XIX e lo stato totalitario del presente, *Rivista internazionale di filosofia del dritto* 18, 1928, S. 1 ff.; ders., Besprechung von Treves, Il fondamento filosofico della dottrina pura del dritto di Hans Kelsen *Archiv für Rechts- und Wirtschaftsphilosophie* 29, 1935/36, S. 532.

(70) 同旨はとりわけ、Constantino Mortati, *La constituzione in senso materiale*, Milano 1940; これについては、Dian Schefold, Mortati e la „dottrina“ tedesca, in: E. Lanchester（Hrsg.）, *Constantino Mortati. Constituzionalista calabrese*, Napoli 1989, S. 111 ff.（116 ff.）.

(71) 同旨は、Ilse Staff, Constantino Mortati: Verfassung im materiellen Sinn, *Quaderni Florentini* 23, 1994, S. 265 ff.（345 ff.）の傾向だが、ここでは確かに政治的諸理由から迫害されたユダヤ系のドイツ法律家たち（ヘラー、ケルゼン、ノイ

マン、キルヒハイマー、フレンケル）に言及されているものの——ライプホルツには触れられていない。

(72) このようにモルターティが一九四七年憲法に及ぼした影響については、注70で引用された論文集に、とくにA. Corasaniti（S. 35 ff.）, D. Schefold（S. 111 ff.）, F. Bruno（S. 135 ff.）の論文がある。さらに、M. Galizia/ P. Grossi（Hrsg.）, Il pensiero giuridico di Constantino Morati, *Quaderni Fiorentini* 33, 1990, とくに、G. Amato（S. 231 ff.）, U. De Siervo（S. 301 ff.）. の論文。

(73) これにつき詳細は、Strohm（注41）, passim.

(74) Vgl. Wiegandt（注31）, S. 41 ff.; Leibholz, *Politics and Law*, Kezden 1965; Eberhard Betlige/ Ronald C. D. Jaspre（Hrsg.）, *An der Schwelle zum gespaltenen Europa. Der Briefwechsel zwischen George Bell und Gerhard Leibholz 1939-1951*, Stuttgart 1974.

(75) 書籍版は、はっきりした形では、出版されていない。

(76) Herberd Krüger, *Führer und Führung*, Breslau 1935; ders., *Die Geistigen Grundlagen des Staates*, Stuttgart 1940, 2. Aufl. 1944; ders., *Vertrauen als seelische Grundlage der Volksgemeinschaft*, Heidelberg 1940; ders., *Einheit und Freiheit*, Hamburg 1944. 統合理論のこうした便宜的利用については参照、Wolfgang Kohl/ Michael Stolleis, Im Bauch des Leviathan, *Neue Juristische Wochenschrift* 1988, S. 2849（2852 mit Fusn. 38）.

(77) 参照とりわけ、*Gesetz und Einzelanordnung, Festschrift für Rudolf Hübner*, Jena 1935（Neudruck 1981）, S. 190 ff.; Die nationale Revolution, *Archiv des öffentlichen Rechts* 24, 1934, S. 166 ff., 251 ff.

(78) Helge Pross, in: *Universitätstage 1966, Veröffentlichungen der Freien Universität Berlin*, Berlin 1966, S. 143. 今日の研究状況については、Wolfgang Benz, Von der Entrechnung zur Verfolgung und Vernichtung., in: *Deutsche Juristen judischer Herkunft*（注10）, S. 813 ff.,; Horst Goppinger, *Juristen jüdischer Abstammun im „Dritten Reich"*, 2. Aufl. Tübingen 1990; Rudolf Scottlaender, *Verfolge Berliner Wissenschaft,* Berlin 1988; Ernst C. Stiefel/ Frank Mecklenburg, *Deutsche Juristen im amerikanischen Exil*, 1990.

（79）この点ヘラーに関して、Christoph Müller, Hermann Heller: Leben, Werk, Wirkungen, in: *Hermann Heller, Gesammelte Schriften*, Bd. 3, 2. Aufl., Tübingen 1992, S. 429 ff.; Ilse Staff, Zur Rezeption Hellers in der Bundesrepublik Deutschland, *Zeitschrift für Rechtspolitik* 1993, S. 337の批判を参照。しかし、その論証は専ら一九五三年以降——国法学者大会の社会的法治国家論争——に限られている。ケルゼンの影響はオーストリアと、またスイスに対して（これについてはWerner Kundert, Kontinuitäten und Diskontinuitäten inm schweizer Staatsrecht, in: Karl Acham/ Wolfgang Nörr/ Bertram Schefold（Hrsg.）, *Erkenntnisgewinne, Erkenntnisverluste*, S. 481 ff.）、ドイツによりもはるかに強い。Vgl. *Der Einfluß der Reinen Rechtslehre auf die Rechtstheorie in verschiedenen Ländern*, 2 Bde., Wien 1978/8（Schriftenreihe des Hans Kelsen-Instituts Bd. 2/3）.

（80）何よりも参照、BverGE 3, 58（143 f.）; Justus Fürstenau, *Entnazifizierung*, Neuwied 1969.

（81）一九四五年以降の扱いについては、たとえば参照、Bernd Rüthers, *Carl Schmitt im Dritten Reich*, 2. Aufl. München 1990.

（82）これについては、Wolfgang Buss, in: Becker/ Dahms/ Wegeler, *Die Universität Göttingen unter dem Nationalsozialismus*, München 1987, S. 455; Wiegandt（注31）, S. 61 ff.; これについては、Ingo Müller, *Fruchtbare Juristen*（注39）, S. 238で報告されている、帰還者の低い比率数（一七％）を参照。

（83）これについては、*In memoriam Rudolf Smend*, Gedenkfeier am 17. 1. 1976が、ゲルハルト・ライプホルツによる追悼講演とゴットシャルク Gerhard Gottschalk およびピアソン André Pirson の悼辞が含まれている（注40を参照）。

（84）正教授から実務に再度転身した時点での彼の評価については、Rudolf Smend, Zu Erich Kaufmanns wissenschaftlichen Werk, *Um Recht und Gerechtigkeit, Festgabe Erich Kaufmann*, Stuttgart 1950, S. 391 ff.; その後の時期については、Karl Josef Partsch, *Zeitschrift für ausländisches öffentliches Recht und Völkerrecht* 30, 1970, S. 223 ff.; 一般的には、Manfred Friedrich, *Erich Kaufmann*（注39）, S. 693 ff.

（85）経歴については一般的には参照、Wiegandt（注31）; 一九四五年以降の時期については、S. 59 ff.

（86）Vgl. Joseph Listl（Hrsg.）, *Ulrich Scheuner zum Gedächtnis*, Bonn 1981; Joseph H. Kaiser, Einige Umrisse deutschen Staatsdenkens seit Weimar, Ulrich Scheuner zum Gedenken, *Archiv des öffentlichen Rechts* 108, 1983, S. 5 ff., ならびに、Horst Ehmke u.a.（Hrsg.）, *Festschrift für Ulrich Scheuner zum 70. Geburtstag*, Berlin 1973.

（87）Vgl. Ingo von Münch u.a., *Finis Germaniae, Symposium aus Anlaß des 70. Geburtstags Herbert Krügers*, Frankfurt 1977; Thomas Oppermann, Herbert Krüger zum 70. Geburtstag, *Archiv des öffentlichen Rechts* 100, 1975, S. 624.

（88）Karl August Eckhardtについては参照、Hermann Nehlsenの追悼文, *Savigny-Zeitschrift für Rechtsgeschichte, Germanistische Abteilung*104, 1987, S. 497 ff.（521, 525m 532 f.）. Reinhard Höhnについては参照、Klaus Hornung, *Der Jungdeutsche Orden*, Düsseldorf 1958; また両者については、Rüthers（注81）, S. 125 ff.

（89）シュミット七〇歳祝賀論文集 Berlin 1959（2. Aufl. 1989）および八〇歳祝賀論文集（*Epirrhosis*, 2 Bde, Berlin 1968）を参照。さらにとりわけ、H. Quaritsch（Hrsg.）, *Complexio Oppositorum, Über Carl Schmitt*, Berlin 1988およびこれについて、Dian Schefold, Carl Schmitt als Klassiker, *Ius Commune*18, 1991, S. 297ff. 個々の点については、本論文におかれたテーマの制限（上述1 a.E.）の枠内では立ち入ることはできないので、避けることにする。

（90）これについては上述IIを参照。

（91）カウフマンのニコラスゼー・セミナーについては、Smend, Zu Erich Kaufmann（注84）, S. 391（397:「ドイツ抵抗の歴史に欠かすことのできない一章」）. M. Friedrich, Erich Kaufmann（注39）, S. 693（701 Anm. 14）は、一九六〇年の未公刊の追悼論集に言及している。ライプホルツについて現在は、Wiegandt（注14）, S. 50 ff.; Sabine Leibholz-Bonhoeffer, *Vergangen, erlebt, überwunden*, Gütersloh 1976, 7. Aufl. 1993;『現代民主主義の構造問題』での献辞も参照。*Strukturprobleme der modernen Demokratie*, 3. Aufl. 1967（Neudruck）〔クラウスらナチスに抵抗し命を落としたボンヘッファー家の人々に捧げられている。初版（訳）（注67）にはない。なおザビーネ・ライプホルツ＝ボンヘッファー、ゲルハルト・ライプホルツ『ボンヘッファー家の運命』、初宿正典訳、新教出版社、一九八五年を参照〕.

（92）現在では、Smend, *Staatsrechtliche Abhandlungen*（注22）, S. 363 ff.

(93) 対応する論証としてたとえば参照、Max Imboden, *Die Staatsformen*, Basel 1959, insb. S. 10, 48; Herbert Krüger, *Allgemeine Staatslehre*, Stuttgart 1964/66, S. 153 ff.

(94) Smend, Integrationslehre, in: *Handwörterbuch der Sozialwissenschaften*, Bd, 5, 1956, S. 299 ff., jetzt in: *Staatsrechtliche Abhandlungen*, S. 475 ff.; Bauer（注25）, S. 345 Fn. 24; Korioth（注25）, S. 240 ff.

(95) Rudolf Smend, Integration, in: *Evangelisches Staatslexikon*, Stuttgart, 1. Aufl. 1966, Sp. 803. = 3. Aufl. 1987 Sp. 1354 ff. = *Staatsrechtliche Abhandlungen*, S. 482 ff.

(96) たとえばゲッティンゲン大学新聞で全キリスト教徒に捧げられた諸論文のうちいくつか。*Göttinger Universitäts-Zeitung* 2, 1946/47, Nr. 2, S. 2 ff.; 3, 1948, Nr. 20, S. 6 ff. und Nr. 21, S. 4 f.; *Festgabe Dibelius*, Güterloh 1950, S. 179 ff.（vgl. *Rechtsprobleme in Staat und Kirche, Festschrift für Rudolf Smend*, Göttingen 1952, S. 447）.

(97) Staat und Kirche nach dem Bonner Grundgesetz, *Zeitschrift für evangelisches Kirchenrecht* 1 1951, S. 4, 11 auch in: *Staatsrechtliche Abhandlungen*, S. 411 ff.

(98) BverGE 6, 309（343）における示唆にしたがい、たとえば、Helmut Quaritsch, Kirchen und Staat, *Der Staat* 1, 1962, S. 175 ff., 289 ff.

(99) 基本法第三一条の成立史については、その点で参照、v. Doemming/ Füsselin/ Matz, Entstehungsgeschichte der Artikel des Grundgesetz, *Jahrbuch des Öffentlichen Rechts*（*JÖR*）, Neue Folge, Bd. 1, 1951, S. 66.

(100) *JÖR*, a.a.O., Bd. 1, S. 81 ff. に再録。

(101) 基本法第三一条、その意義はまさに方針論争の影響にとり決定的な問い、つまり公務員関係の存続に関する問いにつき、一九四五年八月五日をこえて明らかになった。一方で参照、BverfGE 3, 58 ff., 他方で、*BGHZ* 13, 265（271 ff.）およびこれにつき、Klaus Rennert, in: Umbach/ Clemens（Hrsg.）, *Bundesverfassungsgerichtsgesetz, Mitarbeiterkommentar*, Heidelberg 1992, zu §31 Rdnr.. 51 ff. mit Fußn. 63.

(102) Erich Kaufmann/ Martin Drath, Die Grenzen der Verfassungsgerichtsbarkeit, *VVDStRL* 9, 1952, S. 1 ff.

(103) 二〇年代の対立にもかかわらず、ヘラーとケルゼンに類似性がある点については、Christph Müller, in: Ders. / Ilse Staff (Hrsg.), *Der soziale Rechtsstaat, Gedächtnisschrift für Hermann Heller*, Baden-Baden 1984, S. 693 ff.〔ミュラー「ヘルマン・ヘラーとハンス・ケルゼン間の論争についての批判的論評」、兼子義人訳、『ワイマール共和国の憲法状況と国家学』(注27)、三〇〇頁以下〕(本論で関心を引く問題については、とくに S. 716, Fußn. 63, 三四九頁、注63).

(104) これについては、Umbach/ Böttcher, in: BverfGG (注101), zu §14 Rdnr. 3 (もっとも、同所では共産党禁止決定〔判決?〕、BverfGE 5, 85, が誤って、第一部ではなく第二部のものとされている).

(105) すでに上述注23で引用した著作のほかに、以下のものを特に参照、*Politics and Law*, Leyden 1965; *Strukturprobleme der modernen Demokratie*, 3. Aufl. Karlsruhe 1967 (Neuausgabe 1974); *Verfassungsstaat — Verfasungsrecht*, Stuttgart 1973. 完全な著作目録は、Fritz Schneider, *Bibliographie Gerhard Leibholz*, 2. Aufl. Tübingen 1981に示されている。

(106) すでにヴァイマルの論争に関してあげた著作と、とりわけ Wiegandt (注3) のほかに、特に Christoph Link, *Neue Deutsche Biographie,* Bd. 14, 1984, S. 117-119による伝記を参照。啓発的なのは、大きな記念論集、*Die moderne Demokratie und ihr Recht*, 2 Bde, Tübingen 1966, そしてこれについて、Walter Euchner, Die Staatslehre von Gerhard Leibholz im Spiegel der Leibholz-Festschrift, *Neue Politische Literatur* 15, 1970, S. 320 ff.

(107) BverGE 1, 14 (32 ff.).

(108) BverfGE1, 52.

(109) 上述注23と49、および詳細には、März (注1), S. 112, 121 ff. を参照。

(110) これに固執するのは、Anschütz, *Die Verfassung des Deutschen Reichs* (注15), ヴァイマル憲法第一〇九条に関しては、Anm. 2 II S. 525 f.

(111) 参照、上述注99。

(112) 最近の傾向については、Roman Herzog, in: Maunz/ Dürig, *Grundgesetz*, 第三条については、Anhang (1994), insb.

Rdnr. 3, 69.

(113) BverGE 1, 208 (221 f., 223 ff.).

(114) BverGE 2, 143 (151 f.) は、リヒャルト・トーマとかつてのヴァイマルの論争を引き合いに出している。

(115) BverGE 1, 223.

(116) Vgl. auch BverGE 1, 252 ff.――実務的には選挙法と政党法の立法綱領である。

(117) BverGE 4, 27 ff.

(118) BverfGE 1, 208 (241 f.).

(119) *VVDStRL* 7, 1932, S. 159 f., s. o. Anm. 67.

(120) BverGE 7, 198, この文脈ではとくに、Ernst-Wolfgang Böckenförde, Grundrechte als Grundsatznormen, *Der Staat* 1990, S. (3.)――明示的にリッターシュパッハ Theodor Ritterspach 連邦憲法裁判事、リュート判決の報告裁判官に献呈され、そしてその所見を生かした論文。

(121) 当時の意見の状態について参照、von Mangold/ Klein, *Das Bonner Grundgesetz*, 2. Aufl. Bd. 1, Berlin (erschienen ab 1955), Neudruck, zu Abschn, 1. Die Grundrechte, Anm. A VI 4 S. 87 ff., B VIII S. 103 ff.; 基礎となったのは、Helmut Goerlich, *Wertordnung und Grundgesetz*, 1973; 包括的な立証は今では、Klaus Stern, *Das Staatsrecht der Bundesrepublik Deutschland*, Bd. III 1, München 1988, 65, S. 473 ff.

(122) このように明言しているのは、Karl August Bettermann, Die allgemeinen Gesetze als Schranken der Pressfreiheit, *Juristenzeitung* 1964, S. 601 ff.

(123) BverfGE 1, 299 (315) は、Rudolf Smend, Ungeschriebenes Verfassungsrecht im monarchischen Bundesstaat, *Festgabe Otto Meyer*, 1916, S. 247 ff., jetzt in: *Staatsrechtliche Abhandlungen*, S. 39 ff (注22、37) を引き合いに出している。

(124) BverfGE 1, 119 (131). これについて最近では参照、BverfGE 72, 330. 同判決は S. 396, 402で明示的に連邦への忠誠に言及している。だが一般的に「相互の責任の原理」と言われている。LS 2および S. 386f., 396 ff., 419. 類似のものに、

BverfGE 86, 148（211 f., 214f., 217, 263 ff.）.

(125) これにつき詳細は、Korioth（注25）, S. 187 ff.（225）.

(126) 特に参照、BverGE 6, 309（361）, 8, 122（138）; 12 205（254 ff.）および Korioth, a.a.O., S.258 ff. による詳細な判決の分析。

(127) とくに、Konrad Hesse, *Der unitarische Bundesstaat*, Tübingen 1962, S. 7 ff.; ders., *Grundzüge des Verfassungsrechts*, 19. Aufl. 1993, Rdnr. 268 ff.〔ヘッセ『西ドイツ憲法綱要』、阿部照哉他訳、日本評論社、一九八三年、第一三版訳〕.

(128) Dian Schefold, Der Bundesrat als konordanzpolitisches Stabilisierungsinstrument, in: G. Stuby（Hrsg.）, *Föderalismus und Demokratie*, Baden-Baden 1992, S. 101 ff.

(129) これについては、師にあたるスメントに忠実に従っている（本文直後を参照）。Horst Ehmke, *VVDStRL* 20, 1963, S. 53（実質的には同様に見解に隔たりのない、Peter Schneider報告に対する共同報告である）.

(130) 上述五末尾。参照、BverfGE 19, 206（218 ff.）. 同判決は、基本法の文脈からヴァイマル憲法の教会条項の解釈に関するスメントのテーゼに依拠している——もっともスメントは引用されていない。また参照、Axel Frhe. V. Campenhausen, Der heutige Verfassungsstaat und die Religion, in: *Handbuch des Staatskirchenrechts*, hrsg. Von J. Lilstl/ D. Pirson, Bd. 1, 2. Aufl. Berlin 1994, S. 47（55 f.）.

(131) この論争、とくにライプホルツの筆になる連邦憲法裁判所の覚書は、*Jahrbuch des öffentlichen Rechts* Bd. 6, 1957, S. 109 ff.; また参照、Leibholz, Der Status des Bundesverfassungsgerichts, in: *Das Bundesverfassungsgericht 1957-1971*, Karlsruhe 1971, S. 31 ff. これについては、Korioth（注25）, S. 273 ff.; Bötcher/ Umbach, in: Umbach/ Clemens, *Bundesverfassungsgerichtsgesetz*（注101）, zu §1, insb. Renr. 10 mit Fußn. 9.

(132) Rudolf Smend, Festvortrag zur Feier des zehnjährigen Bestehens des Bundesverfassungsgerichts am 26. Hanuar 1962, in: *Das Bundesverfassungsgericht 1951-1971*, Karlsruhe 1971, S. 15 ff., auch in: *Staatsrechtliche Abhandlungen*（注22）, S.

581 ff.

(133) 印象的なのはたとえば、Jürgen Poeschel, *Anthropologische Voraussetzungen der Staatstheorie Rudolf Smends*, Berlin 1978（注25）. 序言、S. 7 ff. に直接的言明もある。Alexander v. Brünneck, Einleitung, in: Henning Zwirner, Rudolf Smend, *Die Öffentliche Verwaltung,* 1976, S. 48; Axel Frhr. V. Campenhausen, Zum Tode von Rudolf Smend, *Juristenzeitung* 1975, S. 621 ff.（625）; Konrad Hesse, Rudolf Smend zum 80. Geburtstag, *Archiv des Öffentlichen Rechts* 87, 1962, S. 110 ff.

(134) *Rechtsprobleme in Staat und Kirche, Festschrift für Rudolf Smend zum 70. Geburtstag*, Göttingen 1952; *Staatsverfassung und Kirchenordnung, Festgabe für Rudolf Smend zum 80. Geburtstag*, hrsg. Konrad Hesse/ Siegfried Reicke/ Ulrich Scheuner, Tübingen 1962.

(135) 特に明らかなのは以下の論文。Ulrich Scheuner, Das Wesen des Staates und der Begriff des Politischen in der neueren Staatslehre, in: *Staatsverfassung und Kirchenordnung*, a.a.O., S. 225 ff. これに関してスメントはほぼ一〇年後に、*Die Vereinigung der Deutschen Staatsrechtslehrer und der Richtungsstreit, Festschrift für Ulrich Scheuner zum 70. Geburtstag*, S. 575（insb. S. 588 f.）の論文で返礼している。また同巻 S. 11 ff. に、ホルスト・エームケ Horst Ehmke の祝賀講演もある。ショイナーについてはまた以下のものを参照、Klaus Schlaich, Ulrich Scheuner, *Neue Juristischen Wochenschrift* 1981, S. 1427 f. m. Nachw.

(136) Herbert Krüger, *Allgemeine Staatslehre*, Stuttgart 1964, 2. Aufl. 1966; 参照、Ernst Forsthoff, *Die Öffentliche Verwaltung* 1964, S. 645; Otto Koellreutter, *Deutsches Verwaltungsblatt* 1964, S. 776 の好意的書評および、Erwin Stein, *Neue Juristischen Wochenschrift* 1964, S. 2384 ff. の鋭い批判。区別の試みは、Peter Badura, Die Tugend des Bürgers und der Gehorsam des Untertanen, *Juristenzeitung* 1966, S. 123 ff., Dian Schefold, Eine neue Staatslehre, *Zeitschrift für Schweizerisches Recht* NF 84, 1965 I, S. 263 ff.（vgl. auch 86, 1967 I, S. 92 ff.）.

(137) 要約的には参照、Axel Frhr. V. Campenhausen, Der heutige Verfassungsstaat und die Religion, in: *Handbuch des*

Staatskirchenrechts（注130）, S. 47 ff.; また、スメント学派に距離を置いているが、それを組み込む見方から、Peter Badura, *Das Staatskirchenrecht als Gegenstand des Verfassungsrechts*, a.a.O., S. 211 ff.

(138) たとえば、Helmut Plessner, Die Legende von den zwanziger Jahren, in: *Staatsverfassung und Kirchenordnung*（注134）, S. 209ff.

(139) Otto Kirchheimer, Die Justiz in der Politik, in: *Staatsverfassung und Kirchenordnung*, a.a.O., S. 97 ff.

(140) なかでも参照、Wilhelm Hennis, *Die mißverstandene Demokratie*, Freiburg 1973; ders., *Politik und praktische Philosophie*, Neuwied 1963. ともかく注意を引くのは、Manfred Heinrich Mols, *Allgemeine Staatslehre oder politische Theorie?*, Berlin 1969（zit. Anm. 9）が、統合理論をフライブルクの政治学的視点から描き、考察しているのに、ヘニス Hennisにごく周辺的にしか言及していないことである。

(141) 上述五および注94と95。

(142) Wilhelm Hennis, *Verfassung und Verfassungswirklichkeit — Ein deutsches Problem*, Tübingen 1968, auch in: ders., *Die mißverstandene Demokratie*, S. 53 ff.

(143) *Der Staat* 9, 1970, S. 533 ff. の書評。

(144) これについては――国家教会法に関する諸著作と並び、便覧 „Der Grundrechte“（Bd. 2, Berlin 1954）のショイナーによる共同編集の後には――ヘーベルレの学位論文、Peter Häberle, *Die Wesensgehaltsgrantie des Art. 19 Abs. 2 GG*,, zuerst Diss Freiburg 1961（3. Aufl 1983）が思い出される。

(145) もちろん注意されるべきは、ここにスメント学派の構成員も数えられる点である。Vgl. Hennis, *Verfassung und Verfassungswirklichkeit*（注142）, Fußn. 2（insb. Bäumlin, Hesse, Krüer, Leibholz）. 部分的には一九六二年のスメント祝賀論文（注134）にも反映されている、典型的な著作に関する以下のリスト作りは、もちろん完全ではありえず、それを意図していないし、それゆえ主観的たらざるをえない。

(146) *Staat, Recht und Geschichte*, Zürich 1961.

(147) *VVDStRL* 20, 1963, S. 53 ff.（参照、注129）; *Grenzen der Verfassungsanderung*, Berlin 1953; *Wirtschaft und Verfassung*, Karlsruhe 1961; 次の論文集も参照、*Beiträge zur Verfassungstheorie und Verfassungspolitik*, Königstein 1981.

(148) とりわけ、*Die normative Kraft der Verfassung*, Tübingen 1959, 現在では他の関連する著作とともに、*Ausgewählte Schriften*, Heidelberg 1984（参照、注127）.

(149) *Politische Treupflicht des Beamten*（注133）, 同書 S. 323 f., 文献目録と S. 315 ff. のシュナイダー Hans-Peter Schneider の追悼講演。これはツヴィルナー〔Henning〕Zwirner のスメント（およびライプホルツ）との関係、それとともに本文で言及した、スメント学派の一部の発展を具体的に描いている。

(150) *Grundzüge des Verfassungsrechts der Bundesrepublik Deutschland*, 19. Aufl. Heidelberg 1993（注127）.

(151) Peter Oertzen, *Die soziale Funktion des staatsrechtlichen Positivismus*, Frankfurt 1974（ゲッティンゲン大学学位論文としては、一九五三年。その他の点でも本稿の問題設定にとり重要な、シュテルツェル Dieter Sterzel による後記、S. 353 ff. 参照）, ders., Die Bedeutung C. F. von Gerbers für die deutsche Staatsrechtslehre, in: *Staatsverfassung und Kirchenordnung*（注134）, S. 183 ff.

(152) Werner Weber, *Spannungen und Kräfte im westdeutschen Verfassungssystem*, Stuttgart 1951, 3. Aufl. 1970.

(153) BverGE 2, 226 I, S. 4 und S. 282 ff. 以来である。初期の実務については参照、Volker Haak, *Normenkontrolle und verfassungskonforme Gesetzgebung des Richters*, Bonn 1963; Joachim Burmeister, *Die Verfassungsorientierung der Gesetzesauslegung*, Berlin 1966（第三者効と「垂直的規範浸透」の結合が強調される）; Hans Paul Prümm, *Verfassung und Methodik*, Berlin 1977 における体系化の試み。今日の実務については、Harald Klein, in: Umbach/ Clens, BverfGG（注101）, zu §80 Rdnr. 31 ff. 最近の論争が指示されている。

(154) たとえば、Karl August Bettermann, Rechtsgleichheit und Ermessensfreiheit, *Der Staat* 1, 1962, S. 79 ff.

(155) 参照、注101、とくに *BGHZ* 13, 265 の民事部大法廷の決定。これは BverGE 3, 58 と直接対立している。BverGE 6, 222

（230 ff.）は、法案を不適切と宣言している。問題状況について、Michael Kirn, *Verfassungsumsturz oder Rechtskontinuität?*, Berlin 1972.

(156) BverGE 20 162（174 ff.）. ここでは、確かに「報道の公的任務」は確認されたが、介入措置の審査と、それとともに同法廷における不合意の公開は、可否同数に行き着いた。これには、仮命令の発布により否定された判決が先行していた（BverfGE 15, 77 ff., vgl. auch S. 223 ff. und BverfGE 12 113 ff.）。

(157) Karl August Bettermann, Die allgemeinen Gesetze als Schranken der Pressfreiheit, *Juristenzeitung* 1964 S. 601 ff.（仮命令に関する決定の後に、しかし終局判決以前に執筆された）. ショイナー Ulrich Scheuner とシュヌール Roman Schnur の報告による、報道の自由の論争（一九六三年）も参照、*VVDStRL* 22, 1965, S. 1 ff.

(158) BverGE 20, 1 ff., 9 ff., 26 ff.

(159) BverGE 20, 56 ff.

(160) この文脈に関して参照、Dian Schefold, Rechtsvergleichende Auswertung, in: D. Th. Tsatsos（Hrsg.）, *Parteienfinanzierung im europäischen Vergleich*, Baden-Baden 1992, S. 481（496 ff.）m. Nachw.

(161) 否定の諸決定については、Werner Sarstedt, *Juristenzeitung* 1966, S. 314 ff. および Henning Zwirner（vgl. ders., *Politische Treupflicht*, 注133に引用, S. 323 sub 2）の未公刊の論評、本案における判決の批判として、Henning Zwirner, Die Rechtsprechung des Bundesverfassungsgerichts zur Parteifinanzierung, *Archiv des öffentlichen Rechts* 93, 1968, S. 81ff.

(162) Ernst Forsthoff, Die Umbildung des Verfassungsgesetzes, in: *Festschrift für Carl Schmitt*, Berlin 1959, S. 35 ff., auch in: Forsthoff, *Rechtsstaat im Wandel*, Stuttgart 1964, S. 147 ff.（2. Aufl. München 1976, S. 130 ff.）.

(163) このようにすでに社会的法治国家の概念と本質に関する論争に面して、バホフ Otto Bachof（とアーベントロート Wolfgang Abendroth）は主張し、フォルストホフ流の法治国家の定式化に対立した。*VVDStRL* 12, 1954, S. 1 ff.

(164) Alexander Hollerbach, Auflösung der rechtsstaatlichen Verfassung?, *Archiv des öffentlichen Rechts* 85, 1960, S. 241 ff.;

vgl. auch Peter Lerche, Stil, Methode, Ansicht, *Deutsches Verwaltungsblatt* 1961, S. 690 ff.; 両論文（とフォルストホフの導入論文）は以下にも掲載されている。Dreier/ Schwegmann（Hrsg.）, *Probleme der Verfassungsinterpretation*, Baden-Baden 1976, S. 51 ff., 80 ff., 110 ff. フォルストホフ流の立場の防禦に関しては、カウフマンの鋭い論評もある。Kaufmann, *Deutsche Rundschau* 1958, S. 1013 ff., auch in: *Gesammelte Schriften*（注18）, Bd. 3, S. 375 ff.

(165) これについては、Drerier/ Schwegmann, a.a.O. で言及されたものの他、とくに Friedrich Müller, *Juristische Methodik*, 1. Aufl. Berlin 1971, 6. Aufl. 1995. これ以降の展開はここではもはや示せない。

(166) これについては上述Ⅶ。

(167) たとえばとくに、Wolfram Bauer（注25）, insb. S. 348; Smend, Die Vereinigung der Deutschen Staatsrechtslehrer und der Richtungsstreit, *Festschrift Scheuner*, Berlin 1973, S. 575（579 Anm. 17）の軽蔑的なコメントを参照。これは Manfred Friedrich, Die Grundlagendiskussion in der Weimarer Staatsrechtslehre, *Politische Vierteljahresschrift* 13, 1972, S. 582（591 ff.）を引き合いに出している。

(168) このようにいうのは、Manfred Heinrich Mols, *Allgemeine Staatslehre oder Politische Theorie?*, Berlin 1969（参照、注9）.

(169) これについては、Chr. Müller/ Ilse Staff, *Der soziale Rechtsstaat. Gedächtnisschrift für Hermann Heller*, Baden-Baden 1984〔注27、『ワイマール共和国の憲法状況と国家学』〕の諸論考。とりわけ、Eike Hennig, S. 273（277 ff.）; Jürgen Meinck, S. 621（649）; Dian Schefold, S. 555（568 f.）〔「ヘルマン・ヘラーの憲法概念」、二一五頁（二三二頁以下）〕; ders., Notiyen vom Hermann-Heller-Symposion in Berlin, *Kritische Justiz* 1984, S. 95（98）をも参照。さらに Wilfred Fiedler, Materieller Rechtsstaat und soziale Homogenität, *Juristenzeitung* 1984, S. 201（insb. 203, 207 f., 210）.

第5章　基本権解釈から憲法理論へ

一　考察の中心

1　連続性と変遷

基本法は五〇年以上にわたって通用してきたが、そうした時期をむかえると、ドイツ連邦共和国の憲法史を問題としてとらえ、その叙述を課題と受けとめるのも当然になる。帝国憲法史についてと類似して、[1]そして短命だったヴァイマル共和国に関してよりもはるかに多く、[2]連邦共和国については確かに長い恒常的な憲法の発展を論ずることができる。[3]だがこの発展は憲法の変遷でもある。それゆえ、最近の叙述では憲法の変遷を跡づける試みが増えており、直近の憲法史は独立した研究テーマに格上げされているが、それも偶然ではない。たとえばハッソー・ホフマンの叙述はその限りで道筋を示すものである。[4]近年ではそこから広く扱われる研究テーマも現れている。[5]まさにごく最近公になった基本権便覧はこれを自らの課題としようと努めている。[6]

そこで一つの問題は、もちろんいつも時代区分である。政治的には何より、連邦宰相各々の人物とそれを支える議会多数派により構成区分するやり方が当たり前だし、さらに何より再統一により明確な線引きが考えられうるが、憲法史に特有の考察にとってはこれらとはまったく別の転換期が考慮される。この場合には、たとえば基本法の成立史に決定的な意義が割り当てられよう(7)。個々の重大な憲法改正や(8)、あるいは国際的システムへの連邦共和国の組み込みに重点が置かれる場合もあれば(9)、憲法判例によるドイツ憲法秩序の発展をさらに諸段階に細分化しようと試みられてもいる(10)。これらの時代区分のどれも絶対的ではなく、そしてそれぞれが特定の問題設定に関してのみ意味を持っている。

この枠の中では、基本権解釈が六〇年代半ばと八〇年代半ばの間に決定的な衝撃を被り、また与えたのではないか、それはどのようになされたかを問いたい——つまり本稿の基礎にある時代区分は基本権解釈の問題圏にとってもどの点が有益で具体化されうるか、である。

2　はじまり

連邦共和国の政治史については一九六五年が、アデナウアー内閣の終焉（一九六三年）と、すでに目に見えてはいたが、はじめて徐々に輪郭をはっきりさせてきたかなり大きな外的変化との間を印している。政局では一九六六年に統治危機と大連立が、一九六九年には転換‐選挙があり社会‐自由主義連立が成立した(11)。実質的諸問題としては、その際——諸問題を暗示する経済発展に加えて経済安定法によるそれへの反応、およびベトナム戦争と並んで——一方で非常事態憲法をめぐる議論の先鋭化と、他方でそれと対をなす学生運動の始まりも指摘できる(12)。その際一九六五年は第五連邦議会の選挙年として、区分するのにもっともな年である。

だが、それは基本権解釈の発展に反映されているだろうか？　この点では解釈学と判例における大きな転轍は、より以前に位置づけなければならないだろう。[13] 平等原則、[14] また男女平等、[15] 人格の自由な展開、[16] 意見表明の自由、[17] 職業選択の自由などに関する判決は、[18] すでに一九六〇年以前に下され、それ以来実務を規定しており、実務では、ときおりそこで文字通りの分裂が生じたにせよ、今日までその仕上げが施されてきたにすぎない。

具体的には、一九六五年の連邦憲法裁判所判例の掲載は判例集第一八巻にはじまる。それはわけても、欧州経済共同体市場規則の施行にさいして発せられた立法（牛乳および脂肪法、基本法第二条Ｉ〔自らの人格の自由な発展を求める権利〕、第三条Ｉ〔法の下の平等〕）への合意可能性に関する判決、[19] 東西両ドイツ間貿易の規律に関する決定、[20] そして教会内部の諸措置における教会の法的地位に関する決定が含まれている。[21] 最後の決定は、一九六五年一二月一四日の国民教会法に関する一連の判決のはじまりとみなされうる。これらは国民教会法の精神科学的発端を具体化し、その点でそれ以外の法領域について憲法判例の方向を確定した。[22] すぐそれに続いて、法治国家的−自由主義的基本権理解に関する判決、だがまた募金法に関するナチス時代との立法の非連続性に関してきわめて重要な判決が下され、[23] そして直後に、刑事手続上の捜索に反対する「シュピーゲル」誌の訴願に関する一部判決が続いた。[24] この最後の判決は、上述のリュート判決をさらに進め、[25] 報道の自由の意義を支持したが、しかし——可否同数のため憲法訴願は却下されたとはいえ——アデナウアー期の統治政策から連邦憲法裁判所が一線を画するにあたり指導的役割を果たした。その点では、こうした整理にはできるだけ慎重さが必要だが、少なくとも後になってから憲法判例にも入り込んで政治的発展が及ぼした影響を跡づけることができる。

だがこれは基本権に関する文献にも当てはまるだろうか？　この点では、少なくとも一見したところ、成果に乏しいように見える。確認されるのは、基本権に関する、大きな、だが第一には実定法的に具体的基本権保護に向けられた著作であり、それは理論というより解釈である。特徴的なことに、それらは本報告の対象とする時期のはじめに公刊されている。たとえばグンター・アーベル『制度保障』(Gunther Abel, *Einrichturgsgarantien*)、ディーター・ヴィルケ『報道の自由の実現』(Dieter Wilke, *Verwirklichung der Pressefreiheit*)、イェルグ・パウル・ミュラー『基本権と人格保護』(Jörg Paul Müller, *Grundrechte und Persönlichkeitsschutz*)(すべて一九六四年)。次にたとえば、アイケ・フォン・ヒッペル『基本権の限界と本質内容』(Eike von Hippel, *Grenzen und wesensgehalt der Grundrechte*)、ティロ・ラム『基本法における労働争議と社会秩序』(Thilo Ramm, *Arbeitskampf und Gesellschaftsordnung des GG*)、ショイナー/シュヌール『報道の自由』(Scheuner/ Schnur, *Pressefreiheit*)、VVDStRL Bd. 22(すべて一九六五年)。さらに、ギュンター・エアベル『芸術活動自由の保障の内容と影響』(Günter Erbel, *Inhalt und Auswirkungen der Kunstfreiheitsgarantie*)、カール・ハインリヒ・フリアウフ『経済運営の憲法的限界』(Karl Heinrich Friauf, *Verfassungsrechtliche Grenzen der Wirtschaftslenkung*)、フリードリヒ・ミュラー『規範構造と規範性』(Friedrich Müller, *Normstruktur und Normativität*)(すべて一九六六年)。確かにこれらには何度も理論的端緒と反省が認められ、それらは上述の論者の多くにおいて後に本来の基本権理論にも発展させられた。これについては後で振り返ろう。だが中心には、基本権理論よりもむしろ基本権解釈があった。

ともかくすぐそれらに、新たな時代への移行を示唆していたと、いずれにせよ後から言える著作が続く。一九六六年には福音主義国家辞典の第一版が公刊された[26]。これは国法〔学〕と福音主義的見方を結びつけようと努力し、この枠の中で基本権に関する実りある情報をも提供し、そして旧国法〔学〕の基本的立場との結びつきをなぞっただけではなく[27]、ローマン・ヘルツォークの筆による「国家学の問題としての技術的時代の人間」と表題がつけられた序文を含んでいる。[28] 当時三二歳の著者による綱領的著作？　だが大学での授業も新たな諸次元を迎えた。国法学の文献は調査期間のはじめまでは一九四五年以前に影響を受けた著者たちの手による教科書により規定されていたが、[29] 一九六七年にコンラート・ヘッセが、前世紀末まで国法学にとり重要な、ドイツ連邦共和国憲法綱要を、[30] 翌年には、エッケハルト・シュタインが今日まで影響力ある国法〔学〕教科書を出した。[31]

3　終わり

一九六五年ごろの、この明白にたどりうる区切りとくらべると、八〇年代半ばはかなり偶然的な時点に見える。現実での切れ目を意味するのは、一九八二年の政治的転換であり、憲法にとり原則的な意義があるのは、一九八九／一九九〇年の結果としての東ドイツとの再統合であり、憲法政治的に見ると、シュレスヴィヒーホルシュタインにおけるバーシェル事件〔1〕とその憲法政治的帰結が一つの幕開けと見られる。[32]

憲法法的にも一九八五年は、ほとんど特別に重要な年と判断されはしない。確かに一九八三年に連邦憲法裁判所長官がエルンスト・ベンダ（Ernst Benda）からヴォルフガング・ツァイドラー（Wolfgang Zeidler）に代わり、[33] ローマン・ヘルツォークが副長官に、一九八七年には長官に選ばれた。これらの変化と、包括的な人的配置転換が結びついている。だがそれは、少しずつ判例の中に認められうる強調点の移動をもって効果をあらわし、強調点の移動は再統合とともにはじめて重要性を獲得する。

文献では、八〇年代はともかくそれほど鋭く区分されえないが、大きな論集や事典の全盛期である。包括的な国法〔学〕教本が一九八七年に出版開始され、一九九七年に七巻が完成し、続く諸巻（二〇〇〇年まで）は再統合問題、補遺と索引を含んでいる。[34] シュテルンの大きな国法〔学〕便覧は一九七七年にはじまり、本稿との関連で重要な基本権編の諸巻は一九八八／九四年に出された。[35] 同書は今日まで未完である。いくらか薄く、さまざまな政治的立場に開かれた加除式の憲法教本が、[36] 一九八三年にはじめて出版された。上述の福音主義国家事典も増補新版が出された。[37]

こうした列挙は不完全であり、何より基本法に関する大規模な注解文献により補われなければならないが、これは憲法法文献の規模と網羅性を印象づけ、まさにそれによりもちろん、それを明確に区分されうる時期に整理する困難さが明らかになる。ともかく、八〇年代半ばごろに決定的な変化を予告しえたと思われる兆候をあげておこう。大学生向けに出された、新たな三巻本の国法「重点」解説は、その一巻がピエロート／シュリンクによる『基本権』だが、これはその後の時代に著しい影響力を持った。[38] だがこれは、大学教育と理論の広範囲への影響に関わったといえようが、その基礎づけにではない。

こうした所見を顧慮すると、区分の観点として裁判実務と学説文献の発展ではなく、憲法実践とともに政治的発展に焦点をあわせる方が、意味があるように思える。それにより、転換と再統合まで叙述を広げてみるのが、ともあれ（今日までしっかり続いている）続発現象を完全に組み込むつもりはないにせよ、得策である。その際、これにより一定の選択が行われていることを認めておかねばならない。

二　一九六五年ごろの基本権状況について

1　憲法法的な出発点の状況

ドイツ、少なくともその西側部分にとって、一九四五年以降、憲法の枠内で基本権の意義が著しく大きくなったことが根本にある。この発展に向かう分岐点は、もちろんすでに一九一九年にヴァイマル憲法の第二篇がつくり上げられたところにある。これに関する草案起草者はフーゴー・プロイスだが、基本権に関する議論――これは歴史的に依然としてきわめて重要だが――に、うまくすれば議会主義的－民主制が新設されたかもしれない時間を浪費してしまったフランクフルト・パウロ教会憲法での審議の諸経験から、プロイスすらごくわずかな緊急の係争問題のみを解決する諸規範を「不信を抱かれた『基本権』」の代わりに導入しようとし、本来の基本権目録は「今日も当を得ていない」[39]ととらえていた。何より彼は、危機状況の中で差し迫った立憲を遅らせたくなかった。[40]だが彼はそのせいで受け入れられなかった。彼の政党であるドイツ民主党が基本権の定着を要求しただけでなく、ヴァイマル国民会議の世界観的に対立した状態では、自由主義的、宗教－世界観的、そして社会的な諸権利の保護が中心争点となり、そしてフリードリヒ・ナウマンの「民衆に分かりやすい基本権の試み」[41]により、基本権を民主的国家の市民たちの世界観的準拠システムにするという思想が広がっていった。国法学における精神科学的傾向にそれは合致し、たとえばルドルフ・スメントによりそれはさらに追求され、憲法の理解にとり実りあるものとされた。[42]実定憲法にとり、要望としてはパウロ教会憲法と十分比較可能で、内容としてはもちろんはるかに複雑だった結果が、ヴァイマル・ライヒ憲法の「ドイツ人の基本権と基本義務」に関する大規模な第二篇だった。第一篇で規律された国家組織とならんで、かくして第二の部分憲法が登場し、これは「個人」、「共同生活」、「宗教と宗教団体」、「教育と学校」、「経済生活」の五章で規律を企てた――明らかにこれは基本的に新しく、規律範囲の広さと各規律間の対立性のために基本権と憲法の解釈学に困難な要求となった。ヴァイマル共和国における基本権解釈学の発展はこれと関連し、基本権解釈が憲法的問題設定の中心に置かれたのもこの文脈で説明される。[43]

一九四五年以降の時代にとっては、ナチス時代の諸経験が加えて重要となる。すなわち、いかに人権とその保護が必要かであり、そしてナチ時代とその諸犯罪をもたらした政治的失策は、信用を失った国家装置の諸組織を信じるよりも、こうした権利の主張を促す方を重視させた。たとえば、国際的水準のみならず、[44]ドイツでも、人権に立ち戻ることが戦後初期の方向を定める傾向の一つだった。一九四六年二月八日のバイエルン共和国憲法はその序文によると、「神なき、良心なき、そして人間の尊厳への尊敬なき国家と社会の秩序が、第二次世界大戦の生存者たちにもたらした廃墟を眼前にして」発布され、そしてしたがって、基本権は「原則的に制限されてはならない」[45]としているが、これはほぼすべての州憲法、戦後初期の文献、[46]そして最後にまた基本法にとって規定的となった激情を表現している。

もっともそれらの基礎、立場のモデル、そしてしたがって内容は、明らかに異なっている。初期州憲法の多く、[47]たとえばとりわけ、バーデン、ブレーメン、ヘッセン、メックレンブルク－フォアポンメルン、ラインラント－プファルツ、ザールラント、ザクセン、ザクセン－アンハルト、ヴュルテンベルク－バーデン、ヴュルテンベルク－ホーエンツォレルンは、国家形式についてたかだか若干の基本的規定を定めた後で、基本権部分に取りかかっており、この点で明らかに基本法に影響を及ぼしている。他の諸憲法はヴァイマルのモデルに従い、基本権を第二篇にとどめている。ことにバイエルン、そして主にブランデンブルク並びにチューリンゲンがそうである。そこで基本権部分はまったく異なった型になっており、とりわけ東部地区の諸憲法ではむしろ不完全である。[48]たいていの州が相当程度までヴァイマル憲法をもとに方針を定めて、社会的基本権をも置いて社会的諸分野の規律をはっきりと要求している一方で、個人の尊厳とその人倫的特徴づけが強調されていることからすでに、基本法が行ったように、何より「古典的」自由権に集中する方向がはっきり示されている。[49] 創造秩序の諸要素として、そしてキリスト教的特徴を刻まれた人倫法則の部分として基本権をはっきり定めることは、たいていはナチズムへの反動と認められるが、たびたびまったく違った強さで形を現している。とくに首尾一貫してラインラントープァルツでこの憲法案は実現されているように思われるが、一方でたとえばブレーメンやヘッセンでは世俗主義的諸傾向が確認されうる。かくして、後にはまったく違った発展が考えられうる。

2　五〇年代の諸論争

その後に際立ってきた道筋の間でなされた選択は、まず、古典的基本権に重点を置いたわずかな基本権部分を支持した基本法の選択により、形づくられている。[50] それらは、確かに前文で神の前での責任への召命を、そして人間の尊厳の帰結たる不可侵かつ不可譲の人権を冒頭の条文で慎重に取り上げ、[51] 法規として保障しており、それは法的手段によるそれらの達成可能性の保障で頂点に達している。これが第一九条Ⅳ〔公権力による権利侵害に対する出訴権〕である——これはやがて法治国家の「要石」と認められた規定であり、[52] すぐに文献上特別の注目の的となった。[53]

だが何よりこの規定は、基本権解釈に関する決定を裁判官の手に委ねていた。そこで全裁判所、とくに新設された行政裁判権にこの任務が委ねられていたが、鍵となる機能がまもなく憲法裁判権に属するようになることは、見落とされてはならない。[54]

実際、この点で各州の新設された憲法裁判権は、とりわけバイエルン憲法裁判所を通じて、すでに最初の寄与をしていた。[55] それらは、憲法訴願と、法律による基本権侵害にもとづく民衆訴訟に関する裁判を管轄していた

（し、している）。[56] これに対して基本法は、ヘーレンヒームゼー草案に反して、個人による憲法訴願を当初は予定していなかった。明らかにこの問題については議会の審議で議論が尽くされていなかった。[57] そうではあるが、しかし続く立法でなされた。詳細な議論の後に、連邦憲法裁判所法は基本権侵害にもとづく憲法訴願を規定した[58]（第九〇条以下）。これらははじめから広範に裁判所の活動を定め、一九六九年には追加的に憲法としての地位を獲得し、[59] そしてそのため連邦憲法裁判所を、ここで示した発展の主たる担い手にした。[60] そのためこの裁判からまずはじめたい。

そこではすぐに価値秩序と、価値決定的原則諸規範としての基本権理解という考えが表に現れた。[61] これはまず自然法的‐存在論的な影響、なにより宗教的に特徴づけられた影響を思い起こさせるが、それらは実際に憲法実務と裁判で——民事裁判所や刑事裁判所でも——上の時代に大きな役割を果たした。[62] だが、これとは別の、実質的には親縁性のある価値理解、ことにヴァイマル時代の精神科学学派により形づくられた価値理解が、より強く諸価値の変遷に適した裁判実務による具体化をもって、これと争った。[63] そこから、奇妙で、最初は容易に理解できない方法多元主義が帰結した。実定化された法規形式の基本権に合わせられた裁判活動の枠内で、具体化されるべき諸価値、同時に基本権のなかに表現される諸価値は、一部は自然法的‐存在論的に、一部は政治的‐文化的に解釈された。この状況が憲法解釈の問題状況を表舞台に上らせたのも不思議ではない。[64] この時期についてのまとめと一定の暫定的締めくくりは、ヴェルナー・マイホーファーにより編集された『自然法か法実証主義か？』に関する論集に見られる。[65] この議論状況が本稿の問題設定を移行させる。

3　数量的問題設定

この問題設定は、ともかく、すでに示唆され、一九四九年以降の最初の発展において緊急案件とされた、裁判による基本権の効果的保護という課題を覆い、それを規定した。あらゆる現実の基本権侵害に対して出訴を認める、基本法第一九条Ⅳの裁判所による保障と、あらゆるそうした侵害に対して連邦憲法裁判所に最終的に出訴可能とする、ここで同様に導入された憲法訴願との協力は、裁判所による基本権保護を、中心的で、この量的規模では新種の任務とした。それは初期に関心の中心へと移った。[66] 審級が憲法裁判所に進み、そこで最終審に達するため、この裁判所には、その裁判の特殊な羈束力のせいもあり、[67] 異論が多々あるとはいえ、拘束力ある基本権解釈が義務づけられる。まさにこのため、連邦憲法裁判所の裁判に特別な注意を払わざるをえない。

この状況の数量的側面は、莫大な数の事例に反映されており、そこにはしばしば繰り返されている事実関係が含まれている。それらすべてを正当に評価するのは著しく困難であり、とくに、変動なく継続的で予見可能な実務への強い要求がそれと結びついている。そのため連邦憲法裁判所の過剰負担、何より本来は憲法訴願を専属的に管轄するその第一院の過剰負担に関する悲鳴は、この裁判所が仕事を始めて以来、議論を規定している。当初から憲法訴願は、連邦憲法裁判所に係属する手続の八〇％以上、しばしば九〇％以上を占めているが、[68] そこで最終的に成功を収めた訴願のパーセンテージはごくわずかである。まず無数の明白に理由のない手続に関する簡略化された手続で、[69] 続いて一九五六年以来憲法訴願に関する予備審査手続で、[70] 一九六三年以来広範な連邦憲法裁判所法改正で繰り返し拡充かつ細分化された受訴手続で、[71] 手続的ないし実質的な理由から見込みがないと思われる事案は除去されている。それにより同裁判所は、憲法訴願に実質的に入るべきかどうかの決定において、一定の裁量の余地を手にしている。[72] ただし、裁判所の自由裁量にこの決定を委ねるステップは——この方向を目指す諸提案に反して[73]——進められていない。

そうではあるがしかし、同裁判所は当初から、基本権の具体的個別解釈につき自らに重要と思われる問題を決定し、そしてその際明確な解釈結果を追求する可能性を確保しており、またこの努力は準備審査と受訴の手続により促された。だがすでにここで扱う時期以前に、基本権解釈の大きな転轍が行われた。最も重要なものの若干のみを、前述の本考察の対象期間での論稿とも関連させて、挙げておきたい。たとえば基本法第二条第一項における自由な人格の発展と合憲的秩序の概念に関する裁判、[74] 基本法第三条第一項〔法律の前の平等〕における〔平等違反となる〕恣意の概念および立法者の本基本権への拘束に関する裁判、[75] 基本法第五条による意見表明の自由に対する制限規定〔第二項〔一般的法律、少年保護、個人的名誉の規定による制限〕〕における利益衡量に関する裁判、[76] 基本法第六条第一項による〔共働き〕夫婦分割課税の帰結を含む婚姻と家族の保護に関する裁判、[77] 基本法第一二条第一項による段階理論の諸基準〔法律によって、または法律の根拠に基づいて〕に従った職業選択の自由の制限可能性とそれにより発展された比例性審査に関する裁判、[78] これらにより転轍がなされた。このリストをさらに延ばすこともできる。ともかくこれらは、憲法裁判が、すでにここで扱われた時期の初めより前に、具体的な基本権解釈学の発展をいかに強く促したかを明らかにしている。[79]

三　基本権理論への諸端緒

1　理論の欠損

実務的には、基本権、それに関する裁判、憲法裁判所における膨大な仕事量、そしてこれらの問題を克服するために導入された諸解決、これらの重要性は、裁判が何より基本権の個別的解釈に取り組まねばならないという結果をもたらした。その際に――連邦憲法裁判所が当初から直面させられた高度に政治的な手続の枠内のみならず、基本権裁判の枠内でも――包括的確定への慎重さが注意を引く。この例となるのは、たとえば基本法から特定の経済体制への方針決定を取り出すことの否定や、強く一般化を行った薬局判決における職業選択の自由拡大に対するそれ以降の裁判による著しい制限がある。重要で影響力の大きい方針決定のすべてに反して、そのため実務の結果ではむしろ帰納的な基本権解釈が確認されうる。具体的な事例は具体的な解釈決定を必要とする。これらは体系化されるとともに解釈学の諸要素にまとめられ、さらに体系的に叙述され、そして基本権の一般的学説を叙述する基礎となりうる。(80)(81)(82)(83)

この傾向にとり典型的なのは、雄大な構想で、五〇年代初期に開始されたが、完成を見なかった『基本権』便覧であり、これは、ヴァイマルのモデルにもとづき、ドイツにおける古典的基本権、つまり自由権の叙述からはじめ、それを各続巻で、経済体制と労働憲章、司法と裁判による権利保護、基本権と制度的保障に関する叙述により補完し、最後に世界における基本権に関する諸巻が続いた。基本権の一般理論に関する続巻は当初計画され、最後に締めくくりとなるはずだったが、実現されなかった。計画された編集について、一人の編者の研究が一定のイメージを与えている。そこからは、第一に体系的な基本権解釈学がおそらく重視されていただろうと推論されうる。(84)(85)(86)(87)(88)

実際、こうした問題設定が優勢だったのは明らかである。そのため、理論的根拠づけをかなりの程度断念して、体系化の傾向がとられることになった。確かに、個別基本権の解釈学は、こうした体系化を迫り、これがなされたとの印象が与えられれば、説得力をもつようになる。だがその結果は限られたままだった。基本権保障がどの(89)

ような目標に仕えるのか、そしてそれはどのように憲法の規律と形成のプログラムへと組み込まれるのか？　この問いは、すでに上述の憲法制定における基本権の占める価値により提起され、そして日々基本権が利用される結果生ずる無数の紛争とそれに関する裁判で具体化されるが、必然的に一つの答えを必要としている。だがそれは基本権の権利的性格の肯定とこれらの権利の解釈学にうわべでは還元されうる。その結果、本来の基本権理論へと歩みが進められずに済まされてしまう。その影響は、シュテルンによる最近のかなり長大な叙述や国法便覧に明らかであり、それらは確かにその都度基本権の一般理論——本質的には基本権解釈学だが——に関する包括的な巻を含み、その上で個別基本権に関する続巻が容易されてはいるものの、基本権理論そのものはまったく扱われないか、あるいはせいぜい周辺的に扱われているにすぎない。[90]

2　基本権理論への要求

ともかくこの所見はすでに報告期間のはじめに例外なく妥当するわけではない。各々の解釈学も理論的想定を含意し、多かれ少なかれそれは未決にされている。[91] それを度外視しても、すでに六〇年代はじめに基本権理論を求める声があがり、その訴えは、一部は個々の論稿に、一部はそれに対応した議論の深化への要求に、聞き取れる。[92] この点で一定の締めくくりをなすのは、この要求への対応を明示する、考察期間の終わりに公にされた『基本権の理論』である。[93]

この側面で重要なのは、何よりも基本権理論と基本権解釈に関するエルンスト－ヴォルフガング・ベッケンフェルデの論文である。[94] 本論文は、具体的な解釈の結果が、基本権の機能に関する理論的想定に依存していることを明らかにし、そしてそれを公開するよう求めた。これについてこの論文は五つの傾向を議論の対象としている。

（1）自由主義的（市民的–法治国家的）基本権理論。カール・シュミットとその学派がここに数えられるが、ツァッカリア・ジャコメッティ（Zaccaria Giacometti）、そしてジャン–フランソワ・オウベール（Jean-François Aubert）のグループに属するスイスの論者も含まれる。[95]

（2）制度的基本権理論。ここには何よりペーター・ヘーベルレ（Peter Häberle）とハインハルト・シュタイガー（Heinhart Steiger）が入れられる。[96]

（3）基本権の価値理論。何よりルドルフ・スメントとヘルベルト・クリューガー（Herbert Krüger）によって主唱される。[97]

（4）民主的–機能的基本権理論。同様にルドルフ・スメント、ヘルベルト・クリューガー、ヘルムート・リッダーにより主唱される。[98]

（5）社会国家的基本権理論。これがベッケンフェルデ自身のとる立場であり、これにつき彼は何よりヘーベルレとヴォルフガング・マルテンス（Wolfgang Martrns）と結びつきがある。[99]

とりわけ連邦憲法裁判所で、ベッケンフェルデが非難するところでは、実務がこれらの理論の間を随意に揺れ動いている。これに対し、彼は統一的で憲法に合致した基本権理論をとるよう求めている。[100] この点につき彼は自由主義的基本権理論に賛成し、基本法が自由主義的な自由権の伝統を受け継ぎ、それを規律の基礎としたことを引き合いに出している。とはいえ、それは社会国家原理により補完され、この原理は国家に「基本権的自由の必然的な社会的前提を形成し保証する責任を課し」、そしてそれゆえ介入権限を形づくったという。民主制原理はこれに対応して基本権理論を修正しないが、内在的な制約の正統化を考慮するとする。

基本権理論を求めるこうした訴えが現存の諸傾向を実りある形で体系化し、それにより議論の新たな一章を組み立てていることはもちろんであり、本稿で顧みてきたことからそれは裏づけられる。とはいえ、これには少なくとも三つの問い直し、あるいは異議がすぐに思いうかぶ。

まず、ベッケンフェルデにより書かれた諸傾向はすべての確認できる傾向を包括していない。ことに、スメントの利益衡量説のヴァイマル憲法第一一八条と基本法第五条〔意見表明の自由〕解釈の問題状況に対する適用との関連で価値理論について論じられていないのが、とりわけ奇異な感じを与える。(101) しかし同様に、自然法に影響された、存在論的－価値被規定的基本権理論が考慮されていないのにすぐに思い当たったかもしれない。これに一九四五年以降の多くの憲法は明確な根拠を与え、基本法第一条によってもこれは強く勧められているのである。(102) それについて述べられていないのは、たとえばこの論文公刊とほぼ同時に妊娠中絶の期限つき規制案をめぐる争いが連邦憲法裁判所で荒れ狂っており、(103) そして同裁判所がその際、法律の批判者たちに従い、生命権と人間の尊厳に関する基本的に価値被規定的な解釈を基礎としていただけに、(104) いっそう驚かされる。ここでは明らかに、スメントの伝統とはまったく別の、基本権解釈を形づくる価値概念が基礎とされていた。価値合意、政治的決定、そして諸価値の随意性という対案が、これについても当然に議論の中で取り上げられてよかったはずである。

第二に、複数の論者、わけてもスメントとヘーベルレが、おそらくはそれ以外の論者も、複数の分類項目に入るように思われる。たとえば、ヘルムート・リッダーのような論者は、民主的－機能的基本権保障に関して取り上げられているが、はっきりと社会国家的傾向を持っている（そしてそれにより多くの矛盾をもたらした）。(105) 明らかに異なる理論傾向間に結びつきがあるに違いない。なぜ、そしてどの程度？

それゆえ、第三に、統一的基本権解釈理論を要求するなら、まず、解釈されるべき基本権保障がそもそも統一的に構造化されているのかを再度問い直すことが重要となる。ゲオルク・イェリネクの地位説以来、「主観的公権の体系」[106]に異なる地位の異なる保障があることは、明らかである。それらは異なる基本権保障機能のなかに表現されうる。ヴァイマル憲法に関し、ゲルハルト・アンシュッツはその第二篇から、ドイツ人の基本権「より少ない、より多い、またそれとは異なる」ものを引き出していたし、[107]現代の基本権解釈学はごく当然に、諸基本権が異なる保護作用を展開しうることから出発している。[108]それを統一的基本権理論によりならすのはほとんど不可能だし、望ましくもなかろう。逆に、統一的理論の要請が、カール・シュミットが要請していたような、[109]憲法による統一的な基本決定の前了解により規定されはしないのではないかと、問われている。この意味で、基本権理論への問いはすでに憲法理論の基本的問いを先取りしている。

3　洗練された体系化の試み

上に示した異議は、ベッケンフェルデにより考察された五つの傾向の背後に二つの異なる構成区分原理が隠れているというように、具体化されうる。

―一方で各基本権理論は特定の憲法目標と憲法原理を具体化している。それを同定するためには、基本法第七九条第三項により改憲立法者の介入を免れた諸原理を、もう一度取り上げることが助けになる。[110]それらは基本法の存在論的価値確定性をおそらく最も明瞭に承認している基本法第一条、基本法第二〇条における民主制、法治国家、そして社会国家の諸原理であり、ともかく基本法第七九条第三項により保護された連邦制の諸原理は、基本権解釈の枠内ではほとんど重要ではない。ちなみに、それにより基本権理論に対する四つの憲法により確定された指導原理が出てくる。

（1）法治国家的－枠づけ的基本権理論。これは基本権を、規範的に限定され、具体的に確定された請求〔権〕、主観的公権（ゲオルク・イェリネク）、とりわけ消極的地位の防禦請求〔権〕と解釈する。

（2）存在論的－価値確定的基本権理論。これは基本権を、憲法に先立ち、法秩序はそれを保護するのみの確定した価値の保障、とりわけ人間の尊厳の保障と理解する。

（3）民主的－政治的基本権理論。これは基本権を、民主的－政治的な秩序づけと決定発見の諸要素と機能的支持と理解する。

（4）社会国家的基本権理論。これは基本権を、公共体の分配過程に対する参加権（積極的地位）と理解する。

もちろん基本権理論を憲法諸原理へ引き戻すということは、同時に諸傾向が排除しあわないことを意味している。個々の原理を孤立させるのではなく、それらの実践的な整合が、つねに憲法解釈の目標であり、そして憲法全体の具体化、またとくに基本権の具体化の課題である。(11) ベッケンフェルデの概観のなかで上述のように重複して名前が挙がっていたのは、構成区分の観点への反対論拠でも、解釈の主唱者たちを一貫しないと非難するのでもなく、むしろ単に具体化されるべき憲法諸原理が互いに支えあっていることの帰結である。(112) その限りでは、ベッケンフェルデ自身の社会国家的に修正された自由主義的基本権理論の選択にも同意できる。

—他方でこれらの各理論が扱う諸方法は、具体化されるべき指導諸原理とともに部分的に交差はするが一致せず、諸原理と違った形で結びつきうる。この点で考慮されるのは、

（a）法治国家的―枠づけ的で、確定的請求〔権〕を画定する方法。
（b）価値確定的方法で、保障対象を前憲法的な価値観念から引き出すもの。
（c）制度的方法で、保障されるべき内容を、確定された、社会的現実のなかで定義される事態の了解により定めるもの。

法律学的解釈学の問題としての方法選択は、必然的にまず解釈されるべき諸規範の内容により確定される。その点で基本権の分野では、まず具体的に保障された自由の諸請求〔権〕を用いた論証の要請が、説得力を持つ（a）。だがこれがある基本権の内容を把握し、論じ尽くしているかどうかは、この基本権の保障内容にかかっている。人格的自由に関しては、婚姻の権利に関してとは違ってくるだろうし、またさらに所有権保障に関してともそうなろう。その点では、統一的基本権理論を求める訴えは、個々の基本権の意味内容、その規範プログラム(113)についての問いを切り離しえず、基本権理論は個々の基本権の解釈から導かれる諸帰結でしかありえない。こう見てみると、ベッケンフェルデの要求は、批判的反省の呼びかけだと判明するが、個別の基本権保障の解釈に関して更なる議論を遮断できないし――おそらくまたそうしようともしていない。

明らかに、ここでまとめられた実質的諸原理（1―4）と方法的道具立て（a―c）の間には並行性が生まれてくる。だが交差結合も――ここで提案された一二までの類型論により、つまり（1a）から（4c）までにより――基本権理論の諸傾向として考慮される。

四　個々の理論的諸傾向

1　防禦権の優位

理論的要求を含んだ基本権に関する文献をこうした体系の助言者を手がかりに整理する試みを、ここで行ってみたい。とはいえ、それは上述のことから制限つきでのみ可能である。基本法の諸原理の一つが、諸原理のどれをもアプリオリに制限してはならず、それらすべてが考慮されねばならない。その際に適用される方法は、個々の基本権の規範プログラムによっても規定される。

だが、まさにそれゆえに、文献の大多数がベッケンフェルデにより掲げられた要請の意味でも十分に、そして伝統的基本権理解に適合して、基本権をおおむね法治国家的憲法目的に割り当て、そしてその際に枠づけ的方法をも扱っていても（つまり1a）、驚くにはあたらない。それは考察時期の初期部分では――明白な影響力を持つ論者のみを幾人かあげれば――たとえばH・H・クライン、ヴァルター・クレブス、エーベルハルト・グラービッツ、そしてユルゲン・シュヴァーベに当てはまる。[114] 結局のところ、こうした進め方はたいていの基本権の構造によってもあらかじめ設定されており、そのため考慮されるすべての論者にとり本質的である。そのため問題設定は、どの程度枠づけ的基本権理論が上述のほかの傾向により補完されるか、ことによると重なり合わされるのかにまで至り、先鋭化されうる。

だが、まさにこの側面で、八〇年代につき興味深いのは、ここで「古典的な基本権機能の再構成」[115]が、再度強調されたことである。同じ意味で他の論者も発言しているので、人的つながりは、ここでベッケンフェルデの考え方が蒔いた種が芽を出したという仮説もうなづける。[116] 防禦権の優位は、歴史的にも、基本法による定式化の文言からも理由づけ可能であり、かなりの程度まで通用している。より強く定式化された、法治国家的な要求にみちた基本権理論[117]は、専らそこに還元されえないとしても、それに影響されている。

２、対立する諸傾向

それでもなお、「介入思考と枠づけ思考」に対する攻撃は、ここで考察しようとしている時期が始まるすぐ前に、すでに一九六二年にはじめて公刊された、『基本権の限界と本質内容』[118]に関するペーター・ヘーベルレの博士論文とともに開始されていた。それはすぐに活発な論争をもたらし、それが国際的で長期にわたる影響を及ぼしたといっても、ほとんど過言ではない。[119] この説の核心は、社会的現実を再び取り上げたことと、ある種の制度的基本権理解にあるといってよいが、この基本権理解は、政治的公共体にとって、その限りでそのスメントの伝統に立ち、構成的なものとみなされている（３ｃ）。だがこの仕事はそれに尽きず、続いてすぐにそれ以外の基本権理論的文献により補完され、これらは制度的傾向を拡張した。たとえば、ヘーベルレは連邦憲法裁判所の盗聴裁判に対する批判の中で防禦請求権をも十分に論拠に用いているし（１ｃ、またａ）[120]、人間の尊厳原則に関する論稿で憲法に先立つ諸価値を持ち出している（２ｂ）。[121] 彼は、基本権の民主的−機能的正統化を強調するが（３ｃ）、『給付国家における基本権』をもって社会国家的解釈にも傾いている（４ｃ）。[122] そのため、まさにヘーベルレの説をもとにして、さまざまな方法が十分に結びつけられうることが明らかになる。ここから、ベッケンフェルデによる統一的基本権理論の要請も原則的に問題とされる――あるいは基本権の多元的展開という対立モデルと直面させられる。

社会的現実の分析へと同様に立ち戻るが、具体的に画定された基本権請求権の解釈により強く傾いているのは（つまり１ｃ）、フリードリヒ・ミュラーである。その特徴的な諸論文は、[123] 後にさらに練り上げられて、[124] 大きな影響を及ぼしたが、それらはわけても一九六六〜一九六九年に属する。社会的現実の分析が基本権解釈を規定している。[125] 振り返ってみると――個々には見解の違いや不明瞭な点があるが[126]――気づくのは、ここで、制度的思考のたびたび批判された任意性を克服し、[127] 証明可能な言明に到達しようと試みられ、そしてそれが少なくとも相当程度まで達成されているということである。

とはいえこれと並行して、五〇年代が最盛期だった[128] 価値秩序論争が、新たな有意性を手にした。確かにそれに関する顕著な兆候は、上述の連邦憲法裁判所による（第一次）堕胎判決であり、[129] これは出生前の生命を価値として、しかしその担い手たる権利主体（参照ＢＧＢ第一条）なしに保護するとし、それゆえ人格の防禦権とは違ったものとして、刑法の手段を用いてすら、保護するよう命じていた。本判決については、申し立てを支えた論拠はとくにペーター・レルヒェ（Petter Lerche）とフリッツ・オッセンビュール（Fritz Ossenbühl）により主唱されており、判決はグループ（２ｂ）に当てはめられるだろうが、基本権的論拠を国家的保護義務説により補完している。つまり特定諸法益とともに諸価値を保護する義務である。妊娠中絶の問題分野のみならず他の事例でも請求〔権〕がそこから導かれうる。つまり、たとえば公安攪乱のような、介入に対する防禦請求（２ｂ、ないし２ａ）[130] だが、一方たとえば健康保護のような給付請求もあり、その結果保護義務思想は社会国家的有意性を獲得する（４ａ）。

もっとも諸価値の存在論的導出はこの文脈に尽きず、他の神学的文脈に持ち込まれることもある。基本権をこの意味で解釈する印象深い試みを、この報告対象の時期では、ペーター・ザラディンが行っていた。[131]民主的－機能的基本権理論として、スメントの利益衡量説の展開にすでに言及した。だがシステム論的諸傾向も類似した文脈に持ち込まれうる。そのきっかけを以前すでにニクラス・ルーマンが与えていた。[132]そこから固有の問題設定と方法論が展開された（３ｃ）。[133]だが保護分野の画定と基本権の実現における手続的側面の強調からも、これらは民主的－法治国家的システムが機能するなかに組み込まれる。[134]

基本法第二〇条〔民主的かつ社会的な連邦法治国家〕の憲法原理のこうした適用は、ごくまれにしか本来の社会国家的基本権理論の仕上げへと拡張されなかった。第一にここで（も）ヘルムート・リッダーがあげられよう。[135]だが『給付国家における基本権』[136]に関する国法学者大会での諸報告も引き合いに出しうる。

こうした背景のもとでみると、すでに言及したロベルト・アレクシーの『基本権の理論』[137]が相当に多彩な見解を綜合し、方法的に合理化しようとする試みだったことがはっきりする。それにより決着がつけられるわけではないが、その分さまざまな諸傾向は合流されうるし、その限りでよりよい議論が可能になるということが明らかになる。

五　憲法法の基本権的方針態度への批判

１　「自由の病理学」？

これまで考察してきた憲法法の基本権への集中は、ここで問題にしている期間にわたり、確かに優勢で広く確認できるが、争いがなかったわけではない。反対に、それには当初、反対運動があった。この運動は一面で価値志向に反対し、それにより慎重で教義学的な、個々人の法的地位の考察を対置していた。この枠の中に、基本権は確かに組み込めるかもしれないが、そこでそれらは、他のもの、ことに他の主観的公権と同じく権利でもある。それらは解釈され、教義学的に扱われるかもしれない。だが、理論への要請は実現されていないと思われ、そうでなくとも主観的公権論の一部たる基本権教義学にこの要請は限定せざるをえないと考えられていた。[138] 冒頭で確認した、ほとんど理論化を行わない基本権解釈という所見は、ここにも該当する。

他面で憲法法の基本権に集中された見方には、国家、国家権力、そして主権性の意義を把握し、個々人の法的地位、その権利とその保護にではなく、まずここに公法を扱うにあたり基礎を置くよう求める要請が対置される。基本権部分に――ヴァイマル共和国晩期にすでに憲法の第二篇に[139]――憲法法の核心的内容として国家組織法が対置される。

必然的にではないにせよしばしば結びつく二つの傾向には、異なる色調と変種がある。考察対象時期のはじめにおそらく最も重要だったのは、エルンスト・フォルストホフの諸論稿である。彼はすでに以前、批判的に『法の刷新の問題状況について』[140] 見解を表明し、五〇年代を相当程度規定した行政法教科書で――ここでもよきヴァイマルの伝統にある――その憲法からの分離を強調した。[141] 基本権を価値秩序として、そして価値決定的基本原則規範として理解する連邦憲法裁判所の試みに、[142] 彼は『憲法法律の再編』[143] という診断をもってこたえ、そして具体的には報道の集中に反対する措置の試みと諸計画を前にすると、ただ防御権に過ぎないものとしての報道自由の理解に強く固執して反応した――民主的‐機能的であるとともに価値強調的な基本権理論に真っ向から対立した。[144] 時代精神に対するこの対立のクライマックス、憲法理論への発展に対立した診断は、『産業社会の国家』に関する著作だった[145]。

この文脈で、報告の対象期間が始まるすぐ前に、雑誌『国家（*Der Staat*）』が、市民的諸権利と権利保護の強調に鑑み、その意識的な対抗措置として創刊された（一九六二年）。これは巻頭言にはっきり述べられ、多くの論稿にも表現されている[146]。もっともこの雑誌は基本権問題状況をはじめから除外してはおらず、本稿で基本権理論への要請の元祖と位置づけたエルンスト－ヴォルフガング・ベッケンフェルデも創刊者の一人だった[147]。時代の流れの中で雑誌の特殊性はかなり削り落とされた。だがもともとこの雑誌は、連邦憲法裁判所の基本権教義、とりわけ価値志向的解釈に対するアンチテーゼを特徴としていた。

もっと徹底して、この基本権懐疑が表現されているのは、ヘルベルト・クリューガーが一九六四年に発表した、「真に国家の学」たらんとする『一般国家学』に関する雄大な構想の著作である[148]。ここで、国家が歴史的、現象学的に、そして概念として中心に置かれ、市民に対するその機能がひとまず顧みられていないことにより、冒頭で提示された要請は首尾一貫してやりぬかれている[149]。基本権は機能的にのみ――国家を創り出す手段として――考慮されている。その点で、ルドルフ・スメントの血統がなお認められうるが、一九三二年にすでに確認可能で、一九四五年以降に規定的なスメントの発展[150]はあとづけられておらず、クリューガーの大著は一九四五年以前の立場と緊密に結びついている。「自由の病理学」[151]は基本権理論が属する文脈である。それにもかかわらず、「臣従」[152]の復興が求められている。

このように、当初示された基本権へのあらゆる重心移動に逆らって、考察対象時期には国家の組織、政治的基礎づけ、そして行為諸形式を問い、そしてそれに対応して基本権理論を等閑視する傾向が明らかとなる。この傾向は、上述の著作の議論ですぐに明らかになるように、部分的には一九四五年以前の悪しき基礎づけを有しているとしても、しかし基本権を保障する国家を、基本権を実現するその他の行為の点でも正統化する――本来争う余地はないが、一九四九年以降の問題圧力に直面して一時的におろそかにされた――必要性が表現されている。考察対象時期の終わりまでに、この必要は教科書の表面的な形式にも反映している。国法の教科書は、もはや一巻にまとめられず、国家組織法と基本権にそれぞれ一巻を割り当て公刊される傾向が強まっていった。(153)

2　「未完の基本法」

実際、六〇年代には、復活させられた国家形而上学の形をとった基本権陶酔への反対運動とならんで、基本権のみならず、憲法全般の影響力に対する広げられた問題設定が登場した。この問題設定はそれ自体として新しくはない。というのはすでにヴァイマル憲法は、基本権部分ばかりか、発布されるべき法律の指示及び、立法を通じて実施ないし具体化されるべき保障の指示も数多く含んでいたからである。その結果、どの程度そうした原則、方針、プログラム規定が国家実務に対して法的拘束力があり、そして直接適用されうるかという問題が提起された。この問いは、さまざまな規定に関しておそらく統一的に答えられないが、一九三二年まで活発に議論された。(154)それはすでに初期に、設立後間もない連邦共和国にも、その憲法実務に影響を及ぼした。(155)

この問題状況に関する新たな影響力豊かな定式化は、憲法の規範力に関するコンラート・ヘッセの著作により、(156)議論の俎上に載せられた。おおよそこの時点で、基本法というもともとは暫定的な制度の肯定的評価がその解釈に影響を及ぼしていた。基本権解釈と独立に、基本法からどれだけのものが取り出されうるかという問いも登場した。

これに向かうきっかけが提供されたのは、まさしく、基本法が前文の中で一九九〇年の統一条約をまって初めて改正された、もともとの定式化により明文で「移行期」に関連づけられていた暫定的な妥当要求を掲げていたためである。前文は再統一の課題を立て、そして統一された欧州という目標をあげているので、そこに憲法の指示、指令を見るのはたやすい。類似の指令は次に他の憲法諸規範から取り出されうるだろう。それは、基本権部分や[157]、またそれに続く節にある[158]。すでに基本法の基本計画からして、それは民主的−議会制の意思形成過程で埋められるべき憲法とすぐに理解されたし、現在もされている[159]。それに加えて同じくすぐに、それどころか規律の指示と理解されうる基本権の規律に対する諸制限[160]、上述のヴァイマルでの議論をさらに進めて、それ以外の規律の指示、憲法の指令、プログラム諸命題がこれに並べられ、そしてどの程度まで、それらの指示の履行が法的に命じられているのか、それどころか憲法生活の規定的諸要因の権利、つまり関係者ないし市民たちそのものの権利なのかが問われたし、現在もされている。

この点で、ＳＰＤ会派の桂冠法律家であるアドルフ・アルンツが一九六〇年に公刊した著作は[161]、憲法典から、国法学者の問題設定から、また法政策的要請からも説明できる発展線のなかにある。まさにそこから、問題設定の反響が結果として生じた。基本権に発する防禦権の保障について、立法者は「憲法の指示」を実現するよう求められていた。それゆえ本稿の報告対象期間の初期段階でこの問題設定に関する文献は膨れ上がっており[162]、そしてＣＤＵとＳＰＤの大連立やＳＰＤとＦＤＰの社会自由主義連立政権の立法はかなりの程度まで憲法の実現活動と理解できる。

その際、憲法解釈学的にも法政策的にもまったく異なる諸傾向が相争った。基本法に特有の規律から、再統合、欧州統一、そして世界平和の観点で前文が与える特殊な憲法の指示が出てくる。再統合は、はじめから政治的のみならず法律学的考察の対象だったが、これは報告対象期間に社会自由主義的連邦政府の再統合政策とその憲法裁判所による判断を通じて爆発力を与えられた。[163] この点では統合された欧州への信仰告白はよりあいまいに作用した。設立条約判決に近い時期のいわゆるSolange第一判決ではこれについておよそ言及されておらず、報告対象期間の終わりごろの親欧州的なSolange第二判決〔2〕でも周辺的に言及されているにすぎない。両裁判にとって中心であり、そのため欧州への信仰告白よりも明らかに優位していたのは、基本権保護の効率だった。[164] 最後に平和思想は、基本法第二六条で具体化されているとはいえ、憲法判例の中では、国防体制、防衛に関するケース、そして防衛同盟による集団的安全保障に関して競合する諸規律を鑑みても、ほとんど表れていない。[165] これらの判決は是認も批判もされうる。それらはともかく、前文を論拠とする場合、論証の武器庫が幅広いということを示している。

基本権の分野では、上述のように、連邦憲法裁判所により基本法第六条に即して要求された、非嫡出子の、現在では婚姻によらない子の平等な地位が問題となる。[166] だがすでに一九五七年に法律により実現された夫婦同権も、個々の点で進められた。新たな諸次元は、それをこえて、環境法や情報保護法の発展を切り開いたが、それは、人間の人格を基本法の防禦権をこえて、基本価値として（三3で展開した体系化では2b）、あるいは社会国家的に（4c）、あるいは対応する手続形成を通じて、[167] 保護する目的を含んでいた。ここでも部分的には憲法判例にもとづいて、[168] 健康の基本権のために環境侵害に対する保護を求める権利、並びに情報自己決定の基本権のために私的領域の侵害に対する保護を求める権利が展開された。だがこれらの権利はいずれにせよ防禦権にとどまらず、七〇年代に特徴的な法律をつくりあげた。[169] さらに進んで、人間の尊厳と団結の自由の仕上げとしての共同決定の基本権が論議され、[170] その法律による具体化が[171] 社会国家的に（4a、4b）要求され、この理由づけは実務的論争のなかで後ろに退いたとはいえ、正統化されえた。[172]

だが基本法の「履行」はその組織論部分にも関わっていた。とくに、一方ではここでとりわけ一義的に定式化された基本法第二一条第三項の〔政党の設立、組織に関する〕立法委任を鑑み、他方では法律的基礎のない政党資金助成に対する連邦憲法裁判所の停止信号に直面して、これは政党法では当然だった。政党法はそのため、遅れはしたが、ちょうど考察対象期間に始まった憲法執行の古典的事例だった。議員の地位の規律も似たように解釈でき、一九七五年に連邦憲法裁判所により実行が促され、そのすぐ後に議員法により実現された。最後に考察対象期間の初めに行われた基本法改正の関連で、連邦および各州における公共経済的均衡と共通の財政構造確保に関する委任も、立法者が履行せねばならず、また実際に履行した形成任務に属する。[173][174][175][176][177]

とはいえ、具体的な基本法から導かれる立法委任が争われただけでなく、具体的に保障された防禦権とともに立法者の制限をもこえて、憲法から立法をさらに仕上げるための諸原則を引き出そうと努力する方法にも批判が向けられた。論者が防禦権の優位を取り戻そうとし、そして彼らが「自由の病理学」に異議を唱え、そしてこれに対して「真に国家論」を展開しようと努めるなら、これはなおのこと当然で、その響きは陰に陽にきき とれる。[178][179]

だが、憲法に掲げる要求を小さくし、憲法から規範的に単なる権限配分と具体的諸権利、「刺激と制限」を引き出す提案もなされた。アメリカ政治学の諸部分に影響されたこうした立場にあったのは、ヴィルヘルム・ヘンニスの『憲法と憲法現実』であり、彼はこの標題に「ドイツの問題」という副題をつけていた。ルドルフ・スメントに影響されて、彼は憲法法に政治的過程が機能するための諸規律を見るが、それらがもたらす諸結果の先取りや保障は考えない。これらの規律は開かれており、それらは政治的変転の邪魔をしないと理解されるべきだとする。現実が憲法をこえて発展し、憲法は歴史的に生み出されるというのが、発展の性質だという。この立場か[180][181]

ら、ヘンニスは憲法と憲法現実とのドイツ的対置にイデオロギー的との烙印を押し、鋭く定式化して、ここで示された諸理論、諸解釈、そして法律学的適用と決着をつけた。すると彼はすぐに、ある書評の中でエルンスト・ヴォルフガング・ベッケンフェルデによる賛同に出くわした(182)。これは、スメント学派の実質的基本権理解と憲法理解からヘンニスが背を向けており、介入概念をもとに形づくられた、対応する基本権理解を含む、古典的な法治国家的憲法思考と――もちろん個々には展開されていない――収斂していると、確認していた。

そのため全体として、古典的基本権解釈への憲法法の方向設定に対しては、一般的な挑戦も、統一的な挑戦も確認されえない。そうではあるがしかし、報告対象期間におけるこの方向設定は、有力な地位を失い、国家と憲法全体に方向設定する複数の異なる傾向による挑戦を受けた。その際、かなりの程度まで――統一的ではないにせよ――収斂が確認でき、単なる防禦請求を給付請求により、なにより保護義務、社会国家的保証、特定諸権利実現を確保するための組織と手続の規律にもとづいて、補完し、これらの請求間に関連がつくり上げられている。そこでは同時に、基本権、憲法指令、そして具体的立法委任の関連づけをも目指されている。

六　憲法理論への基本権の組み込み

1　憲法理論の部分としての基本権理論

この新たな問題提起により基本権理論の課題は変更され、拡張された。もはや問題は、個々の基本権保障の解釈と体系化のみならず、さらに推敲が重ねられるべき「主観的公権の体系」や諸基本権への特定機能の割り当てだけでもない。むしろ市民としての権利主体の地位は、確かにゲオルク・イェリネクにより発展させられた体系の意味でではあるが、二〇世紀初頭までに考えられえたよりも包括的に理解された。この地位は基本権による以外に、他の給付請求〔権〕や給付の期待によっても特徴づけられた。これらは憲法によってあらかじめ与えられた規範化からも導かれうる。さらに、公的権力とその手続の組織化は、との程度まで給付請求〔権〕が理由づけられ、さらに実現されうるかを規定する。そのため、市民の地位は憲法秩序全体によって影響される。人間の「意識の状態 Verfassungと社会体制」の並列化は、[183]プラトンの「国家」からルソーの「共通の自我」にいたる国家思想の、そしてこれに続いて立憲思想の古典的基礎だったが、これは新たな仕方で具体化された。

そのため、もはや個々の基本権保障の解釈や、そのものとして受け取られたこれらの機能が表に現れるのではなく、それは憲法理解と憲法解釈全体の問題に組み込まれた。憲法解釈の方法への基本権のこうした編入は、典型的にコンラート・ヘッセの憲法綱要に示され、[184]数多くのそれを発展させた著作で実行された。憲法論は、なお基本権解釈学が質的にかなり広い余地を受け取るとともに方法的自立性の外観をつくり出すとしても、統一体として理解されねばならないため、基本権理論は憲法論の——とくに念入りに仕上げられた——一要素となった。[185]

2　保障の各層の分化

それとともに、基本権解釈の理論的基礎を問うさいに[186]すでに示唆されていた問題が中心に出てくる。もはや既存のそれ以上問い返されない基本権目録の単なる解釈は重要ではなく、憲法判例のなかでしばしば用いられる「憲法の統一性」[187]というトポスが問題となる。現代憲法はさまざまな理念史的由来の保証を含んでいる。それは何より、ヴァイマル憲法を扱った著作に明らかとなっていた。[188]基本法に関しては、それはそれほどはっきりしていないが、それでも同じことが当てはまる。民主制と法治国家、法治国家と社会国家、民主制と連邦制、コーポラティズムと自由主義、宗教の自由とキリスト教価値観念――これらをはじめとする、憲法構造の特徴を形づくり、大部分は基本法第一条〔人間の尊厳〕、第二〇条〔民主的及び社会的連邦国家〕、および第七九条第三項〔改憲の制限〕に帰されうる諸原理と価値観念は、異なる源に発しさまざまな影響を受けている。基本法の法典に刻み込まれたそれらの形はこれ以上に具体性が多様で、個々には解釈により浮き彫りにされねばならない。

　こうした診断とこうした課題を統一的基本権理論への上述の要請と対照すると、矛盾が生ずる。上に示した保証はさまざまな憲法原理を反映している。統一的基本権理論を支持する選択は、そのため対立する諸原理をくくりだし、憲法を、「憲法法律」の文言を離れて、「政治的統一性の性質と形式に関する全体的決定」たる、「積極的憲法概念」に限定する。[189] その際ヴァイマルに関しては確かに「立憲的民主制を支持する基礎的な政治的諸決定」が確認されるが、実務的にはそこから「従来の社会的現状、つまりブルジョア的社会秩序の維持を支持する……決定」がそこから生ずる。[190] 他の種類の保証はそれと容易には一致しないと考えられた。その結果として、それらは単なるプログラム規定へと切り下げられねばならないとされた。

　この対置は、統一的基本権理論の要請と憲法統一性のテーゼが相互排他的であることを示している。憲法がさまざまな価値を保証する秩序と理解されると、そこから憲法解釈に課題が生ずる。多様な価値、とりわけ基本法第二〇条に帰されうる価値、諸基本権もまた、確かに対立し、相互に緊張関係にあると考えられるが、互いに調和させられなければならない。憲法の統一はこの点でまず憲法典の統一と等価性である。それに統一的意思、「法の理性 ratio legis」を服させることは、しかしながら問題になっている諸原理と諸価値の対立に突き当たる。そのためこれは「実務的整合」による具体化と調整を要する。これに基づいて、コンラート・ヘッセはこの考察対象期間全体にわたり、憲法解釈の方法論を展開し、それを繰り返し練り上げ、この方法論は当初憲法解釈の一般的基礎だったが、これを基礎として基本法の憲法諸原理を具体化し、そしてそれらの割り当てと絡み合いから合憲的秩序を統一体と特徴づけた[191]。

この意味で八〇年代以降には憲法論の新たな世代ということができ、それは何より考察対象期間終了直後に発表された、雄大な構想の著作に明らかである[192]。この点ではわけても、ペーター・ヘーベルレの諸業績が大きな影響力を持っていたし、もち続けている[193]。それらは憲法国家とその文化的基礎との結びつきを確立しようと試み、それにより憲法の土台となる諸価値の武器庫を広げた。必然的にこれは、防禦権の優位に固執する、ともかく質的には依然として有力な基本権解釈学の立場との隔たりを大きくし、具体的な解釈諸基準の必要を際立たせた。確かに、そうしたものとして、実務において判決は完成された憲法裁判権に任されているが、憲法裁判権の側はその法的、文化的、論証的理由づけの点で把握されうる[194]。だが、それはせいぜい「連邦憲法裁判所実証主義」[195]の継続的実務によって予見可能となりうる、単なる事例における正義だとの異議は残る。これに対して、ヘーベルレの希望は、憲法法の更なる発展と新たな表現の基礎たる「憲法解釈者の開かれた社会」[196]に向けられている。だが裁判官社会学がかなり以前に提起した、この社会の開放性がどの程度まで民主的公共性の開放性を覆い隠しているか、という問いには、依然として答えが必要である。

七　法理論から立憲へ

1　シュレスヴィヒ―ホルシュタインの例

このように理解された憲法理論は、実務における憲法の更なる形成を課題の設定に組み入れるよう促した。今日からすれば当然の、諸課題の結びつきは、当初はほとんど注目されなかった出版者の決定に意味を与える。ゲルハルト・ライプホルツの死後、J.C.B.Mohr（Paul Siebeck）社は第三二巻（一九八三年）から現代公法年報Jahrbuch des Öffentlichen Rechts der Gegenwartの編集者の任をペーター・ヘーベルレに委ねた。(197) この身分で、そしてこの領域での自分の出版物を通じて、(198) ヘーベルレは、ドイツ、欧州、そして世界における憲法の諸発展を、〔互いに〕関連し、文化的発展と結びついた過程として示すことができた。この企図の意義と成果は現在まではっきり示されている。

もっとも当初は、むしろ偶然的な出来事が実務からきっかけを与えた。シュレスヴィヒ―ホルシュタインでは、一九八七年のバーシェル事件が憲法の水準で一定の規律の欠陥を認識させた。(199) だがそれを除去するのは、ごく限定された課題でありえたはずである。しかしそれ以来、一九八八年五月八日に改選されたシュレスヴィヒ―ホルシュタインの州議会は、一九八八年六月二九日に全会一致で憲法および議会改革立法調査委員会を設置し、そこには実務家のほかに公法学と政治学の二教授が属していた。委員会は包括的な、書物としても公刊された最終報告書を仕上げたが、(200) これは従来の州条例を現在ではそのように呼ばれうる憲法へと大幅に改正するよう提案していた。これは、それ自身としては議会委員会の儀式の分野にとどまりえたかもしれない。報告対象期間には特記すべき成果のなかった連邦水準での従来の試みと比較されるのは、当然である。[201]

現在は事情が異なる。シュレスヴィヒ-ホルシュタイン州議会は、立法調査委員会により示された道を進み、一九九〇年六月一三日に新州憲法を可決した。それは基本法の基本権目録と並んで、確かにわずかではあるが、州に特有の必要に合わせた基本権と憲法指令を含み、州憲法争議に関して連邦憲法裁判所の利用をも維持したが、州議会、その委員会、反対派、そして個々の議員の権利を強化し、そして直接民主制の諸要素をも予定している。ここに新たな憲法政策の出発点を見ても行き過ぎではないし——そしてそれは当事者にも意識されていた。[202]

2　再統合への諸影響

このステップの意義は、ドイツ民主共和国における統治者の統制を求める叫び声が憲法政策的諸要求をも含み始めると、すぐに明らかになった。確かにこれらの憲法政策的要請は——当初は——大衆運動のテーマではなかった。だがどの程度その内容がドイツ民主共和国内の議論により、[203]どの程度東ドイツの市民運動により、どの程度西ドイツの助言者により鼓舞されたのかは、独立して発展し連邦共和国の議論により影響された市民運動の問題設定一般ほど厳密には線引きができない。いずれにせよ、ドイツ民主共和国最後の年における議論は、大規模で重要な憲法協議をもたらし、それらは西側の諸モデルも引き入れたが、独立にも検討を続けさらに発展させた。まず一九八九／九〇年冬に憲法円卓会議が行われ、[204]続いて一九九〇年三月一八日の〔東独〕人民議会選挙ののち、数多くの憲法を改正し、憲法を破り、そして再統一を直接に準備する人民議会法律が発せられた。[205]

西側の見方では、（旧）基本法第一四六条が基本法の効力を、「ドイツ国民が自由な決断で議決した憲法が施行される日に」終了させようとしていただけに、これはますます重要だった。ここから、基本法前文に言われていた「過渡期の終了」テーゼが出てきた。[206] 前文から憲法による委任が引き出されることができ、そして再統一の命令に関し実際に引き出されたので、[207] 基本法の機能の履行とこの最終条文による将来への開放は、今では新たな再統一ドイツにふさわしい憲法が命じられたという趣旨でこの委任を具体化せねばならなくなった。

この議論は一九九〇年に弁論や執筆に多くの機会を与えた。もちろんすぐに方向が転じられた。連邦共和国はドイツ民主共和国との権力政治的対立で自己主張を貫き、連邦共和国が東ドイツ住民にとって目ざす点であり、とくに一九九〇年三月一八日の人民議会選挙の結果が出たのちにはそうなったので、再統一に基本法が基礎となるのは当然だった。基本法はそればかりか第二三条によれば「ドイツのその他の部分」に「それらの加入」の可能性を与えており、そしてその後にここで単純に、一九五七年のザール州加入の際にすでに起こったように、「発効」した。[208] それではなぜ再統一はこうした形で実行されなかったのだろうか？

実際には議論の主潮はすぐにこの方向で進められた。東ドイツの諸協議で考慮された諸規律に対して批判的に、すでに基本権の分野で、[209] だがまた経済制度法や直接民主制、そしてその他の組織論的素材に関しても、学問的論証と憲法実務はすぐに加入の解決に集中した。この点で重要だったのは、数多くの添付論文によっても準備された、一九九〇年四月二七日にベルリンのライヒ議会で開催されたドイツ国法学者大会だった。[210] 通貨条約とその後の選挙条約をももって、一九九〇年八月三一日の統一条約に至る道が示された。[211] その第一条は一九九〇年一〇月三日をもって発効し、「基本法第二三条による」加入の発効を定め、そして第三条は基本法の効力を加入領域に適用した。それによりイーゼンゼーのいう憲法問題は片が付いたように見えた。[212]

3　憲法政策的、憲法法的、そして憲法理論的帰結

とはいえ、「ドイツ統一の年における憲法議論」[213]はそれでは終わらなかった。まさに再統一の方法と法的形式をめぐる論争が、立憲の役割を新たに際だたせた意識の変化を記している。再統一されたドイツを憲法により新たに表現するという問題がきわめて強調されて提起され、活発に考察されたことが、考察対象期間のはじめを支配していた憲法了解に対する諸変化を明らかにしている。

実務的にもこの態度の変化は、強さはさまざまで総じて長期的にはおそらくあまり一貫しないとはいえ、様々な帰結をもたらした。

まず、上に示した形での加入も基本法のいくつかの改正を必要とした。それらは統一条約と、その第四条として合意された。それゆえこの条約に対する旧連邦共和国の合意法が[214]、書き出しの定式のなかに明文で記録されているように、憲法改正法律として公布されねばならなかった。実質的にこれらの改正は、一面で基本法を暫定法と呼ぶ条文に向けられた。これらは削除もしくは書き換えられた[215]。加入する比較的小さい諸州に大きすぎない重みを与えようとした、連邦参議院における議席配分、そして二つの本来的移行規定がそれらである。憲法の作用の仕方に関しては、まさに最初にあげた側面がいくらか重要だった。これについては、それが――擬似国際法的に合意された――統一条約に包まれており、したがっておよそ合意を与えるしかできなかった議会での個別的な議論を免れていた。基本秩序としての憲法の理想に、それは合致し難かった。だが形式を守るために連邦憲法裁判所は[216]この規律を受け入れた。

実質的にはるかに重要だったし、現在も重要なのは、加入の結果として新諸州が憲法を制定しなければならな

かったことである。ドイツ民主共和国にとっても、また再統一されたドイツにとってもそうはならなかったが、東ドイツの州水準ではいまや憲法制定が議事日程に上り、そして個々の州でこれに関する論争に火がついている。それは一方でシュレスヴィヒ―ホルシュタインの例に、他方でドイツ民主共和国と連邦水準での諸議論を引き継いでいた。各新憲法は一九九二年と一九九四年の間に、ベルリンでは一九九五年に可決され、部分的には国民投票に服させられたが[217]、複数の観点で、とくに直接的市民参加の意義、国家〔州〕目標諸規定、そして個々の基本権の整備について、これまで周知のモデルから離れている。それらはこれにより、複数の西側連邦州における憲法改正のきっかけを与え、ニーダーザクセン州では一九九三年五月一九日に憲法は全面改正を経て発布され、他の多くの州でも徹底した部分改正が実施された。ここでどの程度まで新しい憲法理解が表現されたか、単なる流行や挿話に過ぎなかったのかの判断は、もちろん包括的には下せない[218]。

最後に連邦の水準も、統一条約締結における基本的立場を無視して更なる憲法議論に触れぬわけにもいかず、その結果、基本法第二三条と第一四六条とにより再統一の道を結びつける傾向が[219]最終的に影響力をもったが、これも結局こうした発展の論理の中にある。だが控えめな態度をとるべしとの格率は、ここでより強く守られた。大連立政権（とくに一九六七―七〇年）による徹底した憲法改正と当初目指されていた一九七二年の憲法改革の失敗は[220]、散発的に取るに足らない憲法改正をもたらすにとどまり、そして一九七六年秋以来、基本法第二一条第一項第四文の些細な修正が行われただけだった[221]。だがいまでは、憲法議論は少なくとも、統一条約がすぐ前で言及した「基本法の加入による諸改正」と並んで、続く第五条では「統一されたドイツの立法諸機関」に「将来の憲法改正」を勧め、そのために四つのテーマ分野――連邦と諸州の関係、ベルリンとブランデンブルクの再編、国家目標諸規定、基本法第一四六条の適用とこの枠内での国民投票――を議論の俎上に載せた。国家目標諸規定のここで扱われている諸問題との関連は明白である。基本法の手続上一義的な民主的正統化の問いもこれと結びつけられうる。両者は、上述のように、州憲法制定で反響があった。

だが連邦ではどうか？　統一条約の勧告に従い、連邦議会と連邦参議院は一九九一年一一月に連邦議会と連邦参議院の合同憲法委員会を選任した。これはほぼ二年間にわたり大規模な立法調査、聴聞、そして審議を実施し、一九九三年一一月五日に広範囲にわたる報告をおこなった。[222] 本報告から、実際にドイツ憲法法の基本諸問題が検討され、部分的には大衆請願の性格をもっていた数多くの請願もそれに寄与したことがわかる。それらはなにより国民評決、国民請願、そして国民発議の問題、動物保護問題、女性割当数問題、非婚生活共同体問題、中絶自由化問題、そして少数者の基本権保護問題に向けられていた。[223] だが、これらの要請のうちごくわずかなものだけが採択された。今や連邦議会と連邦参議院で三分の二の多数をもって承認されねばならなかった（基本法第七九条第二項）憲法制定が問題となるため、改正の諸提案には、二大政党の代表者たちの同意を得られた場合にのみ、チャンスがあった。それゆえすでに設置決議が、憲法委員会の助言にも三分の二の多数を要すると規定していた。諸要請は先に進むとたいていここで挫折した。その代わりに、マーストリヒト条約による欧州統一は連邦共和国を新たな諸問題に直面させた。それにより委員会はまず、[224] この問題圏に関し憲法改正がもたらす結果に取り組んだ。[225] この結果は、確かにいくらかは興味深く、連邦−諸州−関係にも触れていたが、その他の点では再統一により投げかけられた諸問題とほとんど関係がなかった。まとめられた報告も、確かに、量的に実に大きな憲法改正をもたらし、[226] それらは最近の憲法論議により提起された個々の諸要請、たとえば女性や障碍者の平等な地位、自然的生活基礎の保護——後には動物保護により補完された[227]——を取り上げはしたが、きわめて慎重に、できるだけ直接的請求権を基礎づけない定式化がとられた。改正の重点は連邦−諸州−関係の——なおごく臆病で部分的には後になって初めて実務的に有効になる――諸規律にあり(228)、それらは基本権解釈の諸問題、憲法の効力、そして一九九〇年の憲法論争とほとんど関係ないが、差し迫った係争諸問題に移行していった。

【原注】

（1）これについてはとくに、Ernst Rudolf Huber, *Deutsche Verfassungsgeschichte seit 1789, zum Kaiserreich*, Bd. 3-5, Stuttgart 1963-1978（Neuauflagen）.

（2）これについてたとえば、Chr. Gusy, *Die Weimarer Reichsverfassung*, Tübingen 1997,〔グズィ『ヴァイマール憲法』、原田武夫訳、風行社、二〇〇二年、第二部の訳〕は適切な問題の理解をしている。これに対して、*Handbuch des Deutschen Staatsrechts*（hrsg. von Gerhard Anschütz und Richard Thoma）, Tübingen 1930/^{3}2, insb. durch Walter Jellinek（Bd. l, S 127 ff.）の叙述は、わずかな散発的注釈（S. 137 f.）を憲法の「構築」について含むのみである。ともかく補足的に E. R. Huber（注1）, Bd. 6/7, Stuttgart 1981/84による包括的叙述。

（3）適切な理由で選ばれた Brun― Otto Bryde, Tübingen 1982の教授資格論文のタイトルがこれである。

（4）Hasso Hoffmann, Dia Entwicklung des Grundgesetzes seit 1949, in: *Handbuch des Staatsrechts*（hrsg. von Josef Isensee/Paul Kirchhof）, Bd. 1, Heidelberg 1987, §7 S. 259 ff. mit Bibliographie S. 319; in der 3. Aufl., Heidelberg 2003, § 9 S. 355 ff.

（5）指標となるのはとくに、Heinrich Wilms. *Neueste Deutsche Verfassungsgeschichte*, angelegt auf 5 Teile（6 Bände）und ergänzende Dokumenten-Bände, Stuttgart 1999 ff.の計画である。

（6）Detlef Merten/ Hans-Jürgen Papier, *Handbuch der Grundrechte*, Bd. 1, Heidelberg 2004, insb. mit den Beiträgen von E. Klein, § 5 S. 201 ff., und H.H. Klein, § 6 S. 269 ff.

（7）この意味で、Wilms（注5）は一巻を基本法成立への外国の影響 Ausländische Einwirkungen auf die Entstehung des Grundgesetzes（1999）という署名ではじめている。これに関する資料編は二〇〇三年。H.P. Schneider（Hrsg.）, *Das*

Grundgesetz, Dokumente seiner Entstehung, Frankfurt seit 1995によるこれにつき包括的にまとめられた資料集も参照。

(8) たとえば一九五四／五六年の徴兵義務改正（4. und 7. ÄndG）、一九六八／六九年の緊急事態および財政改革改正、数多くのこれ以外の改正法、一九七二年から一九九〇年のごくわずかな憲法への介入しかなかった時期、そして再統一の諸帰結（insb. 36, 38-, 42 ÄndG 1990-94）；そこでは、着手された連邦制改革は、別の一章を画しえたかもしれない。

(9) たとえば、一九五五年から五七年の主権宣言をともなったＮＡＴＯと欧州経済共同体加盟、一九六八年の連合国の留保権解消を伴った緊急体制、一九七二年の国連加盟、一九七九年の軍備増強決議とそれに伴う諸論争、一九九〇年の再統一と２＋４条約によるその国際的保護、一九九二年のマーストリヒトにおける、そして憲法条約による欧州統合の強化。

(10) それを目指す試みを私は、論文 Il contributo del Bundesverfassungsgericht, in: Lorenza Carlassare（Hrsg.）, *Il dritto costituzionale a duecento anni dall'istituzione delle prima cattedra in Europa*, Padova 1998, S. 119 ff. で行い、そこでもちろん部分的には交差する諸時期に、つまり相対的自制期（五〇年代）、体系的基本権発展期（五〇年代後期およびとくに六〇年代）、改革立法の原理的統制期（六〇年代）、政治的紛争における裁判所の仲裁人機能期（とくに七〇年代後期と八〇年代）、および新たな基本権紛争期（八〇年代後期と九〇年代）に区分しようと試みた。

(11) 一九六七年六月八日（BGBl. f, S. 532）。これについては正当にも本巻で特別な論文が予定されている。また参照、D. Schefold, Zwischen Preisstabilität und gesamtwirtschaftlichem Gleichgewicht, in: *Demokratie in Staat und Wirtschaft, Festschrift E. Stein*, Tübingen 2002, S. 201 ff.

(12) この点で特徴的なのは、ベルリン自由大学史料集 Dokumentation Freie Universität Berlin 1948-1973, Hochschule im Umbruchであり、その第四部一九六四–一九六七年 Teil IV 1964-1967（Berlin 1975）は、「危機」と題されている。

(13) 同じくオーストリアとの比較で本巻〔K. Acham/ K. W. Nörr/ B. Schefold（Hrsg.）, *Der Gestaltungsanspruch der Wissenschaft*, Stuttgart 2006〕の R. Novak論文 S. 547-569. この点では以下の私の論文を参照されたい Dian Schefold,

Geisteswissenschaften und Staatsrechtslehre zwischen Weimar und Bonn, in: *Erkenntnisgewinne, Erkenntnisverluste*, Stuttgart 1998, S. 567（585 ff.）〔本書第四章、一一七頁（一三三頁以下）〕。

(14) 始まりは BVerfGE 1,14（52）; 1, 208（247 ff.）.

(15) とくに BVerfGE 3, 225; 6, 55.

(16) BVerfGE 6, 32 ff.

(17) BVerfGE 7, 198, auch 12, 205（259 ff.）.

(18) BVerfGE 7, 377ff.

(19) BVerfGE 18, 315.

(20) BVerfGE 18, 353.

(21) BVerfGE 18, 385 ff.

(22) BVerfGE 19, 206 ff., 226 ff., 242 ff., 253 ff., 268 ff., 282 ff., 288 ff.; Schefold（注13）, S. 584 f., 590 mit Fn. 130 m. Nachw.

(23) BVerfGE 20, 150 ff.

(24) BVerfGE 20, 162 ff.

(25) 上述注17。

(26) H. Kunst/ S. Grundmann, in Verbindung mit W. Schneemelcher und R. Herzog（Hrsg.）, *Evangelisches Staatslexikon*, Stuttgart 1966.

(27) 全基本権の扱いと並んで、また理論的要求とともに（vgl. A. Voigt und R. Zippelius, Sp. 717 ff.）、ことにアドルノ Theodor W. Adorno, *Gesellschaft*, Sp. 636 ff.および Rudolf Smend, *Integration*, Sp. 803 ff. を参照されたい（*Erkenntnisgewinne, Erkenntnisverluste*, a. a. O., S. 584 mit Fn. 95〔本書第四章、一三二頁、注は一六〇頁〕）——このリストは簡単に長くされるだろう。

(28) *Evangelisches Staatslexikon*, S. XXI-XLVIは、高らかに「ここで扱われるテーマに関する文献は、実際上存在しない」

と指摘する。S. XLVI. ――この指摘は確かにヘルツォークの後の仕事を基礎づけ、まさにそれゆえに福音主義国家事典の後の版にはもはや含まれていない。

(29) とくにマウンツ Theodor Maunz の教科書（1. Aufl. München 1951）はおびただしい版を重ね、二四版（一九八二年）からはチッペリウス Reinhold Zippelius により補訂されている。また Otto Koellreutter（1. Aufl. Stuttgart 1953）.

(30) 1. Aufl. Heidelberg 1967, 20. Aufl. 1995（Neudruck 1999）〔ヘッセ『西ドイツ憲法綱要』、阿部照哉他訳、日本評論社、一九八三年、第一三版訳〕. その意義については、*Erkenntnisgewinne, Erkenntnisverluste*, S. 593 f. mit Fn. 150〔本書第四章、一四一頁、注は一六六頁〕.

(31) Ekkehart Stein, *Lehrbuch des Staatsrechts*, 1. Aufl. Tübingen 1968, 19. Aufl.（一七版より Götz Frank と共著）2004.

(32) これについては後述七1。

(33) その際、一九八三年一二月一五日の国勢調査判決 BVerfGE 65, 1 ff. は、情報自己決定の基本権を作り出す基礎となり、ベンダ Benda により意識的に設定された道標と見られうる。

(34) Josef Isensee/ Paul Kirchhof（Hrsg.）, *Handbuch des Staatsrechts*, Bd. 1, Heidelberg 1987, insgesamt 10 Bde, bis 2000; 評価と学問的意義について参照、Helmut Schultze-Fielitz, *Die Verwaltung* 32, 1999, S. 241 ff. 包括的典拠を示す。この教本の第二版は主として再版だったが、二〇〇三年より第三版が出ている。

(35) Klaus Stern, *Das Staatsrecht der Bundesrepublik Deutschland*, Bd. 1, München 1977, 2. Aufl. 1984, Bd. 2, 1980, Bd. 3.1, 1988, Bd. 3.2, 1944（*Allgemeine Lehren der Grundrechte*）, Bd. 5, 2000. 表題として個々の基本権が予定された第四巻が準備されている。

(36) Ernst Benda/ Werner Maihofer/ Hans Jochen Vogel（Hrsg., Mitwirkung von Konrad Hesse und Wolfgang Heyde）, *Handbuch des Verfassungsrechts der Bundesrepublik Deutschland*, Berlin 1983, 2. Aufl. 1994.

(37) R. Herzog u. a.（Hrsg.）. *Evangelisches Staatslexikon*, 2. Bde., 3. Aufl. Stuttgart 1987（参照、上述注26―28）.

(38) 以下の三巻を参照。Christoph Degenhart, *Staatsrecht I — Staatsorganisationsrecht*, Heidelberg 1985, 20. Aufl. 2004;

Bodo Pieroth/ Bernhard Schlink, Grundrechte, *Staatsrecht II*, Heidelberg 1985, 20. Aufl. 2004〔ボード・ピエロート／ベルンハルト・シュリンク『現代ドイツ基本権』、永田・松本・倉田訳、法律文化社、二〇〇一年（第一五版訳）〕; Michael Schweitzer, *Staatsrecht III*, Heidelberg 1986, 8. Aufl. 2004. 更なる指示 Indizは後述注93。

(39) Hugo Preuß, Vorschläge zur Abänderung der Reichsverfassung（1917）, in: ders., *Staat, Recht und Freiheit*（hrsg. Theodor Heuss）, Tübingen 1926, S. 290（300）. G. Anschütz, *Die Verfassung des Deutschen Reichs, Kommentar*, 14. Aufl. Berlin 1933（Neudruck 1960）, Vorbemerkungen zum 2. Hauptteil Anm. 4 S. 508で言及された前史をも参照。

(40) Jasper Mauersberg, *Ideen und Konzeption Hugo Preuß' für die Verfassung der deutschen Republik 1919*（Diss. Kiel）, Frankfurt 1991, S. 173; vgl. auch Dian Schefold, Hugo Preuß, in: H. Heinrichs u. a.（Hrsg.）, *Deutsche Juristen jüdischer Herkunft*, München 1993, S. 429（449）.

(41) テクストは、E. R. Huber, *Dokumente zur deutschen Verfassungsgeschichte*, 3. Aufl. Stuttgart 1991, Nr. 89 S. 91 ff; 批判については Anschütz（注39）, S. 508 f. mit Fn. 1も。

(42) なかんずく参照、すでに自由な意見表明の権利に関するスメントの報告、*VVDStRl*. 4, 1928そしてその後、*Verfassung und Verfassungsrecht*, Berlin 1928の後ではとくに、*Bürger und Bourgeois im deutschen Staatsrecht*, Berlin 1933, 現在ではいずれも、Rudolf Smend, *Staatsrechtliche Abhandlungen*, 3. Aufl. Berlin 1994所収。時代史的文脈については、Dian Schefold, Geisteswissenschaften und Staatsrechtslehre（注13）, S. 578〔本書二二七頁〕. 違いが残るのは、スメントがナウマンの試みに厳しく批判的に対立していた点である。Vgl. *Verfassung und Verfassungsrecht*, S. 166 f. Fn. 1 — *Staatsrechtliche Abhandlungen*, S. 267, Fn. 18.

(43) 参照、すでに一九一二年にプロイセン憲法典について、それとともにその基本権保障について注解の第一巻を上程していたアンシュッツ Anschützの a. a. O., S. 505 ff. における詳しい説明に続いて、なにより、H. C. Nipperdey（Hrsg.）, *Grundrechte und Grundpflichten der Reichsverfassung*, 3. Bde. 1929/ 1930, および Carl Schmitt, Inhalt und Bedeutung des zweiten Hauptteils der Reichsverfassung, in: *Handbuch des Deutschen Staatsrechts*（注2）, Bd. 2, S. 572 ff. 続くパラ

グラフは、基本権目録の個々の——すべてというには程遠い——要素を示している。上述の点につき最近では、Walter Pauly, *Grundrechtslaboratorium Weimar*, Tübingen 2004. 同書については、Badura, *Juristenzeitung*, 2005, S. 188 f.

(44) ことに参照、一九四八年一二月一〇日の国連の世界人権宣言、*UN-Resolution* 217 (III)、すぐに続く、一九五〇年一一月四日の、人権と基本的自由の保護のためのヨーロッパ条約。これに連邦共和国は一九五二年一二月五日の批准により加入した。

(45) バイエルン憲法序文及び第九八条は、それに続き国家権力に住民保護の役割を与えており、第九九条―一〇一条では人間の尊厳と一般的な行動の自由を保障する。その文脈は、たとえば Willibalt Apelt, *Geschichte der Weimarer Verfassung*, München 1946（2. Aufl. 1964）の献辞と助言に明らかである。（ヴァイマル憲法の）基本権については、続いて S. 291 ff. ブレーメンの議事堂に掲げられている、ラトツィヴィル Franz Radziwill 一九四六年作の絵画「ブレーメンの嘆き Die Klage Bremens」〔四四年に被った攻撃の追憶〕は、これと並行するものである。

(46) 代表的なものとして、Rudolf Laun, *Die Menschenrechte*, Hamburg 1948; Gerhard Oestreich, *Die Idee der Menschenrechte in ihrer geschichtlichen Entwicklung*, Düsseldorf 1951 があげられよう。

(47) 続いて、一九四五年以降——通例は一九四六／四七年に——最初に発せられた諸憲法が置かれた。最初の憲法集は Bodo Dennewitz, *Die Verfassungen der modernen Staaten*, Bd. 2, Hamburg 1948 が提供した。そこで正確な該当箇所は S. 14. 比較分析についてとくに重要なのは、Bengt Beutler, *Das Staatsbild in den Länderverfassungen nach 1945*, Berlin 1972.

(48) Dennewitz, a. a. O., S. 11 は、東側地区の全憲法で最後に含まれている、経済、財政、人民教育、および宗教団体に関する諸規定をこえて、はじめに個々の基本権保障が、それどころか上述の州では本来の基本権目録が含まれていることを、もちろん些事に見せかけている。

(49) 興味深いのは、ヴュルテンベルク―ホーエンツォレルンの憲法における中間段階であり、それは冒頭で「国家の本質と任務」として人権と国家の目標を、次に基本権、次に国家組織、そして次に（第八九条以下）で社会的諸秩序を規律し保障している。

（50）支えとなる考察のために、Doemming/ Füsslein/ Matz, Entstehungsgeschichte der Artikel des Grundgesetzes, *JÖR* NF 1, 1951, S. 41 ff. における適切な要約。

（51）この点では、何よりバイエルン、バーデン、ラインラント－プファルツの憲法の影響が明らかであり、そこではもちろん意識的に国家目的の包括的限定が、たとえばヴュルテンベルク－バーデン第一条二項、ヴュルテンベルク－ホーエンツォレルン第五条、ラインラント－プファルツ第一条二項、三項に依拠して、断念されている。

（52）R. Thoma, Über die Grundrechte im Grundgesetz für die Bundesrepublik Deutschland, in: *Recht — Staat — Wirtschaft*, Bd. 3, 1931, S. 9 ff.

（53）Thoma, a. a. O. で引用されているもの以外では、戦後最初の一九四九年国法学者大会における、ボン基本法第一九条第四項という一般条項の射程に関する、F. KleinとH.Herrfahrdtの報告および討論を参照。*VVDStRL*, 8（1950）, S. 67 ff.

（54）この点で、すぐ上で言及した国法学者大会の次年度大会に、カウフマン Erich Kaufmannとドラート Martin Drathの報告で憲法裁判権の限界についていくらか引き継がれたのは、まったく首尾一貫していた。

（55）参照、バイエルン憲法裁判所の諸判決、Neue Folge, seit Bd. 1（1947/48）.

（56）Art. 66, 98（4）BayV.

（57）参照、*JÖR* 1, 669（670f.）の合議の再録。

（58）一九五一年三月一二日（BGBl. 1, S. 243）、成立史については、Reinhard Schiffers, *Grundlegung der Verfassungsgerichtsbarkeit*, Düsseldorf 1984, vgl. auch Kralewski/ Neureither, *Oppositionelles Verhalten im ersten Deutschen Bundestag*, Köln/ Opladen 1963, S. 168 ff.

（59）基本法第四九条 Nr. 4a, 4bは、一九六九年一月二九日の基本法第一九改正法（BGBl. 1, S. 97）により挿入された。

（60）州憲法裁判所諸決定の連邦憲法裁判所による審査の可能性については、確かに基本法第一〇〇条Ⅲにより予定されている。学校における祈禱問題における示唆的な布置を参照。そこでは確かに、ヘッセン国事裁判所判決に対する憲法訴願が（ESVGH 16, 1 ff.）異議なく非難されているが（BVerfGE 24, 289）、この問題は続く事例で違った決定がなされた。BVerfGE 52, 223.

(61) BVerfGE 2, 1 [12], 3, 225 [233], 6, 32 [40], 6, 55 [71] u. v. a.

(62) これについては、KühlとRückertの論文〔K. Kühl, Kontinuitäten und Diskontinuitäten im Naturrechtsdenken; J. Rückert, Kontinuitäten und Diskontinuitäten in der juristischen Methodendiskussion,〕参照、in: *Erkenntnisgewinne, Erkenntnisverluste*, 1998, S. 605 [620 ff.], 113 [129 ff.]

(63) この点につき、同書S. 567（586 ff.）〔本書一一七頁（一三四頁以下）〕の私の説明を参照していただきたい。

(64) 意味深い表現は、Peter SchneiderとHorst Ehmke, Prinzipien der Verfassungsinterpretation, *VVDStRL* 20, 1963の報告。

(65) Werner Maihofer（Hrsg.）, *Naturrecht oder Rechtspositivismus?*, Darmstadt 1962.

(66) Vgl. *VVDStRL* 8, 1950, これについては上述注53。

(67) 連邦憲法裁判所法BverGG第三一条。これは、基本法第九四条IIに基づいて発せられ、当初さまざまに攻撃されたが、連邦憲法裁判所判決BVerfGE4, 27 ff.; 4, 31（38 f.）によりその意義を強調された規定であり、この点は何より基本法第一三一条と同施行法に関する判決で示された。参照、一方でBGHZ 13, 265 ff., 他方でBVerfGE 6, 222（241）.

(68) 最初の二〇年間に関する統計は、*Das Bundesverfassungsgericht 1951-1971*, Karlsruhe 1971に含まれており、（一九七〇年までで）総数二万三六三七件の手続、そのうち二万一九四六件の憲法訴願が確認され、訴願については一九五八年以降毎年一〇〇〇件を超えている。

(69) 連邦憲法裁判所法第二四条——これに基づいて最初の数年間はほぼすべての憲法訴願が口頭弁論なしに決定された規定。これはBVerfGE 1, 97 ff. のような非常に基礎的な決定にすら妥当した。

(70) 一九五六年七月二一日の連邦憲法裁判所法改正法第一条（BGBl. 1, S. 662）。これはなかんずく連邦憲法裁判所法第九一a条を挿入した。

(71) 一九六三年八月三日（BGBl. 1, S. 589）、一九七〇年一二月二一日（BGBl. 1, S. 1765）、一九八五年一二月一二日

（BGBl. 1, S. 2226）の各連邦憲法裁判所法改正法。これらは上述の第九一 a条を廃止し、第九三 a条以下を挿入し、さらにそれらを改正したものである。この発展について参照、G. Wöhrmann, in: Umbach/ Clemens, BverfGG, *Mitarbeiterkommentar*, Heidlberg 1992, S. 131 ff.

（72）連邦憲法裁判所法第九三 a条Ⅱ。これは、議会の議決による明らかに理由のある憲法訴願を聴許する、第九三 c条による可能性によって補充されている。

（73）たとえば E. Böckenförde, Die Überlastung des BverG, *ZRP* 1996, S. 281 ff. とりわけこの立場にもとづいて設置された委員会の報告をも参照。*Entstehung des Bundesverfassungsgerichts*, hrsg. Vom Bundesminister der Justiz, Bonn 1998. 包括的な統計報告が含まれている。

（74）Dian Schefold, in: *Erkenntnisgewinne, Erkenntnisverluste*（注13）, S. 586 ff.〔本書一三四頁以下〕. ここで考察される時期のはじめに関する要約的報告として、Horst Harnischfeger, *Die Rechtsprechung des Bundesverfassungsgerichts zu den Grundrechten*, Hamburg 1996も参照。

（75）BVerfGE 6, 32 ff.

（76）BVerfGE 1, 14（52）.

（77）BVerfGE 7, 198 ff.

（78）BVerfGE 6, 55 ff.

（79）BVerfGE 7, 377 ff.

（80）想起されるべきは、この点で何より、再軍備に関連する諸紛争である。これについては、BVerGE 1, 396 ff.; 2, 79 ff. さらにケール港、ザール条約、そして帝国政教条約に関して、BVerfGE 2, 347 ff.; 4, 157 ff.; 6, 309 ff.; vgl. Dian Schefold, Il contributo del Bundesverfassungsgericht（注10）, S. 121 ff.

（81）BVerGE 4, 7（15 ff.）. そこで裁判所はそのすぐ後に（BVerGE 6, 32 ff., s. o. Fn. 75）行われる、基本法第二二条の特定の解釈への拘束を否定している。これについて詳しくは、K. W. Nörr,〔„Wirtschaftsverfassung“ im ersten Jahrzwörf der

Bonner Republik］in: *Erkenntnisgewinne, Erkenntnisverluste*, S. 356（370 ff.）.

（82）BVerfGE 7, 377, 上述注79を見よ。

（83）この点で意味のあるのは、BVerfGE, 13, 97 ff.およびこれについてすでに当時、O. Bachof, Freiheit des Berufs, in: *Die Grundrechte*, Bd. III 1, S. 183. 文脈については、BVerfGE, 17, 232およびスイスの並行した決定に関する私の判評 *Juristenzeitung*, 1967, S. 92 ff. を参照されたい。

（84）Neumann/ Nipperdey/ Scheuner（Hrsg.）, *Die Grundrechte*. Bd. II. Die Freiheitsrechte in Deutschland. Berlin 1954（2. Aufl. 1968）.

（85）Bettermann/ Nipperdey/ Sceuner（Hrsg.）, *Die Grundrechte*. Bd. III 1. Die Wirtschafts- und Arbeitsverfassung. 1953（参照注83）. Bd. III 2. Rechtspflete und Grundrechtsschutz. 1959. Bd. IV 1, 1960, Bd. IV 2, 1962. Grundrechte und institutionelle Grantien（alle in 2. Aufl. 1972）.

（86）Bettermann/ Neumann/ Nipperdey（Hrsg.）, *Die Grundrechte in der Welt*, Bd. I 1, 2, 1966/ 67.

（87）Duncker & Humblotの出版目録, Berlin-München 1975, S. 111はそう記している。一九七五年から一九八〇年のこれへの補遺ではこれはもはや触れられていない。

（88）K. A. Bettermann, *Grenzen der Grundrechte*, Berlin 1968, 2. Aufl. 1976, auch in: K. A. Bettermann, *Staatsrecht, Verfahrensrecht, Zivilrecht*, Köln 1988, S. 68 ff.

（89）興味深く、また問題の目録の整理 Abarbeitungとして情報に富むのは、Jürgen Schwabe, *Probleme der Grundrechtedogmatik*, Darmstadt 1977.

（90）Vgl. Klaus Stern, *Das Staatsrecht der Bundesrepublik Deutschland*, Bd. 3, 1, München 1988; 一般理論に関するBd. 3, 2, München 1994; 個別基本権に関するBd. 4は準備中（参照注35）。Isensee/ Kirchhof（Hrsg.）, *Handbuch des Staatsrechts*（参照注34）, Bd. 5, Allgemeine Grundrechtslehren, 1922; Bd. 6, Freiheitsrechte, 1989.

（91）例として、国法便覧 Handbuch des Staatsrechtsのすでにあげた巻で、基本権の理念に関するシュテルン Stern（§§

108/109）、および基本権と民主的形成の余地に関するクリーレ Kriele（§110）の論文があげられよう。

（92）参照、デューリッヒ Günter Dürig の Der Grundrechtssatz von der Menschenwürde, *Archiv des Öffentlichen Rechts* 81, 1956, S. 117 ff. 以来、そして彼がマウンツ Theodor Maunz とともに編集した基本権注解における基本法第一条から第三条までの注釈で頂点に達する、綱領的に基礎をなす仕事の後には、たとえば Horst Ehmke, *Wirtschaft und Verfassung*, Karlsruhe 1961; Walter Leisner, *Grundrechte und Privatrecht*, München 1960; Peter Häberle, *Die Wesensgehaltsgarantie des Art. 19 II GG*（erstmals 1962）; Friedrich Müller, *Die Positivität der Grundrechte*, Berlin 1969; Rupert Scholz, *Koalitionsfreiheit als Verfassungsproblem*, München 1971.

（93）Robert Alexy, *Die Theorie der Grundrechte*, Baden-Baden 1985.

（94）初出は *Neue Juristischen Wochenschrift* 1974, S. 1529-1538, 再録は ders., *Staat, Gesellschaft, Freiheit*, Frankfurt（stw 163）1976, S. 221-252. この論文の意義については、Alexy, a. a. O., S. 15 ff., 510 ff. も。

（95）Böckenförde, a. a. O., Fn.12-28に引用されたものを参照。

（96）Böckenförde, a. a. O., Fn. 29-47を参照。そこでは、なによりここで引用された人々が大部分制度的基本権理論の論者と批判者として発言している点が、なお注目されうる。

（97）Böckenförde, a. a. O., Fn. 48-63（同じく批判的な見解も組み入れられている）.

（98）A. a. O., Fn. 64-77.

（99）A. a. O., Fn. 78-88.

（100）Böckenförde, a. a. O., sub III 2, in: *Staat, Gesellschaft, Freiheit*（注94）, S. 243 ff. 同所に以下の引用も。

（101）Böckenförde, a. a. O., sub II 3 b）S. 233 ff. そこで下されている諸評価の恣意性が批判されている。なかんずく、Helmut Goerlich, *Wertordnung und Grundgesetz*, Baden-Baden 1973が引き合いに出されている。

（102）参照、上述二1 a.E.

（103）BVerfGE 39, 1 ff.:「憲法がその複数の規範で人間の生命に与えている高次の価値に直面して」（BVerfGE 37, 324, 327）

法律適用を停止する仮命令が、一九七四年六月二一日、同論文公刊の直前に出されていた。

(104) BVerfGE 39, 1（36 ff.）. そこでは倫理的および道徳神学的性質の諸問題と、「あらゆる法的秩序の中心的価値（！）たる生命の保護とについて論ぜられ、そしてそこから国家の保護義務が導かれている。すべてこれらに批判的なのは、Rupp-von Brünneck/ Simon, S. 68 ff. の異論。

(105) Helmut Ridder, *Zur verfassungsrechtlichen Stellung der Gewerkschaften im Sozialstaat nach dem Grundgesetz für die Bundesrepublik Deutschland*, 1960; ders., *Die soziale Ordnung des Grundgesetzes*, Opladen 1975, auch in: J. Mück (Hrsg.), *Verfassungsrecht*, Opladen 1975, S. 85 ff.（112 ff.）. ここではまさに、民主制と社会国家との解きがたい結びつきを取り戻すよう要求されている。この矛盾を、Stein/ Frank, *Staatsrecht*（注31）, 18. Aufl., §58 I 4も指摘している。

(106) Georg Jellinek, *System der subjektiven öffentlichen Rechte*, 2. Aufl. Tübingen 1905（Neudruck 1964）; 参照、Georg Jellinek, *Allgemeine Staatslehre*, 3. Aufl. Tübingen 1911（Neudruck 1966）, S. 407 ff., 416 ff.〔イェリネク『一般国家学』、芦部信喜他訳、学陽書房、一九七四年、第二版一九七六年、三二九頁以下、三三四頁以下〕. この端緒からたとえば、J. Schwabe, *Probleme der Grundrechtsdogmatik*, Darmstadt 1977はその体系論を展開したが、いずれにしても基本権の客観的－法的な機能を否定している。S. 286 ff.

(107) Anschütz（注39）, Vorbemerukungen zum 2. Hauptteil Anm. 5, S. 510 ff. これについて、トーマ Richard Thoma, in: *Handbuch des Deutschen Staatsrechts*, Bd. 2（注2）, S. 607 ff. によるイェリネク的諸範疇に従った体系化の試み。

(108) なにより、*Handbuch des Staatsrechts*（注34）, Bd. 4, §§111－113の分類を参照。そこでイーゼンゼー Isensee、ムルスヴィーク Murswiekおよびデニンガー Denningerは、防禦権と並んで、国家的保護義務、参加権、および基本権実現のための国家的補助を扱っている。

(109) Carl Schmitt, *Verfassungslehre*, Berlin 1928（9. Aufl. 2003）, S. 23 ff.〔シュミット『憲法理論』、尾吹善人訳、創文社、一九七二年〕. ライヒ憲法第二篇の内容と意義に関する詳しい説明（注43）は、ここでより強力に区分しており、一義的ではなく、まさにベッケンフェルデによればむしろ疑問があるように見える——そしてともかく、一九三三年一月三一日の最終決定 Totalentscheidung の後に、完全に放棄された。Vgl. Carl Schmitt, *Über die drei Arten des rechtswissenschaftlichen Denkens*, Hamburg 1934（2. Aufl. Berlin 1993）〔シュミット「法学的思惟の三類型」、加藤新平・田中成明訳、長尾龍一編『カール・シュミット著作集Ⅰ』、慈学社、二〇〇七年、三四五頁以下〕.

（110）この原理による方向づけがベッケンフェルデの体系化には欠けていることが、私には欠陥だと思われる。

（111）これについて典型的には、Konrad Hesse, *Grundzüge des Verfassungsrecht*（注30）, §2 III Rdnr. 60 ff.

（112）論文の Sub III 2, in: *Staat, Gesellschaft, Freiheit*（注94）, S. 243 ff.; これは、ベッケンフェルデも「前国家的人権」を組み入れ（S. 243, ただし、なぜそれらはここで「価値」でないというのか？）、そして民主制原理を「基本権的な自由な活動の内在的制約」と認めている（S. 245）だけに、ますます妥当する。

（113）Friedrich Müller, *Normstruktur und Normativität. Zum Verhältnis von Recht und Wirklichkeit in der juristischen Hermeneutik, entwickelt an Fragen der Verfassungsinterpretation*, Berlin 1966 の意味で。これは、ders., *Juristische Methodik*, Berlin 1971, 9. Aufl. Bd. 1, 2004, vgl. 1. Aufl. S. 30 ff., 107 で練り上げられている。

（114）Hans Hugo Klein, *Die Grundrechte im demokratischen Staat*, Stuttgart 1972 und（als Taschenbuch）1974; Walter Krebs, *Vorbehalt des Gesetzes und Grundrechte*, Berlin 1975; Eberhard Grabitz, *Freiheit und Verfassungsrecht*, Tübingen 1976; Jürgen Schwabe（注106）.

（115）シュリンク Bernhard Schlink の論文 „Freiheit durch Eingriffsabwehr", *Europäische Grundrechte-Zeitschrift* 1984, S. 457 ff. の副題である。同論文はその直後に初版が公刊された影響力のある教科書、Pieroth/ Schlink, *Staatsrecht II* - Grundrechte -（注38）の基礎となっている。

（116）Vgl. insb. Gertrude Lübbe-Wolff, *Die Grundrechte als Eingriffsabwehrrechte*, Baden-Baden 1988.

（117）Robert Alexy, *Theorie der Grundrechte*（注93）.

（118）Peter Häberle, *Grenzen und Wesengehalt der Grundrechte*, Karlsruhe- Heidelberg 1962, weitere Auflagen 1972, 1983; これは複数の外国語訳がある。そのうちとくに、リドラ Paolo Ridola により訳されたイタリア語版、P. Häberle, *Le libertà fondamentali nello Stato constituzionale*, Roma 1993は大きな影響を及ぼしたし、現在もそうである。

(119) 特徴的なのは、詳細で著作の意義を強調しつつ、もちろん批判も加えている、レルヒェ Peter Lercheの書評、*Die Öffentliche Verwaltung* 1965, S. 212-214; Paolo Ridola, Libertà e dritti nello sviluppo storico del constituzionealsmo, in: Roberto Nania/ Paolo Ridola（Hrsg.）, *I dritti constituzionali*, Torino 2001, Bd. 1, S. 3（26 ff.）; 影響について現在では、*Verfassung im Diskurs der Welt. Liber amicorum für Peter Häberle zum 70. Geburtstag*, Tübingen 2004.

(120) 連邦憲法裁判所の盗聴–決定 Abhör-Entscheidungについて、*Juristenzeitung* 1971, S. 145 ff.; BVerfGE 30 1 ff. への鋭い批判のなかで。

(121) Der Grundsatz der Menschenwürde, in: *Handbuch des Staatsrechts*（注34）, Bd. 1, §20, 3. Aufl. Bd. 2, §22.

(122) Grundrechte im Leistungsstaat, *VVDStRL*, 30, 1972, S. 43 ff.

(123) 基礎となるのは、Friedrich Müller, *Normenstruktur und Normativität*（注113）, これをさらに進めたのはわけても、*Normbereich von Einzelgrundrechten in der Rechtsprechung des Bundesverfassungsgerichts*, Berlin 1968; *Die Positivität der Grundrechte*, Berlin 1969, 2. Aufl. 1970; *Freiheit der Kunst als Problem der Grundrechtsdogmatik*, 1969; また参照、*Rechtstaatliche Form — Demokratische Politik*, Berlin 1977, m. w. Nachw.

(124) 要約的で手引きとなるのはとくに、*Juristische Methodik*（注113）, 八巻からなる*Elemente einer Verfassungstheorie*, Berlin 1975-2003, およびシュリンク Bernhard Schlinkとの論争への論文として、*Rechtstheorie* 7, 1976, S. 94 ff.（参照上述注115）, ミュラー Friedrich Müllerの応答として、*Rechtstheorie* 8, 1977, S. 73 ff.

(125) この論争のいくつかの主張 Wahrnehmungenに関して、Dian Schefold, Normenkontrolle und politisches Recht, *Juristische Schulung* 1972, S. 1 ff. を参照されたい。

(126) Schlink（注124）とならんで、最近では、Alexy, *Theorie der Grundrechte*（注93）, S. 63 ff.

(127) これについてなにより、Bernd Rüthers, *„Institutionelles Rechtsdenken“ im Wandel der Verfassungsepochen*, Bad Homburg 1970. たとえば一方でベッケンフェルデ Böckenfördeにおける、他方でレルヒェ Lercheにおける引用した異議

も参照。

(128) 上述二2と注61以下。

(129) BVerfGE 39, 1とRupp-von Brünneck/ Simon S. 68 ff. の異論。多数派の議論は——本報告の時期の終わり以降——第二中絶判決 BVerfGE 88, 203 ff. でも、Mahrenholz/ Sommer S. 338 ff., Böckenförde S. 359 ff. の異論はあるが、続けられ、そこではもちろん生命を「価値」とする議論（BVerfGE 39, 36 など判例に頻出の主張）は本質的に保護義務の概念（BVerfGE 88, 251 ff.の主張）により置き換えられたが、これはベッケンフェルデの影響に（も）帰せられうるだろう。実際にはそれにより変った点は少ない。

(130) Josef Isensee, *Das Grundrecht auf Sicherheit*, 1983, auch ders., in: *Handbuch des Staatsrechts*, Bd. 5, §111.

(131) Peter Saladin, *Grundrechte im Wandel*, Bern 1970, 3. Aufl. 1982.

(132) Niklas Luhmann, *Grundrechte als Institution*, Berlin 1965〔ルーマン『制度としての基本権』、今井弘道・大野達司訳、木鐸社、一九八九年〕.

(133) Helmut Willke, *Stand und Kritik der neueren Grundrechtstheorie*, 1975が例示されよう。

(134) この点で重要なのはとくに、Helmut Goerlich, *Grundrechte als Verfahrensgarantien*, Baden-Baden 1981, また、Erhard Denninger, in: *Handbuch des Staatsrechts*, Bd 5, §113 m. Nachw., Klaus Grimmer, *Demokratie und Grundrechte*, Berlin 1980も参照。

(135) Helmut Ridder, *Die soziale Ordnung des Grundgesetzes*, 1975（参照上述105とその他同所の論拠）; Dian Schefold, Sozialstaat und Wirtschaftsverfassung im demokratischen Rechtsstaat, in: Lanchester/ Staff（Hrsg.）, *Demokratische Rechtsstaatlichkeit nach Ende von Faschismus und Nationalsozialismus*, Baden-Baden/ Mailand 1999, S. 21 ff.

(136) Häberle und Martens, Grundrechte im Leistungsstaat, *VVDStRL* 30, 1972, S. 7 ff.（参照上述注122）.

(137) 上述、注93。

(138) 批判的-比較的組み込みにおいても、この見方に関するゲオルク・イェリネクの意義につき、最近では、Damiano

Nocilla, Introduzione, zu Georg Jellinek, *La dichiarazione die diritti dell'uomo e del cittadino*, Milano 2002, S. I ff.

(139) ヴァイマル憲法に関する後の著作におけるこうした傾向につき、私は *Erkenntnisgewinne, Erkenntnisverluste*（注13）, S. 578 mit Fn. 57-61〔本書第四章、一二七頁、注は一五五頁〕で指摘した。

(140) In: *Zeitwende* 18, 1947/48, S. 679 ff., wieder abgedruckt in: W. Maihofer（Hrsg.）, *Naturrecht oder Rechtspositivismus?*（注65）, S. 73 ff.

(141) Ernst Forsthoff, *Lehrbuch des Verwaltungsrechts*, Bd. 1, München 1. Aufl. 1950, 10. Aufl. 1973, 違法な行政行為の取消に対する信頼保護の否定にとくに明瞭に見られる（現在は、行政手続法§48 I 2 II-IV VwVfG）。この——国家論も含めた——文脈について参照、Ulrich Storost, *Staat und Verfassung bei Ernst Forsthoff*, Frankfurt 1978. 最近では W. Blümel（Hrsg.）, *Ernst Forsthoff, Kolloquium aus Anlass des 100. Geburtstags*, Berlin 2003所収の諸論文も。

(142) これについて、上述二2

(143) Die Umbildung des Verfassungsgesetzes, in: *Festschrift für Carl Schmitt*, 1959, S. 35 ff., wieder abgedruckt in: Ernst Forsthoff, *Rechtsstaat im Wandel. Verfassungsrechtliche Abhandlungen 1950-1964*, Stuttgart 1964. 同書には同方向の他の諸論文も所収。

(144) したがって、展開された体系論では、（1a）対（3b）ないし（3c）という意味になる。Vgl. Forsthoff, *Der Verfassungsschutz der Zeitungspresse*, Frankfurt 1969. 上述の直前に企てられたベッケンフェルデによる体系化の試みとの関連は、明らかである。*Staat, Recht und Freiheit*（注94）, S. 230 mit Fn. 34 ff. の該当箇所を参照。

(145) Ernst Forsthoff, *Der Staat der Industrisierungsgesellschaft*, München 1972.

(146) *Der Staat. Zeitschrift für Staatslehre, Öffentliches Recht und Verfassungsgeschichte*. たとえば、すぐに編集者グループに加わったクヴァリチュ Helmut Quaritschによる、「教会と国家」というテーマに関する重要な諸論文を参照。*Der Staat* 1, 1962, S. 175 ff. 289 ff.

(147) 上述、三2。

(148) Herbert Krüger, *Allgemeine Staatslehre*, Stuttgart 1964, 2. Aufl. 1966. 引用は、S. V. これについて私の書評論文、Eine neue Staatslehre, *ZschweizR* NF 84, 1965, S. 263 ff.

(149) この点では、Peter Badura, Die Tugend des Bürgers und der Gehorsam des Untertanen, *Juristenzeitung* 1966, S. 123 ff. という書評論文の表題〔市民の徳と臣民の服従〕は正当である。

(150) これについて、*Erkenntnisgewinne, Erkenntnisverluste*, a. a. O., S. 578 ff., 583 ff.〔本書第四章、一二七頁以下、一三二頁以下〕を参照のこと。

(151) Krüger, S. 545.

(152) A. a. O., Teil IV, S. 820 ff.「国家現力と臣民の服従」と題されている。

(153) こう論ずるのは、注38で引用した著作と並んで、Jörg Ipsen, *Staatsrecht I — Staatsorganisationsrecht*, 1. Aufl. 1987, 16. Aufl. 2004; *Staatsrecht II — Grundrechte*, 1. Aufl. 1997, 8. Aufl. 2005の各巻。並びに、A. Beckmann, *Staatsrecht I — Staatsorganisationsrecht*, Köln 1993, *Staatsrecht II — Grundrechte*, 1. Aufl.（„Allgemeine Grundrechtslehren“）1979, 4. Aufl. 1997. これに対して、たとえば、E. Denninger, *Staatsrecht*, 2 Bde., Reinbek 1973/79は素材をなお違った観点から分類していた。

(154) ヴァイマル共和国末期に到達した議論状況については、Gerhard Anschütz, *Die Verfassung des Deutschen Reichs*（注39）, Vorbem. 5 c）, 6 zum 2. Hauptteil S. 514 ff. ハイデルベルク大学博士論文、W. Eisenlohr, *Die juristischen Bedeutung programmatischer Bestimmungen in der Reichsverfassung*, 1933を指示している。

(155) きわめて印象深いのは、確かに基本法第三条IIの男女平等に関するところであり、これはBVerfGE 3, 225（238 ff.）によって完全な価値があり、原則的に（だが基本法第一一七条Iを参照）直接適用可能な平等原則と解釈されていた。その後に基本法第三三条Vに関するところであり、これはBVerfGE 3, 58（137 ff.）により十分理由づけられた判例の後に少なくとももたらされた職業公務員制の原則を配慮するよう立法に要求し、それに関する統制を取り戻すよう求めた。最後に非嫡出子の平等な法律上の地位に関するところであり、これはまず、BVerfGE 8, 210（216 ff.）で、ヴァイマル憲法第一二一条よりも強く法的に拘束力があるとしても、立法への委任と理解されていたが、後に報告の期間に（一九六九年）、BVerfGE 25, 167（172 ff.）で、進行中の選挙期間内に非嫡出子の平等な地位を法律的に実現するという委任に突然変異し、そうでない場合には、判決がこの課題を実現しなければならないことになった。これは報告期間を規定する憲法理論的論争の枠組みだった。

(156) Konrad Hesse, *Die normative Kraft der Verfassung*, Tübingen 1959, wieder abgedruckt in: ders., *Ausgewählte Schriften*, Heidelberg 1984, S. 3 ff. これは、ケーギ Werner Kägi の教授資格論文、*Die Verfassung als rechtliche Grundordnung des Staates*, Zürich 1945（Neudruck Darmstadt 1971）に依拠しており、影響力のある „Grundzüge des Verfassungsrechts“（参照上述注30）の基礎である。

(157) とくに、基本法第三条Ⅱを第一一七条との関連で、第六条、第一一条を第一一七条Ⅱとの関連で、第一四条Ⅱも第一五条との関連で。ここでは以下の注と同様に、制定時の基本法のテクストを出発点としている。

(158) とくに第一二条Ⅲ、第一三条（二）、第一四条Ⅱ、Ⅲ、第二六条、第二九条、第三三条Ⅴ、第三六条、第四〇条Ⅰ二、第四八条Ⅲ、第八七条、第八八条、第八九条、第九四条Ⅲ、第九五条、第九六条、第九八条、第一〇六条Ⅳ、第一〇七条、第一〇八条、第一〇九条、さらに加えて第一一六条以下。

(159) その際注意すべきは、一九四九年以来の法状況が顕著に変ったが、それは再統一以降に前文の機能変化が起こったからだけではなく、上にあげた憲法規範の数多くが改正され——五〇の基本法改正法のうち一六が一九六八年から一九七二年——、新たな指令の多くも改正された（たとえば基本法第二〇a条）ためでもあるが、また、多くの立法委任が実現されたためでもある、ということである。

(160) これについては、すでに上述四2で触れた。さらに以下も参照。

(161) Adolf Arndt, *Die nichterfüllte Grundgesetz*, Tübingen 1960. アルントは、一九四九年から一九六九年まで連邦議会に属し、最初の選挙期間には派閥の司法委員 Sekretär ないし局長 Geschäftsführer を務め、その後、法制作業部会長と法制委員会副議長を務めた。以下の論述について、アルントが、ヘンニス Wilhelm Hennis とエームケ Horst Ehmke に協力者として働いていたことは啓発的であろう。伝記的資料について参照、*Datenbuch zur Geschichte des Deutschen Bundestages 1949-1999*, Baden-Baden 1999, Bd. 1, S. 473 f., 736, 974, 996, 1008, 1010, Bd. 2, 2038, 2043.

(162) Vgl. etwa Peter Häberle, Das BverfG und die Verfassungsdirektiven, *AÖR*90, 1965, S. 341 f.; Ekkehart Wienholtz, *Normative Verfassung und Gesetzgebung*, 1968.

(163) BVerfGE 36, 1 ff. 基礎条約 Grundlagevertragについて。そこで（S. 17）再統合は「憲法による命令」と呼ばれている。「連邦共和国の政治的な行為に任ぜられた諸機関に、再統一をもたらすためにどのような道が政治的に正しく、目的にかなっているとみなすか」が、委ねられ続け（られねばならない）としても。判決はそれでもなお、「司法的自制」（LS 2, S. 14）が要求されていたとしても、これに関する示唆にあふれていた。

(164) BVerfGE 37, 271――しばしば鋭く批判され、BVerGE 73, 339により最終的に修正された決定。後者は統合された欧州への信仰に少なくとも合わせて言及している（S. 386）。

(165) この点で印象深いのは、BVerfGE 68, 1 ff. そこでは、中距離ミサイル配備の合憲性の理由づけが、基本法第二四条、第五九条に即して議会の留保つきの議論にとどまらず、なにより、まったく言及されていない講和命令を伴った議論を排除している。

(166) 一九六九年八月一九日の非嫡出子の地位に関する法律 Gesetz über die Stellung nichtehrlicher Kinder（BGBl. I, S. 1243）. 参照、上述注155。

(167) 基礎的には、原子力法の認可手続に関する、BVerfGE 53, 30（59 ff. およびより顕著にはさらにS. 69 ff.の異論）。意義と体系化について、E. Denninger, Staatliche Hilfe zur Grundrechtsausübung, *Handbuch des Staatsrechts* Bd. V, 1992, § 113 S. 291 ff.

(168) この点で重要なのはことに、一九八三年の国勢調査に関するBVerfGE 65, 1 ff. で、「情報的自己決定」をめぐるこれによって突き動かされた討論を含んでいる。このタイトルでたとえば、R. Scholz/ R. Pitschas, *Informationelle Selbstbestimmung und staatliche Informationsverantwortung*, Berlin 1984.

(169) とくに、一九七四年三月一五日の連邦環境汚染防止法（BGBl. I, S. 721, 1193）および一九七七年一月二七日の連邦データ保護法（BGBl. I, S. 201）。

(170) Wolfgang Däubler, *Das Grundrecht auf Mitbestimmung und seine Realisierung durch tarifvertragliche Begründung von Beteiligungsrechten*, Frankfurt 1973.

(171) 一九七六年五月四日の共同決定法（BGBl. I, S. 1153）。

(172) ことにBVerfGE 50, 290 ff. 明白に（確かにKonrad Hesseの注156に引いた文献に帰せられる）、問題設定の控えめな限定が示されている。S. 336-339. また、Wolfgang Däubler, *Das Arbeitsrecht*, Bd. 1, Reinbek 1976（viele Neuauflagenn）も、第七章で本来の端緒に周辺でしか言及しなくなっている。

(173) BVerGE 20, 56 ff. 同じく考察期間の冒頭を画する判決である。

(174) 一九六七年七月二七日（BGBl. I, S. 773）。Vgl. Konrad Hesse, 30 Jahre Parteiengesetz, in: D. Th. Tsatos（Hrsg.）, *30 Jahre Parteiengesetz in Deutschland*, Baden-Baden 202, S. 38 ff.

(175) BVerfGE 40, 296 ff.

(176) 一九七七年二月一八日（BGBl. I, S. 297）。このリストは広げられうる。あげられるのは、たとえば、一九七四年三月一五日の（もちろん共同決定法と関連した）新連邦職員代表法（BGBl. I, S. 693）。

(177) 一九六七年六月八日の経済安定性及び成長促進法（BGBl. I, S. 582）。一九六九年八月九日の財政原則法（BGBl. I, S. 1273）は基本法第一〇九条Ⅲにより予定されている。似たように、基本法第九一a条（第二項！）による共同任務の執行法もあげられうる。

(178) 上述六1とそこに記された典拠。

(179) 上述一1とそこに記された諸傾向。

(180) Wilhelm Hennis, *Verfassung und Verfassungswirklichkeit. Ein deutsches Problem*, Tübingen 1968. ここでの引用は、ders., *Die missverstandene Demokratie*, Freiburg（Herderbücherei）1973, S. 53 ff.（同書からの引用は、本文S. 71）に

よる。以下の分類は、*Erkenntnisgewinne, Erkenntnisverluste*, a. a. O., S. 592 f.〔本書第四章、一三八頁以下〕と関連する。

(181) Richard Bäumlin, *Staat, Recht und Geschichte*, Zürich 1961の意味で――ヘンニスがスメント学派によって特徴づけられるように。

(182) In: *Der Staat* 9, 1970, S. 533 ff. これに対して、Konrad Hesse, *Archiv des Öffentlichen Rechts* 96, 1971, S. 137の書評における区分を参照。

(183) ズール Dieter Suhr の教授資格論文、*Bewusstseinsverfassung und Gesellschaftsverfassung*, Berlin 1975のタイトルがこれだが、これはヘーゲルと「弁証法的憲法理論」を基礎づける試みと結びついている。

(184) 上述注30を見よ。

(185) 今日の連邦憲法裁判所法第一四条およびその執行のために発せられた総会議決が、もともとのテキスト（参照、上述二一3）と異なり、第一院に基本権関連（とくに規範統制と憲法訴願）の権限、第二院に憲法紛争の権限を集中させず、双方の領域を特殊な基準に従って両院に分配していることも、特徴的だと評価されうる。

(186) 上述三2を見よ。

(187) Vgl. Friedrich Müller, *Die Einheit der Verfassung*, Berlin 1979 ――基本権解釈と法律学方法論に関する著者の著作（注92, 113, 123／124とそこでの典拠を参照）に偶然続いたわけではない著作。

(188) Anshütz, *Die Verfassung des Deutschen Reichs*（注39）, Vorbem. zum Hauptteil Anm. 5 S. 510 ff.

(189) Carl Schmitt, *Verfassungslehre*（注109）, S. 20 ff.

(190) 引用は a. a. O. S. 29, 31. この文脈について、上述三2 a. E. および注109。

(191) Konrad Hesse, *Grundzüge des Verfassungsrechts der Bundesrepublik Deutschland*（注30）, insb. §§2, 4-8;「実践的整合性」の概念は、とくにRz. 70 ff. 271 ff.〔三三頁以下、一三五頁以下〕. ミュラー Friedrich Müller（注187およびそこの関連文献）のテーゼと方法の影響は、そこで繰り返し言及されている。

(192) Görg Haverkate, *Verfassungslehre. Verfassung als Gegenseitigkeitsordnung*, München 1992. まさに副題がここで展開されている議論との近さを示唆している。またペルントハーラー Peter Pernthalerは、その一九八六年に発表した著作を「一般国家学と憲法論 Allgemeine Staatslehre und Verfassungslehre」と題している。

(193) Peter Häberle, *Verfassung als öffentlicher Prozess*, Berlin 1978, 3. Aufl. 1998ならびに、Peter Häberle, *Rechtsvergleichung im Kraftfeld des Verfassungsstaates*, Berlin 1992にまとめられた、上述注118以下で言及した著作にもとづき、上述の文脈で重要なのはなにより、Peter Häberle, *Verfassungslehre als Kulturwissenschaft*, Berlin 1982, 2. Aufl 1998.

(194) たとえば、Häberle, Recht aus Rezensionen. Rechtsprechungsrezensionen als Faktoren des Rechtsbildungsprozesses, in: ders., *Kommentierte Verfassungsrechtsprechung*, Königstein 1979はこう論ずる。

(195) シュリンク Bernhard Schlink, *NJW* 1989, 11（16）の批判的スケッチはこのようにいう。

(196) 当初 *JZ* 1975, S. 297 ff. に公刊され、補遺を付して、*Verfassung als öffentlciher Prozess*（注193）, 3. Aufl. S. 155 ff. に再録された論文はこのようにいう。

(197) Vgl. Georg Siebeck, Gerhard Leibholz 15. 11. 1901-19. 2. 1982, *JÖR* 31, 1982, S. III. そこでは現代公法年報 Jahrbuch des Öffentlichen Rechts der Gegenwartが、一九〇七年にラーバント Paul Laband, イェリネク Georg Jellinek, およびピロティ Robert Pilotyにより創刊され、「現代公法」の叙述計画の補完にすぎなかったことが想起されるべきである。この計画により一九三三年まで二八巻が公刊された——そのなかにはたとえばラーバントの（「小」）ドイツ帝国国法 *Deutsches Reichsstaatsrecht*, 1906や、最終巻には一九三〇／三二年のドイツ国法便覧 *Handbuch des Deutschen Staatsrechts*がある。

(198) 注193、194、196に引用された著作に続いてとくに、Peter Häberle, *Europäische Rechtskultur*, Baden-Baden 1994（auch als Suhrkampf-Taschenbuch 1997），この点をすでに示唆していたのは、Europa in kulturverfassungsrechtlicher Perspektive, *JÖR* 32, 1983, S. 9 ff.

(199) これと最初の政治的帰結については、ビュルキン Wilhelm P. Bülkinとシュミット Josef Schmidの論文、*Zeitschrift für Parlamentsfragen* 1988, S. 482 ff., 495 ff.

(200) Schleswig-Holstein Landtag（Hrsg.）, *Schlussbericht der Enquette-Kommission Verfassungs- und Parlamentsreform*, Baden-Baden 1989. 公法に関する有識者代表は、フォン・マルティウス Albert von Martiusとシュナイダー Hans-Peter Schneiderであり、政治学については、ザイフェルト Jürgen Seifertとタイゼン Uwe Thaysenだった（S. 13）。

(201) 一九七六年一二月九日のドイツ連邦議会憲法改革立法調査委員会 Enquette-Kommission Verfassungsreform des Deutschen Bundestagesの最終報告、Bundestags-Drucksache 7/ 5924を参照。これはごくわずかな影響を、つまり基本法第三三修正法により及ぼしたにすぎず、その他の点では成果なく終わった。

(202) 情報に富み、特徴的なのは、Stephan Rohn, Verfassungsreform in Schleswig-Holstein, *Neue Juristische Wochenschrift* 1990, S. 2782 ff. の論述。これは比肩しうる先行者はほとんどなく、新種の内容と影響を示している。

(203) 古典的で、歴史的にも確認されうる例は、Uwe-Jens Heuer, *Überlegungen zur sozialistischen Demokratie, Sitzungsberichte der Akademie der Wissenschaften DDR*, Berlin 1986; ders., *Marxismun und Demokratie*, Nomos-Verlag Baden-Badenと Staatsverlag der DDR, Berlinで一九八九年に同時に（！）公刊され、一九八九年五月の日付がつけられた序言によれば、転換のはるか前に印刷に付されていた。

(204) これにつき、Ulrich Preuß, Der Entwurf der Arbeitsgruppe „Neue Verfassung der DDR", *Kritische Justiz* 1990, S. 222, およびそこでの関連するテクストの掲載。Peter Häberle, Der Entwurf der Arbeitsgruppe „Neue Verfassung der DDR" des Runden Tisches, *JÖR* 39, 1990, S. 319 ff.

(205) これにつき、Erich Fischer, Verfassungsgeschichte der DDR 1990, *Kritische Justiz* 1990, S. 413.

(206) これに関し何をおいても、Ulrich Storost, Das Ende der Übergangszeit, *Der Staat* 1990, S. 321 ff.

(207) これにつき上述五2。

(208) 一九五六年一〇月二七日の独仏条約および一九五六年一二月二二日の同意法律（BGBl. II, S. 1587）.

(209) 円卓会議の憲法草案は四〇条にまとめられた基本権目録を、わけても、第四条Ⅲで女性の自己決定に基づく妊娠に関する権利を、第七条Ⅱで死刑の脅れのある国への追放の禁止を、第八条Ⅱで個人情報保護の基本権を、第一一条Ⅱで良心の葛藤における代替義務履行の権利を、第一二条Ⅴで終身刑の廃止をも、第一五条で意見表明と報道の自由の新たな限界設定の保障を求めた――これらすべては憲法政治的論争の中で、そして連邦共和国の判例に従えばきわめて議論の余地がある規定である。たとえば参照、Gerd Roellecke, Dritter Weg zum zweiten Fall. Der Verfassungsentwurf des Runden Tisches würde zum Scheitern des Staates führen, *FAZ* Nr. 134 v. 12. 5. 1990, S. 8.

(210) Deutsche aktuelle Verfassungslage. Berichte von J. A. Frowein, J. Isensee, Chr. Tomuschat, A. Randelzhofer, Berlin 1990. これについて、そしてこの文脈について、O. Dörr/ S. Rublack, Sondertagung der Staatsrechtslehrer in Berlin, *Neue Juristische Wochenschrift* 1990, S. 1894 ff.

(211) 一九九〇年八月三一日、ドイツ統一の樹立に関するドイツ連邦共和国とドイツ民主主義共和国との条約（BGBl. II, S. 889）。すでにあげた条約は、一九九〇年五月一八日ないし八月三一日の日付が付されている。

(212) *VVDStRL* 49, 1990（注(210)）, S. 39（48 ff. Und LS 8 ff.）.

(213) グッゲンベルガー Bernd Guggenbergerとシュタイン Tina Stein編の論文集、*Die Verfassungsdiskussion im Jahr der deutschen Einheit*, München 1991のタイトルがこれである。すでに引用したものと、それ以外の多くの論争への寄稿論文を所収。IDEE e. V.（Hrsg.）, *In neuer Verfassung. Auf dem Weg zur Teilnehmerdemokratie*, Bonn 1990; Bernd Guggenberger/ Ulrich K. Preuß/ Wolfgang Ullmann, *Die Verfassung für Deutschland*, München 1991; Marion Dönhoff u. a., *Weil dieses Land sich ändern muss, Ein Manifest*, Reinbek 1992; Wolf-Dieter Narr/ Klaus Vack（Hrsg.）, *Verfassung. Oder: Wie können wir in Zukunft leben? 61 Texte: Ein Lesebuch für die Bürgerin und den Bürger*, Senbachtal 1991も参照。

(214) 一九九〇年九月二三日（BGBl. II, S. 885）。

(215) 加入に関する（まさに統一条約により用いられた！）第二三条の削除、前文と第一四三条における基本法の暫定的性格の削除。暫定的性格の影響はその後は不可解になる。

(216) BverfGE 82, 316（320 f.）.「政治的に形成される余地のその枠」を連邦政府に指し示しており、そこから承認における控えめな態度が認められるとしても。

(217) 個々の点は、Chr. Pestalozza（Hrsg.）, *Verfassungen der deutschen Bundesländer*, 7. Aufl. München 2001, Einleitung, Rz. 20, 28-30, 113-115. これらは以下の点に関しても。

(218) ブレーメンは、一九九四年一一月一日の法律（Brem. GBl. S. 289）により、形式的に徹底した憲法修正を企てた。これについて、私は、Hundertfunfzig Jahre Bremische Verfassung, *Jahrbuch der Juristen Gesellschaft Bremen*, 2000, S. 7（19 ff.）で問題を究明した。

(219) この意味でたとえば、Peter Häberle, Verfassungspolitik für die Freiheit und Einheit Deutschlands, *Juristenzeitung* 1990, S. 358 ff.

(220) これにつき上述一と注201。

(221) 一九八三年一二月二一日の第三五基本法改正法（参照上述注8）。

(222) Bundestags-Drucksache 12/ 6000 = Bundesratsdrucksache 800/ 93.

(223) A. a. O., S. 124 ff.（署名数順の総計）, S. 13も参照。

(224) A. a. O., S. 19 ff.

(225) 一九九二年一二月二一日の第三八基本法改正法。

(226) 一九九四年一〇月二七日の第四二基本法改正法。

(227) 二〇〇二年七月二六日の第五〇基本法改正法（国家目的、動物保護）。

(228) 改正によりもたらされた基本法第七二条の改正は、すでに当時一致した原則的重要性があると考えられえていたが（vgl. Bericht, S. 30 ff., 32 f.）、これにつき、二〇〇二年以降にはじめて、新たな、BverGE 106, 62 ff. により理由づけられた判例がある。

【訳注】

〔1〕州知事再選運動における同元首相側の違法な対立候補攻撃の疑惑及び続く元首相怪死事件。

〔2〕欧州での人権保障が充分でない間は（solange）ドイツ連邦憲法裁判所がその任にあたる。第一裁判では充分ではない、第二裁判では充分になってきた、と判断した。

第三部　自治行政の諸問題

第6章　自治行政論——ルドルフ・グナイストとフーゴー・プロイス

一　はじめに

フーゴー・プロイスの理念を扱うにあたり、そこにルドルフ・グナイストとの関係を特別な部分テーマとして組みこむことは、とくに実りがあると思われる。国家と地方団体における実践にとってとくに重要なこの二人の研究者の関係をたどれば、一面で一九世紀後半から二〇世紀前半の変革における地方団体自治行政の発展が明らかになり、他面で政治的全体制度にとっての地方団体自治行政の役割も明らかになる。そこでは当然ながら、世代の違いが決定的な役割を果たしている。グナイスト（一八九五年没）は、プロイス（一九二五年没）の丁度一世代前に他界しており、生年（一八一六年）ではプロイス（一八六〇年生）よりもほぼもう一世代前にさかのぼる。そのため、両者が活動した時期はそれでもかなり交差していたが、グナイストが影響を及ぼした局面に属するのは一八四八年の革命とそれに続く諸論争であり、プロイスの活動は帝国の発展とともに始めて開始され、プロイス〔理論〕の特色と有効性はその危機と結びつけられてよいし、またそうされねばならない(1)。とはいえ、これは相互の尊敬、なかんずくグナイストに対してプロイスが抱いていた大きな尊敬を排除しない。両者を一つの発展線に置いて見ることは許されるし、そうされるべきかもしれない。まさに世代を特徴づけた異なる方針が、問題となっている時期の自治行政の発展と同様に、両者の人格の違いをも際立たせている。(2)

その際、わけても、自治行政の理念が政治体制とどのように結びつきうるのかが問われうる。クリストフ・ミュラーは本論稿を提案するにあたり、「自治行政か自己統治か。ルドルフ・グナイストとフーゴー・プロイス」という表題をあらかじめ仮説として定式化したが、それは多くの利点を持ち、心をそそる。それにもかかわらず、私にはすぐに、市町村の構想がグナイストでは自治行政に、プロイスでは自己統治に集約されうるだろうかという疑問が湧いてきた。まず、グナイストはそうした行政への〔自治の〕限定をおよそ述べていない。『イングランド地方団体体制ないしセルフガバメントの歴史と今日的形態』(3)は、確かに『現代イングランド憲法および行政法』(4)に関する研究の全体的標題との関連でも憲法史的意義を強調しているし、セルフガバメントは自己統治であって、およそ自治行政（だけ）ではない。逆にプロイスはつねに「自治行政」という概念を用いており、地方団体にも、(5)また彼が「高い潜在力を与えられた自治行政諸団体」(6)と理解しようとした州《ラント》にもそれを用いている。かくしてプロイスにとって自治行政が国政に関わる意義を持っているのは明らかだし、同じく明らかにグナイストは国家支配と地方団体支配の対置に反対している――両論者の対立は、ほとんど自治行政と自己統治にではなく、別の水準にある。

これを検討の上確認するべく、以下では、まずグナイスト－プロイスの継承関係を、一九世紀における自治行政論の諸局面を画定したうえで、その中に組み込みたい（二）(7)。この枠内で、問題設定をグナイスト（三）とプロイス（四）において詳しく論じ、そしてその諸帰結との比較を（五）ここから導きたい。

二　一九世紀における自治行政の諸局面

1

一九世紀における自治行政の再生をもたらした諸起源については、確かにフランス革命とそれをきっかけとして生じたフランス支配下の諸地域とライン連邦における改革への刺激は、ドイツにおける近代化の推進力として重要だった。それにより形成された市長体制は、効果的であり、また今日まで成果があったと、論証されている。だが、数多くの関連とフランスの影響への問いを度外視すれば、地方団体体制の近代化をドイツで仕上げたのは、一八〇八年一〇月一九日のプロイセン都市令を結実させた、カール・フォム・シュタイン男爵のプロイセンである。そこには、まさに一八〇六年の挫折以降にプロイセンが瀕した存亡の危機を考慮して、地方団体、あるいはともかくまず諸都市の役割について二重の新たな規定が示されている。

一面で、国家がその任を免れて、国家固有の活動力を引っ込めてもよいように私的イニシアティヴを解放しようと努めるという意味での、自由化である。営業の自由の導入が、自由に競争の中で展開する私的な営業を解放し、同時に国家に営業税の収益を確保することを目指したように、自治行政の導入も諸都市を保護しようとしていた。都市令は諸都市に、それに準じて自ら組織する権利を与えた。諸都市はそれら自身の議員を選ぶことを許され、彼らの地位を、自由委任を含む代表制のシステムが例示的に確定していた(8)。彼らは参事会とともに固有の都市政府と都市行政を手にし、その結果として、都市行政事項は原則的に固有行政となり、自ら行政管理し、自ら責任を負うことになった。したがってこれらの事項については、都市が自ら財政をも運営せねばならなくなった。諸都市はその任務を果たすことに固有の利害関心を目覚めさせられ、もはや財政負担の任にあたらなくなるとされる国家から、負担を除いた。ここ〔国家の負担免除〕に民営化の初期形式という言葉を用い、そこ〔都市の自主的任務履行〕に市町村自治行政の基礎を見ても、行き過ぎではない。

　だが他面で、自治行政をこのような形で私的なものと理解し、公共のものと対立させるならば、それは、シュタインの抱いた諸計画にまったく反していたように思われる。地方団体改革は、シュタインにとり――すでにその実施以前に――包括的な行政改革、統治改革、そしてそれによる国家改革の一歩にすぎなかった。[9] この改革は、ことに諸県と国家政府をも包括し、その結果としてプロイセン国民代表を含むと考えられていた。それは王によりたびたび約束され、計画もされたが、画餅にとどまった。そのために都市令の地方団体改革は中途半端に終わり、全体との結びつきを失い、国家的指導モデルとは対立する形でプロイセン法秩序に影響した。この矛盾が結果的に自治行政の位置価を定めた――そして、後述のように、自治行政の理論家たちにほとんど満足のいく解決ができない課題を与えた。

2

　これらを背景にして、まず三月革命前期の自由主義的自治学説を見ておきたい。ドイツ連邦と各支分邦国の復古主義的諸傾向に直面し、市町村、わけても都市は、自由主義的‐民主的諸傾向が最もよくなお展望を持ちうる場所だと考えられていた。これが、カール・フォン・ロテック、ロベルト・フォン・モールなどをはじめとする論者の地方団体自治行政に対する関心を説明する――もちろん、たとえばウィーン議定書に見られる不信の説明にもなり、[10] これは自治行政の立憲主義的機能の発展を排除しようとし、たとえばプロイセンでは一八三一年の改正自治令が「地域共和主義」の影響を限定しようと努めていた。[11]この対立状況が、パウロ教会で地方団体自治行政の保障になぜ、そしてどのように価値が置かれたのかを説明する。[12]確かに民主的構造が、地域警察さえ含む固有事項の自治行政が、そして公共性が市町村に保障された――だがそれはドイツ人民の基本権の枠内で、したがって国家に対する基本権として、つまり防禦権としてだった。[13]その論理的帰結として、帝国裁判所による法的保護が市町村にも当然役に立ち、そのため近代的な地方団体による憲法異議の先駆者は、市町村の地位を、国家に服するが国家に対して保護されうる私法類似の権利主体と確定した。こうした市町村は自由主義的-民主的国家にとって何を意味することになるだろうか？　反対に、地域的領域への民主化のこうした制限は、プロイセンではまず、君主制原理を留保しながら改正された一八五〇年一月三一日憲法の枠内で、少なくとも自治行政諸団体を維持強化するための、可能な妥協だと考えられた。[14]これも国家と市町村の対立を前提していた。

3

おそらく、この問題状況を認識したことが、グナイスト自治行政理論の最も重要な基礎の一つである。グナイストの出発点は、その限りでは国法的で、社会における諸対立を前にした公的任務の理解により生み出されたものである。[15]国家の任務と地方団体の任務とは、質的に区別されず、原則的に統一された性格を有していた。そのため、誰によりこの任務の履行が正統化されるかではなく、どこでそれが履行されるかが、区別の基準とされた。グナイストはイングランド・モデルのセルフガバメントから、王家により任命され、法律に従って判決しなければならない治安判事も、地域に根づいた任務を果たしていると読み取った。この任務概念から、七〇から八〇年代のプロイセン改革プログラムに組み込まれたグナイストの新たな問題設定が出てくる。その履行の問題を、州《ラント》の領域に拡張する。それゆえ、これを基準に区画された郡段階、とくに地方郡にいっそう注目する。法治国家制の理想と、そしてこれとともに行政裁判制度と結びつける。以上のプログラムは、政治の定式化により大きな効果をもたらし、確かにセルフガバメントの包括的研究、ことにイングランドのそれを基礎にしているように見えるが、それまで規定的だった問題設定から著しく離れていた。[16]

4

この文脈でフーゴー・プロイスの自治行政論の意義は明らかだ。プロイスは確かに法的任務の統一的性格を受け入れているが、それを全領域社団に割り当て、さまざまな水準で領域社団を主張した。つまり、『領域諸社団としての、市町村《ゲマインデ》、邦国《シュタート》、そして帝国《ライヒ》』であり[17]、それらはみな公的任務を履行し、それゆえこれに適した組織を必要とする。これら領域社団のいずれも、それらに固有の、それらにとって特徴的な任務を有する。上位の水準は下位の水準に統制、監督、そして介入権を持つが、これはそのため典型としてではなく、むしろ批判的に見られている。それによって、プロイスは、グナイストの挑戦を受け止めると同時に、伝統的自治行政構想と融和させるのに成功した。一面では、市町村に固有の活動圏が承認保護された、つまり市町村の自己責任というシュタインの案が受け入れられた。だが他面で、自治行政の異種性、とくにその私法‐類似性とともに自治行政と国家行政の対立には異論が示された。市町村も公的任務を履行し、このために組織される。『プロイセンにおける都市公職法』[18]は、それどころか公的行政秩序の基本類型だと考えられていた。地方団体の水準は、そのためこれに関して補充的どころか典型的だと理解され、公権力の構造の中に統合された。領域社団間の、とくに国家と市町村との質的区別は、公的なものの多段階的組織のために消失させられた――さてそれは、後から、プロイセン国民代表制に関する上述の案の中に置きいれられ、この案はそれにより要請としてプロイス理論から導かれる当然の帰結となる。

ともかくそれにより、彼の理論の起爆力は初めから明らかになる。公的なものの諸水準、とくに市町村、邦国、そして帝国は、原則的に等価で、地方領域社団がはっきりモデルとされているので、高次の水準における君主制原理の正当化は砕かれる。それは異物であり、なくともよいと証明される。(19) この帰結は、プロイスの著作にはじめから置かれていた。それは、プロイスの政治的著作よりもいっそう、彼に投げつけられた拒否を、またヴァイマル共和国とそれ以降、民主的ドイツの生成と存続にプロイスが果たした機能を理由づけていた。

三　グナイストにおける問題設定

1

一九世紀後半プロイセンの憲法と行政の発展にグナイストが有する意義を理解するには、輝かしい経歴、つまり研究者、法曹、そして政治家としての輝かしい経歴を思い浮かべることが不可欠である。基礎になったのは、一八三三年から一八三六年までのベルリン大学での勉学であり、それはザヴィニーにより規定されていた。したがってまず中心にあったのは、公法ではなく、グナイストが歴史法学派による示唆にならって学んだローマ法であり、そして加えてすぐに刑法だった。一八三六年にグナイストは司法官試補、一八三八年に司法修習、そして両法の博士となった。(20) この基礎知識に三方向での経歴は依拠していた。

学問の分野では、グナイストはすでに一八三九年にベルリンで教授資格を得た。彼の授業担当範囲[21]はプロイセン私法だったが、すぐに大きなパンデクテンの講義、民事訴訟、刑法、刑事訴訟も加わり、さらに後にはもちろん公法的素材も加わった。一八四四年にグナイストは員外教授、一八五八年に――その限りでは格別に早いわけではない――正教授となった。一八七二年から七三年に総長となり、彼はその世代におけるフリードリヒ-ヴィルヘルム大学の代表的人物に数えられた。

だがこれと並行して、彼は実務でも活動した。一八四一年に彼は上級地方裁判所の試補に、一八四七年からはプロイセン上級裁判所の調査官となった。彼は確かに、一八五〇年に新聞報道による嫌疑のために自ら退職した。だがグナイストにより主張された改革政策の成果がプロイセン上級行政裁判所の設置に表れると、グナイストは一八七五年にその兼職判事と副長官に任命され、さらに一八八六年にはプロイセン枢密院議員と正枢密上級司法顧問官に任ぜられた。

これに加えて、最後に実務-政治的な、何より議会での活動がある。すでに一八四五年から一八四九年まで、その後新たに一八五八年から一八七五年まで、彼はベルリン市議会に属していた。確かに彼は、ベルリン（プロイセン）の国民会議にも、フランクフルトのそれにも参加しなかったが、この間の激動により十分動かされていた。[22] 一八五九年以来、そして決定的な紛争の局面で、彼はプロイセン下院に属し、一八六七年からは帝国議会に属していた。数多くの表彰による彼の働きの評価と、[23] 貴族に列せられたことは、そのため、学問、裁判、そして政治を――これらは地方団体と国家の両水準にある――包括する三面の活動を称えていた。

2

教育育成の過程は、歴史的に成長した文化財たる法の保護への問いを基本的問題設定として認識させた。歴史法学派の意味では、法を人民の中に定着させることによる法の確保を問うのは当然であり、その限りで一八四八年の自由主義の諸要求と並行性が生まれる。『ドイツにおける陪審裁判の形成』は、グナイストが一八四九年の英国での最初の研究にもとづいて公にしたものだが、これは法史、実務的な刑法、そして政治的自由主義の問題設定を結びつけていた。だがそこでグナイストは、法の基礎づけに関するザヴィニーの探求を拡張した。総体としての人民もしくは市民全体は彼にとり、その限りではロレンツ・フォン・シュタインのはっきりした影響に応じて、つねに対立する社会的利益の総体にすぎず、そのため法制定の機関に適しにくい。法制定は必然的に、すべての法の源たる国家に結びつけられた。法を認識するために、グナイストは比較法的課題により多くの意義を与えた。何回にもわたる在外研究と旅行を通じて、とりわけフランスと英国へ赴き、彼はその素材を集めそろえ、その研究方法を発展させた。そこですぐに、英国偏愛とフランスの諸制度に対する一定の懐疑、とくに、一八三〇年と一八四八年の革命を通じて押し通された、社会的諸力の利益を基礎にした自由主義的議会制への懐疑が明るみになった[24]。だんだんと――なによりドイツ統一と一八七〇年から七一年の戦争の過程で――彼はフランス憲法政治の思想財をドイツ型法治国家の明白な対立モデルとさえ示すようになった[25]。そうした自由主義―民主的な法の基礎づけではなく、人民の司法と行政への関与が法を保護する――このセルフガバメントの理念は、すでに最初の諸著作で基礎とされ、そして『現代イングランド憲法および行政法』に関する主著で発展させられた[26]。

3

それによって、この著作とグナイスト理論の主要テーゼと目標方向が示唆される。歴史法学派からは、『今日の立法の使命』に対する、つまり立法活動による実定的、歴史的で、体系化されるべき法の変革に対する懐疑が、後まで影響を及ぼし続けた。法は人民の中に見つけ出されねばならない――この思想は歴史法学派と、何よりモンテスキューに至るイングランド憲法状況の精神の観察とを結びつけた[27]。だがグナイストはここでより具体的になる。裁判にとって人民の参加の手段は陪審裁判なので、行政とその統制にとってもこれに対応する参加形式を発展させるのが当然となる。

「セルフガバメントはイングランドでは、地方《ラント》の法律に従い上層と中間身分による地方土地税を介した郡と地方市町村の行政をいう[28]」。

それはこのようにまず、郡と市町村という二つの水準に関係し、これらは中央の、国家的水準と対立させられない。ロレンツ・フォン・シュタインが強調したような[29]、国家と社会の紛争という条件のもとで、グナイストはこれに強く影響されながら、セルフガバメントと国家の活動範囲との結合を本質的と捉える。それゆえ、行政としてセルフガバメントも官憲的機能であり、法律に拘束され、それを具体化しなければならない。自治行政の「固有」範囲について――少なくとも当初は――論ぜられず、それまで優勢で、三月革命前期とパウロ教会にとって規定的な理解とは、上述のように対立したわけだが、これはグナイストの受容においても引き続き影響したように思われる[30]。そうではあるがしかし、地方の代表者は行政に参与が許された。彼らは名誉職を担当し、それは自治行政の義務思想を追加的に強調した。

ここからこの考案の三面的戦線が導かれる[31]。第一に、それは官僚的で名誉職によっては規定されないタイプの分権化された行政単位に反対した。行政区長官〔県知事〕、郡長、市長を持つが、名誉職として活動する地域市民の権威ある参加を伴わない職業官吏制は、彼の考案とは一致できない。だが反対に、第二に、名誉職の地方的自立、徹底した地方民主制にも反対する。その例として、一八五〇年のプロイセン市町村令、郡令、区令、そして県令が引き合いに出されている。[32] 自治行政は社会的利益に、法律の執行に対立する法廷を用意するのではなく、これに間接的国家行政として仕えるとされる。だがこれは、第三に、行政への参加により名誉を与えられる人たちの公益と義務エトスに制約されているとの自覚を伴い、そのため地域の権力者、具体的にはユンカーと大土地所有者の自己利益に還元できない。この方向でもグナイストの立場は、七〇年代の政治戦線の中で明確である。

グナイストはそのためシュタイン男爵の自治行政理解をさらに発展させ、それを、なにより市町村に固有の活動範囲という案を等閑に付して、変化させた。当初これにはセルフガバメント説の枠内に何の余地もなかった。市町村の固有事項は、個別的特殊利益であるとともに、ユンカーのそれでもあるとされた。七〇年代のプロイセン行政改革をめぐる議論の文脈ではじめて、官憲的公職をどんなに強調しても、「市町村の所有と組合」も保障されねばならないことが、明らかにされた。[33] グナイストが「経済的（地方団体の）事項」と確定したこの領域については、彼は地方団体における人民代表の選挙と、諸都市ではかつてより現行法であった、公職担当者のそれによる正統化とを受け入れた。だが実質的にみると、官憲的自治行政が、その論理的帰結として、名誉職については政府の任命権、あるいは少なくとも確認権が第一義的であり続けた。地方団体自治行政の通常事例と国家による国家のためのその道具化との関係のこうした転倒は、フーゴー・プロイスによる上述の批判の出発点だった。[34] 実際のところ、グナイストにおいては、すでに一八〇八年の都市令で描かれていた市参事会の地位につき、それを特徴づける義務エトスが中心点であり続けた。三月革命前期の自由主義的立場とは反対に、ロレンツ・フォン・シュタインの影響下で、国家と社会の対立を市民層の統合により克服しようとする試みがなされた。[35]

4

この時代の政治的多様性の中では、これらの立場が決して国家‐社会的生活の民主的刷新を断固としてめざす傾向を強調するわけではないことが注意を引く。グナイストの研究は確かに、大ブリテンについてもその根本にまで到達し、セルフガバメントの知見を、とくにその歴史的発展について本質的に深めたと主張できた。だがそれを強調して、彼はまさに一九世紀の議会制発展と自治行政改革というブリテンの状況のなかで、両者に対抗し、直接人民選挙により正統化される議会支配の意義を相対化した。[36] それは確かにイングランドでもプロイセンでも同時代の論者と同意見ではあるが、[37] グナイストはその限りで、社会の現状を民主的‐自由主義的発展に対して維持する保守的文脈に移っていた。[38] 義務思想、「上層と中間層身分の顧慮」、[39] そして国家的法律の優位のような考えのため、自治行政はむしろ官憲的に規定されたもの、国家から委ねられた活動範囲への協力、そして共同行政というより、せいぜい共同統治と見られ、固有事項の行政とは考えられなくなった。[40] これには、さらに国家的水準では大臣責任制、[41] またおそらく暫定的には名誉職制をより強調した制限選挙権を支持するための三級選挙権への留保、そしてそれに対応して、旧身分制的企てに反対し郡の代表を支持する上院改革が属するだろう。[42] だが、後期には、グナイストは、ビスマルクの上述の判断を完全に確証するように、三級選挙権に回帰した。[43] グナイストが一八八六年に任ぜられたプロイセン枢密院の評価もこれに属していた。それを超え出る民主的議会制には余地はなく、そして、当初計画されていた、グナイストのイングランド憲法および行政法の第三巻は、議会を扱うものとされていたが、ついに公にされなかった。[44]

5

しかし、行政と行政法における市民の権利保護に関して、グナイストが示した端緒はこれに対して大きな一歩を、ことに法治国家への方向に踏み出しており、グナイストの別の主著はそれに向けられていた。[45]まさに（自治）行政の法律への拘束は、当時決して自明ではなかった一歩であり、その意義はプロイセン憲法紛争で明らかになった。[46]この道を進むと、理の必然として行政に対する権利保護も裁判所の権限に委ねなければならなかった。[47]とはいえこれには、行政に対する市民の権利、ことに基本権が民法上の諸権利と等置されるかどうか、いかにして民事訴訟でそれらを追求できるかという決定的な問いが対置されえた。グナイストはこれを明確に否定した。[48]行政法の適用と統制は彼にとって権利保護が第一ではなく、彼の――確かに当時としては現実主義的な――見解では、必然的に不確定で具体化を要する法律を適用するにあたりその基準を統制することであった。一方で行政の権限と手続の統制と、他方で自由な行政裁量との両者の間で、法律適用の基準の統制――たとえば課税評価とか行われるべき警察的措置――は、確かに民事裁判の決定とは比較できないが、行政の能動的行為に留保さるべき決定の対象だった。[49]

結果的には法服従者たちの利益にもなるこの統制の必要性は、行政裁判権を自治行政に準拠してこの統制と、そして分権化された行政に対する統制とに結びつけるという解決にとって、基礎となった。それは確かに古典的自由主義との関係では、[50]とりあえず後退だったが、しかし――フランスの発展との並行性や、[51]何より一九三三年までの実務上の有効性が示すように――十分に一九世紀後半の行政法事情に合致していた。行政法の保護は、第一には主観的権利を保護せず、行政行為の客観的合法性を保護するとされたので、それは法律秩序の一貫性とプロイセン国家の内的同質性を保障した。法治国家と行政裁判権は、こうしてグナイストの自治行政理論の核をなしている。だが、この理論については、グナイストの構想をもとにそれを超えて、郡の役割がもつ意義の認識、並びに、統一的任務概念にまで至る固有任務と委任任務の関係の認識が導かれた。この概念はグナイストに立ち戻りつつ一九四六年の改正ドイツ市町村令のなかでようやく再び表現されえた(52)――また同じく、行政統制としての行政裁判権の思想は、欧州統合の過程ではじめて、ドイツ法に改めて影響を及ぼした。

四　プロイスにおける問題設定

1

自治行政の問題状況をまったく別の布置から、つまりイングランドのセルフガバメントからまず検討したこの理論とは反対に、フーゴー・プロイスの基礎づけは、むしろ伝統的に思われる。彼にとって、自分が地方自治《コムナル》行政の理解をもってシュタイン男爵と一八〇八年のプロイセン都市令に結びついているのは、問題にする余地がなかった(53)。ともかく、彼は一九世紀に発展した別の理論的諸端緒を取り上げ、そこから一つの綜合を展開しようと試みた。だがそれに関する教義学的枠組みは、プロイスの学問的出自により規定されている。『領域諸社団としての市町村、邦国《シュタート》、および帝国《ライヒ》』は『ゲノッセンシャフト理念を基礎にしたドイツ的国家構築の試み』と理解されるとともに、もともと「オットー・フォン・ギールケ、ドイツ・ゲノッセンシャフト理論の先達」に献呈されていた。彼の学問上の師のこの理論からプロイスは、ゲノッセンシャフト形成物、ことにまた公法上の社団は、自ら、社会生活のもともとの主体として、その存在を正統化するとの主張を導いた。その帰結として、一つの版図上に複数の領域社団が同時に存在しうるのも、排除されない。いずれもが支配を行使する。この支配は国家に固有ではなく、すべての全体人格がそれぞれを構成する分肢人格に対してとる社会法的態度について、共通の特徴的な基本性質である」[54]。前者には国際法上の共同体すら数えられ、その強化は当初から可能な発展と見られている[55]。そこからもちろん争いが生ずる。ある社団のそれ以外に対する優位が可能でなければならない。そのための法的道具としてプロイスはアンシュタルト概念を用いる。つまり上位におかれた社団は、それに服する諸社団を使用し、その結果、それらを通じても、委任により、間接的に支配を行使する。この支配は、それが支配下にある社団の解消をもたらすとともに、それらを支配社団のありうる競争相手として排除するまで及ぶ。支配下社団を解消する権限は、それゆえ支配社団にある領域での排他的支配の可能性を与え、それにより領域高権を構成する。その限りで——その限りでのみ——プロイスも最高支配決定機関の可能性を承認する。これに対して、彼の理論は主権概念なしですませ、それを克服しようと戦う[56]。まさに支配的諸社団の多数性が、多様なゲノッセンシャフト構造をもった社会生活を構成する。

この説は、連邦国家の本質に関する厳しい議論を基礎にし、それが繰り広げられている局面で展開され、主権概念を避けることにより、この議論から中心争点を取り去っただけでなく、伝統的国家理論に幾重にも構成区分された社会的有機体というその反対像を対置した。これは何より自治行政にも影響を及ぼす。すでにその教授資格論文の表題に見られるように、市町村と邦国《シュタート》にも、帝国《ライヒ》にも、質的な主要区別がなくなっている。いずれも領域社団である。従来の説とは異なり、だがグナイストに類似し、プロイスはこうして国家的行政と地方団体行政との質的区別を否定する。しかしグナイストとは違い、彼は後者に独立性を要請する[57]。

2

市町村の地位に関する教養学的基礎は、もちろんプロイスにとり――グナイストにとってと同様に――単なる理論的認識ではなく、自治行政強化をめぐる闘争の基礎であり、そしてこれは、プロイスが学問的及び政治的双方の性質の重なり合った理由から、またそのユダヤ人という出自による差別のゆえに(58)、大学でポストを得るのにほとんど成功せず、実務的地方《コムナル》政治を自分に課せられた仕事としたために、ますますそうなった。そこで彼は、二つの方向でシュタインの案（上述二、1）に立ち戻り、これを強調した(59)。一方で、独立した領域社団として市町村の自立性を強調することが重要だった。だが他方でその組織は最下水準の公法的領域諸団体で、国家的なそれと比較可能で、それを構成する要素だとされた。

その限りで、邦国《シュタート》と帝国《ライヒ》のモデルとして、それどころか世界秩序のモデルとして地方団体水準を解釈しうると考えられている。それとともにとりわけ、すでに本稿ではシュタイン男爵につき示され、グナイストが依拠していた公職思想が特別な意義を獲得し、一九〇二年に公刊された『プロイセンにおける都市公職法』は、その限りで手引き的な研究にとどまらず、本来の綱領的著作とみなされる。公職を民主的組織にもとづき委任されたが、自己責任をもって引き受けられるべき権力、つまり機関の地位と理解し、それにより公職担当者を奉仕者の地位から免ずることが重要だった。つまりその時々の人民意思の単なる執行者――当時のプロイセンにとってはほとんど意味のない戦線設定――であるばかりか、その時々の君侯意思の単なる執行者、つまり君侯の奉仕者からも免ぜられることが必要だった(60)。プロイスは、今日でも、そして職業官吏制の古くからの諸原則を理解するのに重要な仕方で、公職思想が、委ねられてはいるが自ら責任を負う権力の引き受けを意味し、法により形づくられ拘束されるが、自己責任のもとにあることを浮き彫りにした。「忠誠」はその限りで、むしろ危険でアンビバレントな概念となる。それは自己責任性を奪ってはならない。当時まさに発布された一八九九年七月三〇日のプロイセン地方団体官吏法をもとに、プロイスは地方団体の官吏を地方団体の機関として特徴づけ、君侯への奉仕の残滓を克服することを許す社団的組織を基本タイプとした。新法に基づいてはいるが、責任性にも考慮して、彼はそこでグナイストにより理想化された名誉職制を超え、グナイストにより見逃された市町村行政専門家の必要性を強調した。

地方団体水準の独立した正統化は、各水準での——市町村も含まれる——任務の履行を自立したものと構想せよとの要請を当然とする。監督権と委任される任務の割当ては、法治国家制の原理が地方団体の行為の合法性に関する監視を基礎づけるかもしれないが、ともかく原則的にこの要請に矛盾しない。市町村の機関もアンシュタルト的に国家的任務の履行の役に就けられる、つまりこの機関にこうした課題が委任される、あるいはこの機関が機関借用で国家機関として扱われる、これらは教授資格論文では確かに構成的で実践的な可能性として承認されているが、絶対主義的な思考カテゴリー、「監視と服属との原理に反する混同」[61]だと批判されている。具体的な攻撃対象は、ここでは地域警察行政——一九世紀自由主義にとっての古典的争点[62]——だが、とくにプロイスが後に一つの著作を書いた学校行政もそうである[63]。その限りでプロイスは、グナイストと、セルフガバメントはその履行に関与するにすぎないとする、公的任務のグナイストによる統一的理解とに、真っ向から対立している。

この争いには、伝記的ばかりか社会史的とも呼びうる背景があった。この背景の個人的側面はたびたびたどられてきたが[64]、プロイスにおける学問的立場の意義に関する鍵としても理解されうる。県学校教員団は一八九五年以来ユダヤ人教員配置の制限を――学級正担任教員につけず、ドイツ語と歴史の授業を担当させず、ユダヤ教の授業に限り女性補助教員を従事させていた――小学校に指示していた。プロイスは、当時はじめて市議会に当選したところだったが、断固として、また皮肉を込めてキリスト教の聖書の節を茶化しさえして、これに反対している。(65)それはなぜか？　確かに彼にとり、ユダヤ人としてのアイデンティティを学校に要求することは重要だった。プロイスは、自由主義者として、そのアイデンティティそのものには関心がないが、(66)それを侵害する意図にははっきりと異論を唱えた。だが、学校の宗派的中立性と開放性は、ともかく介入の二次的理由であった。決定的だったのは、彼にとって学校の地方団体に属する固有の性格だった。それを国家的介入から擁護することが、彼にとって重要だった。しかしこれをプロイセン宮廷は別様に見ていた。皇后の宮内大臣ミルバッハ伯爵は、大学学長宛てに次のような主旨を書き送っていた。

「学長閣下が適切な手段を講じられ、かくのごときユダヤ人嘲笑家が我らの成人に近い世代の教師となる危険を避けられるよう」。

なぜプロイスが国立〔邦立〕ベルリン大学教授の席を決して得られなかったのかを説明する決定的理由がここにあると推論するのは簡単だし、またこれらの文書はその示唆を含んでいる。(67)

プロイスは地方団体水準の独立性を擁護しており、これは、彼が時代を通じて与えられた課題を果たす必要性をも認識していたと、帰結させる。(68)その点で見れば、当時のベルリン市議会に代表を送っていた諸政党議員団が形づくる緊張の場の中で行われた具体的な地方《コムナル》政治活動は、彼に影響を及ぼしたといえよう。「国家活動の拡張増大法則」は、⑲当時の地方政治《コムナル》に、交通、援護諸制度、教育組織、道路建設、住宅供給の領域で任務を課した。市町村はそこから帰結する不都合を意識的に我慢せずには、これらの課題を無視できなかった。ベルリンの地方《コムナル》政治はこれとは程遠く、プロイスはこうした都市の活動性拡大に指導的に参加した。そればかりではない。彼はそれを地方政治《コムナル》に関する諸著作を通じて、だが何より雄大な構想で書き始められた『ドイツ都市制度の発展』を通じて正当化した。この一九〇六年に公刊された第一巻（続刊はない）は「都市社会主義」の擁護で締めくくられていた。⑳同じ文脈に、裕福な郊外以外に貧しく発展の遅れた周辺地域住宅区をも組み込もうとし、一九二〇年の大ベルリン法により実際に組み込んだ、市町村合併政策も属していた。㉑

3

まさにこうした活動によりプロイスは――その出自とも以前の政治的立場とも正反対に㉒――社会民主主義観念に近づいたが、右の歳月の盲目的愛国主義を相対化する、第一次大戦において彼が取った講和政策の立場には、これはなおのこといえた。㉓だが一九一八年一一月九日の状況で、ここからまたとないチャンスが訪れた。社会民主主義者の国法学者がいなかったため、フリードリヒ・エーベルトは、原則的に異なるプロイスの政治的立場を十分に承知の上で、彼にライヒ内務省の指導を要請し、それを通じて新たな民主的ヴァイマル憲法の準備作業を委任した。㉔

長期的に見て何よりプロイスの歴史的意義を理由づけるこの憲法の有効性は、ルドルフ・グナイストと比較するためには、直接に重要ではなく、㉕そのためここでは詳細を示すつもりはない。ともかくヴァイマル憲法はプロイスの自治行政案をさまざまな関係でとりあげ、その発展の基礎においた。

市町村と市町村組合の地位に関して、原案の提案（第一二条）は先駆的だった。[76] それによれば各ドイツ共和国〔州〕は州《ラント》憲法を持たねばならず、特定の民主的要求を充足する必要があり、そこには州《ラント》水準に関する諸規定と並んで、なにより市町村の自治行政、組織、そして職域に関する要求が含まれていた。これらの規定は、現行ボン基本法第二八条〔州および市町村の憲法秩序〕を先取りしているが、州《ラント》行政と市町村行政の並行性をより強調し、その権限範囲をより立ち入って保障している。国家による監視の制限、人民代表と長の選挙、調査委員会設置権、警察高権、市町村の関与できない領域の廃止を含む自治行政権が保障され、その結果として、原則的に平等な複数水準の支配という案が明確に定着させられていた。それはその後の審議で弱められはしたが、ことにヴァイマル憲法第一七条IとII〔州の内部秩序〕のなかに、なおその萌芽をみてとることができる。これに対して地方団体自治行政の保障は、内容的にあまり厳密に定式化されておらず、審議の過程で憲法の基本権部分に属する共同体生活に関する章に（第一二七条）移された。これは、フーゴー・プロイスの考え方よりも、自由主義的伝統（上述二、2）に接近していた。その限りで現行ボン基本法の文言は、プロイスの考え方に近づいている。

同様にはじめから、プロイスは国際法の国内的効力に関する憲法規定を定めていた。[77] それは彼が社団的組織の一水準として世界共同体を承認しているところから導かれた。世界共同体の理論的基礎はすでに教授資格論文で強調されていたものの、なにより第一次大戦での位置確定を通じてその意義を獲得した。この国際法の編入は、確かに審議の中で戦争責任問題の議論をもとにいくらか相対化されたが、「国際法の一般に承認された準則」に限定の上、ヴァイマル憲法に定着し、[78] そしてこの道筋をたどって、ヴァイマルでの限定を置かず、現行ボン基本法第二五条の基礎となった。

しかしながらプロイスにとっては別の目標追求が中心にあった。帝国の各支分邦国はそれまで（ハンザ諸都市以外は）君主制であり、また規模がさまざまなため、統一した憲法組織や行政組織の妨げとなっていた。これらを民主的構造に組み込み、この目的のために調和させるには、それらの規模を近づけ、それゆえに諸邦《ラント》を構成区分しなおして、それらが「高度な潜在力をもつ自治行政社団」[79]としてそれらの機能を果たしうるようにすることがどうしても必要だと、プロイスは考えていた。まずプロイスの就任直後に作成されていたベルリンの歴史地理学と公文学教授ヴァルター・フォーゲルの覚書に基づき、さらに憲法第一草案で、数多くの準備作業と立論の束のなかで、そのため、直接に憲法で規定され、それに基づいてすぐに実施されるべきライヒの再編をプロイスは要求した。[80]もっともこの案は、なにより政治的実現のなかでは、統一国家への一定の接近を含意していたが、プロイスはこれに対して諸州《ラント》の自治行政をはっきり強調していた。明らかに案はこの点で十分ではなかった。憲法作業のこの段階を特徴づける要請はほとんど完全に挫折した。共和主義的統治形式へ移行した後も、諸州《ラント》は包括的再編に入るのを拒否した。すでに人民代議員評議会により議決された一九一九年一月二〇日の憲法第二草案は、[81]「暫定連邦院」設置のために「この稿が残ったままの諸規定を」指示したが、[82]プロイスは連邦院の規律をすでに再編の梃子として用いようとしていた。そして暫定的ライヒ権力に関する法律が現存する諸共和国の連邦委員会を規定し、現行の州《ラント》域を変更するにはその同意を要するとした後に、この連邦委員会の票決のために憲法に直接規定された再編が犠牲にされ、ライヒ参議院は従来の連邦参議院モデルによって規定され、そして将来の再編は、留保されつつもほとんどそのチャンスは残されていなかった。ここから、ヴァイマル憲法第一八条の、[83]ほとんど効果の上がらなかった規律が帰結し、この規律が基本法第二九条に影響を残している。連邦制の安定性が自治行政の理念に打ち勝ち、そしてその限りで、この問題設定は緊急のものであり続け、今日では自治行政と連邦制をフーゴー・プロイスの意味で並行させる解釈は可能だとしても、プロイスの努力は挫折させられた。[84]

五　帰結と比較

ルドルフ・グナイストとフーゴー・プロイスの考案と人格を対置してみると、複数の水準で並行性と相違が出てくるが、それらにより部分的には一見したところ驚かされるかもしれない。

1

方法的出発点からすると、グナイストとプロイスは、まず法史学者であり、後にはその傾向が強まるとしても――決してそれだけではないが[85]――現代的諸問題に取り組み、歴史的現象としての自治行政に接近した。現代に対し、両者ともに自治行政思想は歴史的に正統化されているとみなし、そしてそれゆえにこの思想を実り豊かなものにしようと努めた。その限りで両学者の出発点は互いに近かった[86]。グナイストもプロイスも、アプリオリに、上位の一般的価値観念から法を形成しようと努めていた幾何学的方法に敬意を払わず、両者ともに発展と経験を引き合いに出した。

もっとも、法史的方法は両者でまったく異なっていた。ルドルフ・グナイストはザヴィニーの弟子として歴史法学派に負っていると感じており、ローマ法は彼にとり長期にわたり中心的研究分野でもあり、生涯にわたり担当分野だったが、それを自分の国家理解に生かそうと努めた。プロイスは、イングランド国家構造の歴史に関するグナイストの分析を、歴史法学派のローマ私法研究と比較していた[87]。ロマニストであるグナイストにとり、国家は法人であり、法主体であり、それとともに、法秩序を決定する基本単位だった。この法理解は、カール・フリードリヒ・フォン・ゲルバーの影響でとくにパウル・ラーバントにより展開された、私法学的思考像の公法への転用で簡単に満足してしまった。[88] 現実から抽象化され、そこへと具体化される不透過性の統一的単位たる国家が公法を実現する。こうした出発点からすれば、自治行政が統一的に考えられた国家権力への関与としてのみ理解されえたのもよくわかる。

プロイスはまったく異なっている。彼はその師ギールケに従い、『人間的諸団体の本質の本質』[89]を団体諸人格と特徴づけ、団体法を複数の水準における社会法とみなし、ロマニスト的で公法にも受容された帰責主体としての法人説に対決した。団体人格に自治行政を認め、そしてそれを――ギールケを超えて――邦国《シュタート》や帝国《ライヒ》の水準を越えて承認したのは、その結果としてまったく論理的に一貫している。ここからラーバントと彼が企てたロマニスト的概念形成の公法への転用に対する批判が出てくるのは自然だし、[90]もちろんそれとともに、プロイスが結果として国法学の中でとったアウトサイダー的立場も容易に理解されうる。

2

グナイストはプロイスと同じく、当時のドイツにおける法治国家理念の発展に重要な関与をした。彼らの政治的自由主義の由来と、グナイストがその形成になお直接的に関与していた一八四八年の理念との結びつきをもとにすれば、これは当然である。その結果として、両者は自由主義諸政党に政治的影響をもたらした。そのため決定的な原理は両者にとり、人物を顧慮せず平等に一貫されるべき法としての、法律の支配だった。たとえば、プロイセンにおける大臣責任制の具体化をグナイストが支持し、[91]プロイスが初期に軍隊組織の継続的な法的基礎を支持したのを見れば、[92]両者が法治国家に固執していたのは明らかとなる。

ともかく、この立場にはとりわけグナイストにおいて特別に重要な意義があった。イングランドのセルフガバ

メント を分析し、そこから彼はとくに裁判に関するその職分、まずは治安判事職を導き出したが、プロイセン行政改革の状況のなかでこれは彼に、自治行政を、なにより郡の水準で、行政に対する市民の権利保護と結びつける準拠点を与えた。[93] 三月革命前期に由来し、パウロ教会憲法第一八二条〔帝国裁判所の組織〕にはっきり定められ、そしてさらにオットー・ベールにより主張された案を廃し、[94] ここでは市民の権利保護が行政への統制と結びつけられ、そしてそれゆえに司法から切り離されて、独立した行政裁判権への道がたどられたわけだが、そこでグナイストは、たとえば同時代に発展していたいわゆる「南ドイツ型制度」と対立して、主観的権利の保護よりも、効果的な統制機能を強調した。[95] それはプロイセンにおける行政法保障にとり、少なくとも一九三三年まで決定的となった。

プロイスにとってこの制度は好ましい実務だったが、ほとんど自分の仕事の対象ではなく、彼は反対の方向で法治国家性と自治行政の結合に関心を抱いた。彼は国家的諸規範の法規的形式性を要請したので、規範制定機関として市町村も考慮され、そして自治行政保障の裏面として、法的根拠による場合にのみ、つまり法的監視の仕方でのみ、市町村への介入は許されるとされた。[96] 法治国家性という共通の目標を、グナイストとプロイスはそのため、まったく違う仕事の分野での活動を通じて追求した。

3

法治国家的理想の裏面は、グナイストにとってもプロイスにとっても、人民とその代表に決定的影響を認めるとともに民主制を原理に高めるような法形成過程にそれを定着させることだった。その限りではグナイストもプロイスも一八四八年の理念により、深く影響されていた。とはいえこの観点の重心と中心分野は、両者で著しく異なっている。

グナイストにとっては、その政治的経歴と実務からすれば、平等議会選挙権を制度の基礎に据えることもできただろう。だがグナイストは自説をそれとは反対に形成した。確かに議会制におけるイングランド憲法体制の基礎について論じられてはいるが、それはセルフガバメントとの関連に限られ、そしてイングランド憲法と行政法の決定的な部分はおよそ扱われていない。プロイセンの憲法紛争で、グナイストは議会〔制〕の立場を擁護したが、それは三級選挙権により選ばれた下院における、そしてプロイセンと帝国の議会制化を避ける妥協の結果を内容としていた。この結果をグナイストはその後、論拠を挙げて擁護している。民主的参加の主領域はしたがってセルフガバメントと、七〇年代のプロイセン改革政策へのその置き換えとなった。ここでは実際に市民団〔議会〕的要素の関与がプログラムとなり、そしてグナイストは名誉職的責任の義務エトスを展開した。だがその限りでも、彼はこれを社会的諸利害の表明と対立させた[97]。彼はそれゆえ、自治行政を民主的に正統化し、そして正式の民主的意思形成過程に基礎づけることを拒否した。グナイストの後の著作は、それどころか三級選挙権を公然と支持していた[98]。

これに対してプロイスは、団体人格と人的共同体として正統化される社団という観念に当初から信を置き、そしてそれを市町村からライヒに至るすべての水準で具体化しようと努めた。法制定にとっても行政にとっても、これは民主的正統化の要請を含意しており、プロイスは実務でも学問でもそれを基準に活動した。その際公職の理解は、グナイスト（とシュタイン男爵）のそれと親縁性がある。もっともそこでは、より現実に即して、本業としての公職にも関心が向けられているのだが。だが、まずは帝国の政治的諸対立の中で、さらに第一次大戦の危機状況の中で、そしていよいよヴァイマル共和国の設立と擁護において、直接普通の比例性原理に合致した選挙に基づく議会制支配による現実の民主的正統化は、地方団体、邦《ラント》、そしてライヒの各水準で同じようにますます焦眉の急となっていると思われた。その限りでプロイスは、ドイツの後の憲法期に属している。彼はその先駆者の一人と、そしてグナイストによって熱烈に擁護された自治行政の官憲国家的基礎の克服者とみなされうる。

ともあれプロイスはこうして、国家のメルクマールとして統一的決定の確保のために主権性が不可欠だとするテーゼに反論せねばならず、そして主権性の否定者として、ロマン主義とサンディカリストによる試みの文脈に置かれてしまった。(99) だがまさに国家的決定のこうした統一性は、今日疑わしくなっている。(100) その点でもプロイスには、今日確認されうる「主権概念の変遷」の端緒が見出されうる。

4

ここから結論として、両学者の時代を規定した政治的および社会的な、学問の立場にも関係するシステムに、彼らが違った形で枠付けられていたことがでてくる。両者は、その時代の法律学的研究と学説の営みにしっかりと根ざしており、それに関する重要な学派に属し、そしてその発展に創造的な固有の業績をもって寄与した。それは両者の声望を高め、これは大学での職責にも現れている――グナイストではフリードリヒ・ヴィルヘルム大学総長、プロイスではベルリン商科大学学長である。さらに両者は政治的に、そしてまた自治行政で働き、グナイストは後に国家的議会政治、枢密院、そして判事職で、プロイスはライヒ内務大臣として活動した。両者はそのためドイツ史にとり重要であり、またこの重要性を知っていた。だがここでも決定的な違いが明らかになる。

グナイストはその生涯の中で何度か、何より一八四八年以降の反動期に冷遇を受け、そしてプロイセン憲法紛争では反対派にあった。だが国民自由党に鞍替えした結果、彼は紛争の調停に決定的な寄与をし、ビスマルクの方針に自由主義的な支持をも提供した[101]。これが彼に、帝国において帝国とプロイセンの水準で重要な影響を及ぼす可能性を開いた。郡改革と行政裁判権の導入により二つの――関連した――中心的改革企画はグナイストに帰せられうるのであり、このことがまさに彼の影響を証明している。だがそれだけになおさら、前述した[102]この学者が果たした数多くの任務と彼が受けた称賛は、彼が一九世紀後半におけるドイツ公法の発展にとり最も重要な草分けの[103]一人であり、そのように認められてもいたことの証拠である。それが明らかにプロイスをグナイスト賛美者にした。

プロイスにはもちろん、国法学者が夢見るしかできないことが課せられ、自分の観念を実現しつつまったく新しい憲法を準備した。そのため彼はこのきわめて重要な職責で評価されうるし、そうしたくもなる。だがそれにあわせた見方には異議が唱えられている。たとえばプロイスは――青年期にその司法修習をやめ、法曹実務家としての通常の育成過程を離れて！――はじめから学界ではアウトサイダーだった。彼の教授資格論文は、確かに当時の国法学全体を徹底的に論究しており、学問的にほとんど異論の余地なく、その完結性が印象深い業績だが、通説的なラーバントの国法学と第一次大戦へと舵を取った時期の主権性ドグマにこうして逆らっていたため、どうしても容易には認められず[104]、まさにそこからプロイスの学問的経歴における遅れが理解されうる。だがこれに加えて、数量化困難だが、ともかく立証可能な反セム主義のルサンチマンを度外視すれば、テオドア・バルトのサークルとベルリンの都市政治におけるプロイスの左派自由主義的政治活動もその理由であり、それは上述のように[105]、ユダヤ人女性教員活動問題と第一次大戦期の官憲国家の戦争政策に対する批判で事態を緊迫化させた。これらの要素をどのように数量化しようとも、プロイスは国立大学に一度も招聘されず、そしてまた商科大学での活動は、そこでプロイスが学長になったにせよ、商科大学の支柱だったベルリンの商業者層に対するユダヤ人の影響と関連づけられうるというのが、その結論だった。

そのためライヒ内務省がプロイスに委ねられたのは、ライヒの諸基準との関係では、実質的に、ドイツ十一月革命に見られうる連続性の断絶でもあった。その帰結は、確かに決してドイツの憲法伝統との断絶ではなく、そこからいくらか逸れた、ほとんど徹底してすでに一九一四年以前の時代に基礎づけられていた諸理念を用いたこの伝統の続行だったとしても！(106) それを取り上げ組み換える際に、プロイスは確かに部分的には自説を貫いたにせよ、決してそれは広範囲にわたらなかった。ライヒ大統領問題におけるマックス・ヴェーバーの影響、基本権目録問題におけるフリードリヒ・ナウマンらの影響、そしてプロイスの再編計画に対する各州《ラント》の抵抗、これらは著しく重要だった。(107) だが反対にプロイスは、ヴェルサイユ条約のためにライヒ内務大臣としては辞職したにもかかわらず、ヴァイマル憲法に対するあらゆる拒否に抗議を余儀なくされた。彼はあまりに早い死去までの最後の数年を、第一にこの憲法作品の擁護に捧げ、そしてそこで万人の認める祖国の父として脚光を浴びる機会はなく、むしろ困難な作業のなかで不当な批判に反駁しなければならなかった。確かに理解ある人々はこの作業、その成果、そしてそれとともにプロイスの功績を承知していた。(108) だが、カール・シュミットによるその――ともかくプロイスの意義を考慮した――評価がすでに、政治家の面を中心に置き、まさにプロイスにとり中心的だった自治行政にはきわめて不十分にしか考慮を払っていなかった。(109) そして国家社会主義の始まりとともに、プロイスはドイツ国法学と憲法政治の「ユダヤ化」と非難されたものの代表的人物となった。(110) この卑劣な言明は、それが支配的体制と新たな兆しとの対立を問題として伝えている限りではもちろん徴候的だが、正しておく必要がある。それと同時にもちろんプロイスは、自治行政を保障する社会的で民主的な現代法治国家を正統化しうる連続性を設立した一人として、視界に入ってくるのである。

【原注】

（1）Hugo Preuß, Rudolf von Gneist, in: *Die Nation*, 1895, S. 617 = Preuß, *Staat, Rech und Freiheit*, Tübingen 1926（Neudruck Hildesheim 1965）, S. 503. グナイストの最も重要な評価の一つは、プロイスの師であるギールケのグナイスト追悼講演、Otto von Gierke, *Rudolf von Gneist, Gedächtnisrede gehalten in der Juristischen Gesellschaft zu Berlin am 19. Oktober 1895*, Berlin 1896に由来する。

（2）グナイストとプロイスの関係につき何より、Heinrich Heffter, *Die deutsche Verwaltung im 19. Jahrhundert. Geschichte der Ideen und Institutionen*, 2. Aufl. Stuttgart 1969, S. 372 ff., 731 ff., insb. S. 757-755. それに続くのは、Günther Gillessen, *Hugo Preuß*, Berlin 2000, S. 41 ff.; 類似のものに Detlef Lehnert, *Verfassungsdemokratie als Bürgergenossenschaft*, Baden-Baden 1998, S. 194; さらに異なるものに、豊富な資料を示し、以下の論述につき示唆するところの多い、Sandro Mezzadra, *La constituzuone del sociale, Il pensiero politico e giuridico di Hugo Preuss*, Bologna 1999, insb. S. 42 f., 74 ff., 111, 160（Anm. 110）; vgl. auch Arndt Faatz, *Hugo Preuß, Die Entwicklung eines Strukturprinzips für den modernen Staat*, Diss. Trier 1999, S. 93 ff.

（3）Rudolf Gneist, *Geschichte und heutige Gestalt der englischen Communalverfassung oder des Selfgovernment*, erschienen als Bd. 2 des Werks *Das heutige englische Verfassungs- und Verwaltungsrecht*, Berlin, Bd. 1, 1. Aufl. 1857, 2. Aufl. 2 Bde. 1866/67, 3. Aufl. 2 Bde. 1883/84; Bd. 2, 1. Aufl. 1860（実際にはすでに一八五九年に公刊）, 2. Aufl. 2 Bde. 1863, 3. Aufl. 1871, 本著作全体のうち第三巻は公刊されなかった。Heffter, a.a.O.（注2）, S. 380 Fn. 1. の伝記的指摘を参照。Erich J. Hahn, *Rudolf von Gneist 1816- 1895*, Frankfurt/M. 1995, S. 278 f.

（4）Heffter, a.a.O.（注2）, S. 5も同旨。たとえば参照、Yvonne Ott, *Der Parlamentscharakter der Gemeindevertretung*, Baden-Baden 1994, S. 49.

（5）Selbstverwaltung, Gemeinde, Staat, Souveränität, in: *Festgabe Paul Laband* Bd. 2, Tübingen 1908, S. 199 ff. はこう述べる。

（6）Denkschrift zum Entwurf des allgemeinen Teils der Reichsverfassung vom 3.1.1919, in: *Staat, Reich und Freiheit*（注1）, S. 368（379）による。

（7）これにつき後にも先にも基礎的に重要なのは、Heinrich Heffter（注2）. 最近の受容については、Andreas Bovenschulte, *Gemeindeverbände als Organisationsformen kommunaler Selbstverwaltung*, Baden-Baden 2000, S. 24ff. を参照していただきたい。また、Fabio Rugge, *Il governo delle cittá prussiane tra '800 e '900*. Milano 1989, S. 11f. も参照。並びに最近では、Christoph Müller, Bemerkungen zum Thema Gemeinde-Demokratie, in: A. Bovenschulte u.a.（Hg.）, *Demokratie und Selbstverwaltung in Europa, Festschrift Schefold*, Baden-Baden 2001, S. 73ff.; Hans Boldt, „Den Staat ergänzen, ersetzen oder sich mit ihm versöhnen?" Aspekte der Selbstverwaltungsdiskussion im 19. Jahrhundert, in: E. Hanke/ W. Mommsen（Hg.）, *Max Webers Herrschaftssoziologie*, Tübingen 2001, S. 139ff. 本論文脱稿後に公刊されたこの論文の諸考察は本稿のそれと相当程度重なり合っている。

（8）都市令第一一〇条におけるパラフレーズを参照。「市会議員は、これらの全案件を市民と協議せずに処理することができる。それを彼らは、現行の諸法によれば、諸団体で構成員多数もしくは個々の構成員の同意に依存させることもある。彼らはそのために、市民団からの特別の指令や全権委任も必要なければ、市民団に彼らの議決につき釈明する義務もない。――本法と彼らの選挙が彼らの全権、その都市にとり共通の最善についての彼らの確信と彼らの見解が彼らの指令、だが彼らの良心がそれゆえ彼らが釈明せねばならぬ当局である。彼らは完全な意味で全市民団の代理人であり、したがって彼らを選抜した個々の地区の代理人でも、彼らが偶然に属している同業組合、ツンフトなどの代理人でもない。」Engeli/Haus（Hg.）, *Quellen zum modernen Gemeindeverfassungsrecht in Deutschland*, Stuttgart 1975, S. 104, 116.

（9）これにつき典拠も含めて、E. R. Huber, *Deutsche Verfassungsgeschichte seit 1789*, Bd. 1, Stuttgart 1960, S. 290ff. プロイスもこの観点をつねに強調していた。たとえば、*Die Entwicklung des deutschen Städtewesens*, Leipzig 1906（Neudruck 1965）, insb. S. 221ff., 276ff.

(10) ウィーン最終議定書第五三条以下、とくに第五七条を参照。同条は帝国身分制議会諸憲法につき、つまりこれにより可能になる地方団体代表の影響をも限定していた。

(11) 改正された都市令を参照。これはプロイスいうところの「運命的な警察条項」を含んでいる。Hugo Preuß, Die Lehre Gierkes und das Problem der preußischen Verwaltungsreform, in: *Festgabe für Otto von Gierke*, Breslau 1910, S. 245 (262).

(12) これにつき詳しくは、Jörg-Detlef Kühne, *Die Reichsverfassung der Paulskirche*, 2. Aufl. Neuwied 1998, S. 426ff.

(13) 一八四九年帝国憲法第一八四条の定式である。これは地方団体に「憲法の基本権として」自治行政を保障している。Vgl. Chr. Müller（注7）, S. 77.

(14) 一八五〇年三月一一日のプロイセン市町村令を参照。Engeli/Haus（注8）, S. 314ff. およびこれにつき序文 S. 310ff.; 並びに Günther Grünthal, *Parlamentarismus in Preußen 1848/49, 1857/58*, Düsseldorf 1982, S. 182ff.

(15) これと以下につき、基礎的には Heffter（注3）, S. 5, 372ff.; Kühne（注12）, S. 432も。

(16) その違いについて、Gerd Schmidt-Eichstaedt, Staatsverwaltung und Selbstverwaltung bei Rudolf von Gneist, in: *Die Verwaltung* 1975, S. 345（356ff.）.

(17) *Gemeinde, Staat, Reich als Gebietskörperschaften*（Berlin, Neudruck Aalen 1964）. 一八八九年に公刊された教授資格論文の表題である。

(18) *Das städtische Amtsrecht in Preußen*（Berlin）. 一九〇二年に公刊されたモノグラフィーの表題である。

(19) 「実際、つくづく考えてみれば、皇帝なんかまったく無用だ」、とハイネはすでに一八四四年に嘲笑している。Heinrich Heine, *Deutschland, ein Wintermärchen*, Caput XVI a.E.〔「ドイツ　冬物語」、井上正蔵訳、『ドイツ・ロマン派集、筑摩世界文学大系26』、筑摩書房、一九六四年、三九六頁〕. ともかく、なお一九一七年にプロイスはこれを、この思想を人民国家のために取り戻そうとし、一九一八／一九年に十分見込みのある目標をもって、取り上げている。Preuß, Die Wandlungen des Kaisergedankens, in: *Staat, Recht und Freiheit*（注1）, S. 273ff.

(20) この記述は、Klenheyer/ Schröder（Hg.）, *Deutsche Juristen aus fünf Jahrhunderten*, Karlsruhe 1976, S. 102ff. による。以下についても同様。比較的旧い伝記は、Eugen Schiffer, *Rudolf von Gneist*, Berlin 1929. 現在詳しくは、Erich J. Hahn, *Rudolf von Gneist*（注3）. その他では、Gerd Schmidt-Eichstaedt（注16）, S. 345ff.; Michael Stolleis, *Geschichte des öffentlichen Rechts in Deutschland*, Bd. 2, München 1992, S. 385ff. を参照。

(21) 一覧表は、Hahn（注3）, S. 260ff. そこでは（膨大な）量的影響も――ほぼ一万三〇〇〇人の受講者！――把握されている。

(22) 詳しい描写は今では、Hahn（注3）, S. 10ff.

(23) Schiffer（注20）, S. 79ff.

(24) Heffter（注2）, S. 373ff.（381）は、「英国狂」といっている。

(25) Rudolf Gneist, *Der Rechtsstaat und die Verwaltungsgerichte in Deutschland*, Berlin 1872. ここでは 2. Aufl. 1879（Neudruck）から引用する。とくに S. IIIf., 158ff., 188. 参照、Hahn（注3）, S. 176.

(26) これにつきすでに上述、および注3。

(27) ともかく依然として強調されねばならないのは、Motesquieu, *De L'Espritdes lois*, Buch XI Kap. VI Abs. 13f., 32〔モンテスキュー『法の精神』、野田良之他訳、岩波文庫、一九八九年、（上）二九三頁以下、二九七頁〕が陪審員の裁判権の担い手としての意義を強調しており、まさにそれにより、裁判権を「ある意味では無」と性格づけ、かくして再び、現代の機能分類論とはほとんど関係のない、（上院と下院とともに）議会における王の古き「三権分立」に至っているという点である。その点で、モンテスキューにおいては、記述的―分析的、社会学的な考察方法は、権力分立の構想においても、それとともに国家構造の構想においても、反映されている。これにつき参照、Schefold, *Volkssouveränität und repräsentative Demokratie*, Basel 1966, S. 326 Fn. 52.

(28) Gneist, *Geschichite und heutige Gestalt der englischen Communalverfassung oder des Selfgovernment*, ここでは 2. Aufl. Bd. 2, Berlin 1863により引用、S. 1211; 1. Aufl. 1860, S. 828. これに対応している後の著作ではとくに、*Der*

Rechtsstaat（注25）, S. 41.

(29) Vgl. Heffter（注2）, S. 376f.; Schmidt-Eichstaedt（注16）, S. 347. 現在詳しくは、Hahn（注3）, S. 60ff.

(30) それゆえ、プロイスの異議、Hugo Preuß, insb. in: Die Lehre Gierkes（注11）, S. 245（272ff.）は、確かに固有の、グナイストに対立する構想の論述ではあり、グナイストの順応の試みに対する批判としては適切だが、グナイストがもともと抱いていた意図の解釈としてはそうではない。

(31) 類似した見解は、Schmidt-Eichstaedt（注16）, S. 346, 354, 並びに、Nikolaos K. Hlépas, *Unterschiedliche rechtliche Behandlung von Großgemeinden und Kleingemeinden*, Frankfurt/M. 1990, S. 50ff.

(32) Vgl. Heffter（注2）, S. 374, 393; Engeli/Haus（注8）, S. 467f.

(33) このような定式化は、*Der Rechtsstaat*（注25）, S. 281だが、これはRudolf Gneist, *Die preußische Kreis-Ordnung in ihrer Bedeutung für den inneren Ausbau des deutschen Verfassungs-Staates*, Berlin 1870, S. IVff. を基礎としている。グナイストによる（行政裁判官としての職分と結びついた）名誉職の官憲的性格の擁護についてはしかし、Hahn（注3）, S. 144ff., insb. 160, 166ff.

(34) 参照、注30。プロイスによる、経済事項への自治の縮減に対する否定については、Lehnert（注2）, S. 206.

(35) これはシュトライス（注20）による解釈。参照、Hahn（注3）, S. 60ff.

(36) 同時代の展開についてはとくにジョン・スチュアート・ミルを参照。これについては、Heffter（注2）, S. 378ff., 387ff.; Karl Loewenstein, *Staatsrecht und Staatspraxis in Großbritanien*, 2. Bde., Berlin 1967, Bd. 1, S. 19f., Bd. 2, S. 135f. Schmidt-Eichstaedt（参照注16）, S. 352ff.; Hahn（注3）, S. 75ff.; Mezzadra（注2）, S. 110.

(37) とりわけLothar Bucher. そのグナイストとの結びつきについては、Hahn, a. a. O. S. 4が強調している。彼については、Heffter, a. a. O., S. 384f.

(38) その限りで、ヴィルヘルム王子によりその祖父ヴィルヘルム皇帝宛一八八八年二月二二日付書簡で伝えられたビスマルクの見解により終止符が打たれた。「グナイストについて侯爵は私に完全な情報を与えてくれ、彼が現在、いかに王朝派でとことん政府寄りであるかを強調してもいました。」引用は、Schiffer（注20）, S. 143による。

(39) Gneist, *Selfgovernment*, 2. Aufl.（注3）, S. 1211.

(40) これを、Carl Schmitt, *Hugo Preuß*, Tübingen 1930, S. 13f.〔シュミット「フーゴー・プロイス」、上原行雄訳、長尾龍一編『カール・シュミット著作集I』、慈学社、二〇〇七年、二二六頁以下〕は、グナイストの大きな功績と強調し、フーゴー・プロイスと対置している。これについては後述。

(41) プロイセン憲法紛争におけるグナイストのこれに関連する態度について参照、Hahn（注3）.

(42) Heffter（注2）, S. 396.

(43) *Die nationale Rechtsidee von den Ständen und das preußische Dreiklassenwahlsystem*, Berlin 1894 (Neudruck 1962), insb. S. 263 ff. これについて、Hahn（注3）, S. 235 ff.; Grünthal（注14）, S. 97ff.; Thomas Kühne, *Dreiklassenwahlrecht und Wahlkultur in Preußen 1867-1914*, Düsseldorf 1994, S. 385, 388.

(44) Heffter（注2）, S. 379.

(45) Gneist, *Der Rechtsstaat*（注25）は、プロイセン郡令改革に関する諸著作のなかですでに準備されていたものである。

(46) 特徴的なのは、Gneist, *Der Rechtsstaat*, a. a. O., S. 334 Anm. 7.「現存する諸事情をごく簡単に概観しさえすれば、官憲権力の諸規範がすべて法律によって確定され、そして立憲的政府が法律によってそれに与えられた以外の権限を持ってはならないというような社会の理念は、およそ実行不可能だと示すのに十分である。」

(47) 一八四九年帝国憲法第一八二条がそうであり、この意味で、Otto Bähr, *Der Rechtsstaat*, Kassel 1864 (Neudruck 1963).

(48) *Der Rechtsstaat*, S. 206.「だが、それらの命題により直接に適用可能な行政法が形成され、これらの法律の解釈を整えられた判例により代替するのに憲法宣誓で足りるとの見解は、これらの時代に共通した誤謬である。」

(49) *Der Rechtsstaat*, insb. S. 53, 269ff., 272.

(50) 参照、上述注47。

(51) それはグナイストによりとにかく異議が唱えられていた。Vgl. *Der Rechtsstaat* a. a. O., S. 158ff., 180ff.

(52) 一九四六年四月一日改正ドイツ市町村令。Engeli/ Haus, a. a. O.（注8）, S. 702ff. による。とくに第二条Ⅷ。これにつき同書 S. 699ff. での紹介。ならびに、Wolfgang Rudzio, *Die Neuordnung des Kommunalwesen in der Britischen Zone*, Stuttgart 1968.

(53) *Die Lehre Gierkes und das Problem der preußischen Verwaltungsreform*（注11）, S. 245（261）にとくに顕著である。「この説は、シュタインの改革理念の学問的理論に他ならない。」

(54) *Gemeinde, Staat und Reich*（注17）, S. 189.

(55) *Gemeinde, Staat und Reich*, S. 118ff., 255f.

(56) *Gemeinde, Staat und Reich*, S. 101ff. および結論 S. 393ff. この立場の意義は、とくに Krabbe, *Lehre der Rechtssouveränität*, Göttingen 1906 の書評で際立っている。*AöR* 23, 1908, S. 307ff. それは、第一次大戦と Kelsen, *Hauptprobleme der Staatsrechtslehre*（1911）の公刊との前哨戦ですでに、ほぼ同時期のラーバント祝賀論集（注5）への自治行政に関する論稿により詳しく述べられた見方を示す立場である。参照、同書 S. 240 Anm. 2. メッツァドラ Mezzadraの新たな研究（注2）は、とくに S. 17ff. 32ff. でこの側面を中心に据えているが、正当である。

(57) Schiffer（注20）, S. 56で報告されているところでは、グナイストの論評は、「若い人々には疑いもなく新たな理念が入り込んでいる」というものだったという。「だがそれがよき理念でもあるかどうかについて判断を下すには、自分は歳をとりすぎたと感じていたようだ。」Vgl. auch Gillsesn（注2）, S. 42 Fn 28.

(58) これについては、Gillessen, a. a. O., S. 64ff. を基礎としている。Siegfried Gassmann, *Hugo Preuß und die deutsche Selbstverwaltung*, Lübeck 1965, S. 15 Fn. 15, 62ff., Dian Schefold, *Hugo Preus*, in; H. Heinrichs u. A.（Hg.）, *Deutsche Juristen jüdischer Herkunft*, München 1993, S. 429（432, 441ff.）.

(59) Hugo Preuß, *Ein Jahrhundert städtischer Verfassungsentwicklung*（1908）, in: *Staat, Recht und Freiheit*（注1）, S. 25ff.

(60) *Das städtische Amtsrecht in Preußen*（注18）, S. 113. Vgl. Grassmann, a. A. O., S. 44ff.

(61) *Das städtische Amtsrecht in Preußen*, S. 141f.

(62) 一八〇八年都市令第一六五／一六六条（「悪しき第一六六条」）を参照。これは一八三一年都市令で先鋭化された。「それ（すなわち市庁）はこの観点で都市民Stadtgemeineから完全に独立し、当該国家官庁に服するのみであり、そして市会議員会議はすべてのそれ以外の住民と等しく、同官庁に従う責任を負う。」これに対して、パウロ教会憲法第一八四条によれば、「各市町村は……それらの憲法の基本権として……それらの市町村事項に関する自立した行政を自治体警察Ortspolizeiを含め、国家の法律により定められた監督のもと」、配慮しなければならないとされる。プロイスの論証が特にはっきりしているのは、*Festgabe Gierke*（注11）, S. 245（255ff.）; vgl. auch Grassmann, a. a. O., S. 54ff.; Lehnert（注2）, S. 204ff.

(63) *Das Recht der städtischen Schulverwaltung in Preußen*, Berlin 1905.

(64) Gillessen（注2）, S. 64ff.; Grassmann, S. 62ff., 地方自治法の関連についても。同所は以下の引用も。

(65) 「汝は汝の道、そして汝の魂が、導く市庁の最も誠実なる配慮につき思い悩むものを命ぜよ」、そして「閣下がそれを与え、閣下がそれを受け取った、閣下の名は褒め称えられるべきかな！」

(66) Mezzadra（注2）, S. 24f. もこのように述べる。*Staat, Recht und Freiheit*（注1）へのホイス Theodor Heuss の緒言、S. 15も参照。

(67) プロイス解釈に関する意義については参照、Dian Schefold, *Hugo Preuß*, in: H. Erder u. a.（Hg.）, „*Meinetwegen ist die Welt erschaffen*“, Frankfurt/M, 1997, S. 293（299f., 305f.）, auch in: *Recht und Politik* 1997, S. 27（31, 34f.）.

(68) これについて具体的には、Grassmann（注58）, S. 9ff.

(69) このようなものは、Adolf Wagner, *Allgemeine oder theoretische Volkswirtschaftslehe*, Erster Theil; Grundlegung, Leipzig/ Heidelberg 1876, S. 260; Bertram Schefold, *Einleitung zu Adolf Wagners „Grundlegung“*, の論稿を含む注釈巻、Düsseldorf 1991, S. 17（23f.）をも参照。

(70) Hugo Preuß, *Die Entwicklung des deutschen Städtewesens*（注9）, S. 377ff.

(71) 詳しくは今では Lehnert（注2）, S. 195ff.; Chr. Müller（注7）, S. 89.

(72) *Die Sozialdemokratie und der Parlamentarismus*（1891）, in: *Staat, Recht und Freiheit*（注2）, S. 144dd.; その文脈については、Schefold（注58）, S. 445.

(73) *Das deutsche Volk und Politik*, Jena, 1915, 2. Aufl. 1916; シュモラーによる鋭い批判、Gustav Schmoller, *Obrigkeitsstaat und Volksstaat,* in: *Schmollers Jahrbücher*, 40/2（1916）, S. 423 ff. および Gillesenn（注2）, S. 87ff. による同時代の議論への組み込みを参照。Lehnert（注2）, S. 89f., 177ff. も参照。

(74) その基礎については、一九一八年一一月一四日ベルリン日刊新聞 Berliner Tagesblatt 掲載のプロイスの論文、in: *Staat, Recht und Freiheit*（注1）, S. 365-368. W. Jellinek, in: *Handbuch des deutschen Staatsrechts*, Bd. 1, Tübingen 1930, S. 127 および Gillessen, a. a. O., S. 103ff. による説明を参照。Grassmann（注58）, S. 92ff. 現在詳細には、J. Mauersberg, *Ideen und Konzeptionen Hugo Preuß' für die Verfassung der deutschen Republik 1919*, Frankfurt/M. 1991, S. 56ff.; Michael Stolleis, *Geschichte des öffentlichen Rechts in Deutschland*, Bd. 3, München 1999, S. 83ff.

(75) 場合によっては、一八七二年一二月一三日プロイセン郡令へのグナイストの関与と、ヴァイマル憲法成立へのプロイスの関与との並行性を描くこともできるかもしれない。だが、規範作品の意義からも、影響力の強さからも（この点でグナイストの影響に関して限定的にとらえるのは、Hahn、注3、S.168ff.）、一九一八／一九一九年のプロイスの影響は、比較にならないほど重要だと評価されねばなるまい。

(76) いわゆる第一草案は、Mauersberg（注74）, S. 87ff. に掲載されており、Heinrich Triepel, *Quellensammlung zum Deutschen Reichsstaatsrecht*, Tübingen 3. Aufl., 1922, 5. Aufl., 1931, S.7ff. の後続する諸草案と関連付けられている。

(77) 第一草案第二条Ⅲ。「ライヒは現行国際法をその固有法の拘束力ある構成部分として承認する。」これについては Gillessen（注2）, S. 113f.

(78) ヴァイマル憲法第四条。諸異論については、Anschütz, *Die Verfassung des Deutschen Reichs*, 14. Aufl., 1933, 第四条

Anm. 1については、S.61f.

(79) こう述べるのは、*Denkschrift zum Entwurf des Allgemeinen Teils der Reichsverfassung vom 3. 1. 1919*, in: *Staat, Recht und Freiheit*（注1）, S. 368（379）.

(80) 前注で言及した覚書に基づく立ち入った説明は、Mauersberg（注74）, insb. S. 68ff., 84ff., 103ff., 125f.; Lehnert（注2）, S. 221ff.; vgl. auch Schefold, in: *Deutche Juristen jüdischer Herkunft*（注58）, S. 446ff.

(81) Triepel（注76）, S. 10ff., insb. §35.

(82) Vom 10. 2. 1919, RGBl. S. 169 §§2, 4.

(83) Hugo Preuß, *Reich und Länder. Bruchstücke eines Kommentars zur Verfassung des Deutschen Reiches*, Aus dem Nachlass des Verfassers herausgegeben von Gerhard Anschütz, Berlin. 1928. 自身が異論を唱えている点である。

(84) これについて、Andreas Bovenschulte, *Gemeindeverbände als Organisationsformen kommunaler Selbstverwaltung*（注7）, S. 544ff.

(85) グナイストに関して、本来ロマニスト的な著作や全著作、とくにイングランドに関する著作、とくに *Englische Verfassungsgeschichte*（1882）の包括的な歴史研究部分、プロイスに関して *Die Entwicklung des deutschen Städtewesens*（注9）を参照。

(86) 適切なのは、Grassmann（注58）, S. 14.

(87) Preuß, *Rudolf von Gneist*, in: *Staat, Recht und Freiheit*（注1）, S. 503（507）. セルフガバメントに関するグナイストの著作に対するプロイスの賞賛、*Nationalitäts- und Staatsgedanke*（1887）, in: *Staat, Recht und Freiheit*, a. a. O., S. 527（535）をも参照。

(88) Stolleis, *Geschichte des öffentlichen Rechts*, Bd. 2（注20）, S. 330ff. の叙述を参照。

(89) こう述べるのは、ギールケの著名なベルリン大学学長就任演説、Berlin 1902, Neudruck Darmstadt 1954であり、これはもっとも（S. 27）プロイスによる国際共同体に関する推論から離れている――これは第一次大戦において、上述のように（上述四3）多大な結果をもたらす差異である。

(90) ここでも決め手となるのは、ギールケのラーバント国法学批判である。*Labands Staatsrecht und die deutsche Rechtswissenschaft*, in: *Schmollers Jahrbücher* NF Bd. 7 H. 4, S. 1097ff., Neudruck Darmstadt 1961. 同論文でとくに連邦国家問題に関しプロイスにとり決定的だったのは、S. 61ff. ラーバント祝賀論集の論稿における（注5）、プロイスのラーバントの基本概念に対する、確かに上品でていねいだが、きわめて開かれた論争も参照。プロイスの歴史的−経験的で、その点で政治科学的特徴について、Lehnert（注2）, S. 58ff. も。

(91) これにつき、E. R. Huber, *Deutsche Verfassungsgeschichte seit 1789*, Bd. 3, 3. Aufl. Stuttgart 1988, S. 312f.; Schefold, *Verfassung als Kompromiß?*（注41）, S. 137（153f.）がさらに論拠を示す。

(92) Preuß, *Friedenspräsenz und Reichsverfassung*, Berlin 1887; これにつき Lehnert（注2）, S. 49f., これ以外にも S. 71ff. でラーバントとの方法的差異を指摘する。

(93) Gneist, *Verwaltung, Justiz, Rechtsweg*, Berlin 1869; ders., *Die preußische Kreisordnung*（注33）; ders., *Der Rechtsstaat*（注25）.

(94) *Der Rechtsstaat*, Kassel 1864.

(95) ともかくドイツにおいて一九四五年以降に裁判権の統合と権利侵害の必要性（§42 II VwGO）が退けられた構想の意義は、欧州法（EC設立条約第二三〇条Ⅳ）により再び強められた。これについては近刊の A. Epiney, in *VVDStRL* 61, 2002を参照。そこでは H. H. Rupp が適切にグナイストの意義を示唆していた。

(96) この限定の意義については、上述四2 a. E. を参照。

(97) この点に関してもプロイスははっきりと批判を加えていた。ラーバント祝賀論集への論文（上記注5）, S. 207ff. を参照。レートリヒ Josef Redlich が引用されている。

(98) R. v. Gneist, *Die nationale Rechtsidee von den Ständen und das preußische Dreiklassensystem*（注43）.

(99) このように論ずるのは、Hermann Heller, *Die Souveränität*（1927）, in: *Gesammelte Schriften*, 2. Aufl.（Hg. Chr.

Müller), Tübingen 1992, Bd. 2, S. 31 (44ff., 126)〔ヘラー『主権論』、大野・住吉・山崎訳、風行社、一九九九／二〇〇二年、一二頁以下、九一頁〕. これにつき Chr.Müller（注7), S. 80ff.

(100) Vgl. Luzius Wildhaber, *Sovereignty and International Law* (1983), 現在は、in: Ders., *Wechselspiel zwischen innen und aussen*, Basel 1996, S. 19 (25, 35f., 43ff.); Jörg Paul Müller, *Wandel des Souveränitätsbegriffs im Lichte der Grundrechte*, in: R. Rhinow u. a. (Hg.), *Fragen des internationalen und nationalen Menschenrechtsschutzes*, Basel 1997, S. 45 (57, 60ff.); とくにヘラーにおける問題状況に関して、Dian Schefold, *Gesellschaftliche und staatliche Demokratietheorie*, in: Chr. Gusy (Hg.), *Demokratisches Denken in der Weimarer Republik*, Baden-Baden 2000, S. 256 (261f., 264, 273ff., 283ff.)〔本書第三章、七七頁（八一頁以下、八四頁、九二頁以下、一〇〇頁以下）〕.

(101) E. R. Huber（注91), Bd. 3, S. 348ff. の叙述、とくにグナイストとの関連では S. 355f. を参照。予算委員会におけるその立場についても、E. R. Huber, (Hg.), *Dokumente zur deutschen Verfassungsgeschichte*, Bd. 2, 3. Aufl. 1986, Nr. 82 S. 99f. 回顧として、R. Gneist, *Die Militärvorlage von 1892 und der preußische Verfassungskonflikt 1862-1866*, Berlin 1893. 現在詳しくは、Hahn（注3), S. 121ff.

(102) 上述三1。

(103) Preuß, *Rudolf von Gneist*, in: *Staat, Recht und Freiheit*（注1), S. 503ff. およびこれにつき Gillessen（注2), S. 42.

(104) これはこの点で説得力ある Mezzadra（注2）の中心テーゼである。とくに S. 9, 17ff., 24類似の見解に、Lehnert（注2), S. 44ff.; Stolleis, *Geschichte des öffentlichen Rechts in Deutschland*, Bd. 3（注74), S. 81f.

(105) 上述四2。

(106) Vgl. Anschütz, *Die Verfassung des Deutschen Reichs*（注78), S.1.「憲法は変遷したが、国家は残った。」これにつき詳しくは、Dian, Schefold, *Geisteswissenschaften und Staatsrechtslehre zwischen Weimar und Bonn*, in: K. Acham u.a. (Hg.), *Erkenntnisgewinne, Erkenntnisverluste*, Stuttgart 1998, S. 567 ff.〔本書第四章、一一七頁以下〕.

(107) これにつき個々には Gillessen（注2), S. 103ff. が、ともかく要約的な判断を含んでいる。Gillessenによる出版への序言とManfred Friedrichによる後記S. 183（188）を参照。Lehnert（注2）, S. 44ff. による評価も参照。私の評価に関しては、Schefold, in: *Deutsche Juristen*（注58）, S. 429（447ff.）を参照。

(108) 同時代の文献からは、なによりHedwig Hinze, *Hugo Preuß*, in: *Die Justiz* 2, 1927, S. 223ff. による評価、Gerhard AnschützによるReich und Länderの未完草稿の編集、Theodor Heussによる小論論集*Staat, Recht und Freiheit*（注1）の編集が際立っていると思われる。そこに引用された、ごく限定された二次文献は、ここで提示した研究が寄与しようとする補完を要する。

(109) Carl Schmitt, *Hugo Preuß*（注40）、とくに明瞭にS. 31 Anm. 17〔一四二頁〕. そこでは、帝国《ライヒ》、邦国《シュタート》、そして市町村の本質平等性が、とくにヴァイマル憲法第一七条で、「災いのもと」で、「純理的な考慮」に基づいているもの、と呼ばれている！　類似の整理は、Lehnert（注2）, S. 446f.

(110) Vgl. H. G. Adler, *Die Juden in Deutschland*, München 1960, S. 147. 同書は上述注67で言及した私の論文注1で引用した。

第7章　地方団体行政における民営化

一　地方の自立した職務責任

地方団体行政にとっても民営化はここ数年、あるいはそれどころか数十年のあいだ、支配的なテーマとなっていた。経済的側面と社会政策的側面、さらに行政学的側面からも独立して、これは特殊な地方団体に特有の諸問題が提起される。

(a)　一面で、脱国家化としての民営化の戦略が地方団体の分野とどのように関係するのかが問題となる。市町村と国家の区別、それどころか両者の対立性から出発すると、地方分権化こそが脱国家化を意味する。分権化された組織としての市町村は、国家が負担免除され、任務の遂行が基盤に拡張されるべき場合には、適切な担い手と考えられる。これは、ナポレオン戦争での敗北後に、シュタイン男爵の案によって行われたプロイセン改革の中心思想だった。それに対応して、三月前期の地方団体は、国家から分離された社会的領域とその利益の代表者と理解されていた。「基本権と憲法」を、各市町村はパウロ教会憲法（一九四八/四九年）第一八四条〔市町村法制〕により有し、「ドイツ人の基本権」の枠内で保障されるとされた。それにより保障される「市町村事項」

は、それゆえ国の任務ではなく、地方団体の任務であった。一九世紀後半の都市化問題の圧力が増大するとともに、これらの問題を立てること、つまり公共的安全性の諸事項――一八四八／四九年に明文で保障された地域警察――をこえて、水道、エネルギー、近距離交通、貯蓄銀行、住居の住民に対する供給を配慮することは、都市の任務だった。嘲笑的にせよ、こうした地方団体の生存配慮は「都市社会主義」と呼ばれた。だがそれは時代の差し迫った必要に合致していた。当時ベルリンの都市政策に従事し決定的な役割を果たしていたフーゴー・プロイスのような初期自由主義者も、はっきりとそれを支持する発言をしている。彼の『ドイツ都市制度の発展 *Entwicklung des Städtewesens*』（一九〇六年）は、今日もなお読むに値する、都市が直面する現代的任務を担うよう訴える呼びかけと結びついていた。国家予算から分離された社会保障のように、国家行政から分離された地方団体任務の遂行も、国の任務遂行と公共体の任務放棄の間にある第三の道だと考えられていた。したがって、地方団体水準での公営化は、決して非国家化ではなく、むしろその反対だった。それに対し民営化の要請をもって異議を唱えると、事態を見過ごしてしまう。

もっとも、公共体はそれにより、経済的観点でも引き続き責任を負っていた。これと結びつくリスクは、第一次大戦とインフレの緊急時にはじめて、後には一九三〇年ごろの世界経済危機に際して、負担された。多くの市町村は、それらの運営負担をもはや担えず、また担おうとしなかった。だが、ライヒと諸州《ラント》も、地方団体がそれらの活動に経済的に関与するのを制限した。それは債務引き受けの完全な禁止や制限、あるいは特定活動の完全な禁止や制限によってなされた。これらの措置は、市町村体制と市町村予算及び経済運営に関する一九三三年一二月一五日のプロイセン法でいったん最高潮に達した。それは、ブリューニングの続投によるデフレ政策、地方自治行政の権威的制限、そしてナチス的法制定の綜合だった。これは「ナチス国家の基本法」（前文による）とされる、一九三五年一月三〇日のドイツ市町村令で頂点を迎えた。その「市町村の経済活動」に関する諸規定（第六七―七五条）は、最近の市町村令におけるこれに対応した制限のモデルとなり、それは引き続いている。これらの制限には、つまり伝統がある。

（b）だが他面でこれは、すでに地方団体の経済活動への上述の制限以前に、現代の文献で自立化と[1]、また形式的民営化ないし組織民営化と呼ばれるものを、形式としては早い時代に追求していた。一方で分離の進んでいない地方団体行政構造に、他方で地方団体企業に関する経済経営上の可動性の必要に面して、経営に特有の諸構造が要求されたが、これはすでに以前に確認されうる。地方団体貯蓄銀行にとっては、公法上の営造物《アンシュタルト》の形式により、州《ラント》立法はこの要求を考慮していた。他の地方団体企業体に関する対応した組織形式は、これに対して当初欠けていた。ドイツ市町村令による制限の結果としてはじめて、一九三八年に私企業命令が公布された。これは、第二次世界大戦後たいていは州《ラント》法により引き継がれたが、権利能力はないものの、自立的に経済活動を行う統一単位として、地方団体の企業経営を可能にした。近年では、それをこえて、ある種の公法上の営造物たる法的にも自立した地方団体経営体を州法により可能とする傾向が見られる。

それゆえ、ここで私法形式を引っ張り出すというのが、まずすぐに思いつかれた[2]。経済的にはいつも重要で、三〇年代の諸制限以降は有無を言わさず定められた〔債務履行〕責任の限定が求められたので、そのために実務的には株式会社と有限〔責任〕会社だけが考慮された。だがそれとともに地方団体企業は対外的に、形式的には、私法上の法人として登場した。つまり、公共体による公的任務の履行を放棄するまでには至らないにせよ、今日の議論における形式的民営化ないし組織民営化という重要な選択肢が、地方団体経済で一つの重要な適用例を手にする。この例は、地方団体という所有者に、内部関係では企業経営を決定し、方向を定めることを可能にする。

この組織形式は経済活動の分野に限定されず、地方団体に属するその他の施設整備、たとえば文化的性質や社会的性質のそれをも考慮している。それは今日では、たいていの市町村令において明文で規定されており、その結果、経済的活動と他の活動との区別は重要度の劣るものとみなされ、あるいはそれどころかまったく廃止されるのが一貫すると考えられている。(3) その際にはそれどころか、連邦会計法第四四条第三項の規定（そして対応する州法）や一九九八年五月二六日のブレーメンに特有な事業委託（Beleihung）(4)が示すように、公法的権限を伴う事業の事業委託が考慮されており、その結果、高権的な行政任務も私企業に移譲されうることになっている。しかし同時に、公的所有者は私的な事業運営に広範な裁量の余地を与え、その統制から撤退することができる。何より、私人が会社に関与する場合がそれであり、それによりこうした会社はいわゆる公私共同経営企業となる。そのため総じてきわめて多様な法形式をとりうることとなる。それらは、本来の経済的企業をこえて、地方団体の施設整備にも用いられており、これらは従来行政の部分だが、その自立化は行政学的にも経済経営的にも同じく有用なことが明らかにされている。

二　私経済との関係における紛争領域

（a）　しかしながらこうした流動性は、その対価として困難な法的問題を投げかける。一方では、事業委託を受けた私的会社による高権的任務の履行が民主的－法治国家的構造原理と合致できるかが問われよう。ブレーメン州憲法裁判所はこれを結果として肯定しているが、しかしその条件として、受託者に対する国家〔州〕的〔専門的〕監視が効果的に保障されていなければならないとした。(5) この要請にある問題となる含意を度外視すれば、審査基準のより厳格な解釈も異なる評価の結果により理由づけうる。[6] 出捐金行政の分野以外でも、多くがブレーメンの例に倣ったと思われるので、ここでさらに考察を進めるのが適当だと思われる。

（b）他方で、つまり私法の形式で構造化された公企業に対する効果的統制において、これらの問題が長らく周知されながらも解決に至らず、まさに最近になって新たに議論を呼んでいるだけに、これはますます妥当する。確かに、所有者として市町村は企業に決定権を持ち、方針を定める。予算法もそれを義務づけている。それ以上に、フェーバー《VEBA》ゲルゼンベルク判決（BGHZ 69, 334）以来、判例はそうした行為のコンツェルン法的基礎を承認し、強調してきた。だが、地方団体の影響を行き渡らせるこうした可能性を用いると、諸々の問題が提起される。いずれにせよ株式会社の取締役は自らの責任で会社を指揮しなければならない。[7] 取締役は、市町村ではなく、監査役会により選任され、そして市町村は、監査役会に対してすらごく限定された影響しかもたない。明らかに株式法は、すでにその点でドイツ市町村令と矛盾する一九三七年の同法以来、そして、連邦-会社法が諸州の自治団体《コムナル》法を制限してからはいよいよもって、諸々の損害賠償請求権によっても保護された会社の自己利益から出発しており、取締役会はそれを優先して業務を行わねばならない。有限会社法では確かにこのモデルが厳格に実現されているわけではない。だが会社法の状況と経営的観点は、会社の自己利益を承認するように促す。これに対して法律で規定された保有公共体による経営方針の決定は、異物のように思われる。当然ながら企業にとって収益状況は、価格の安さよりも、それこそ扶助における社会政策的動機に基づく価格等級づけよりも、すくなくともこれらの観点が法的に一義的に確定されていない限り、優先される。そのため公的に所有される企業の行為は、できるだけ市町村の域外においても[8]投下資本の最適利用と、そのための生産能力を拡大しそれを利用するよう、努めるようになり、同業の私企業の行為とほとんど区別されなくなる傾向が一般的にある。ここに貯蓄銀行の保証機関責任の放棄に対する内的正当化がある。

（c）こうした考察様式を受け入れるなら、公企業の私的競争相手が後者と競争しているととらえているのもわかる。公企業が有利になっている――たとえば地方行政との地域的接近、それとの共同活動、宣伝上の暗示――限りで、公企業は私的競争相手には公正でないと感じられ、これに対して、不正競争防止法第一条に基づき、防戦の努力がなされている。(9) 公企業の活動という事実そのものだけでも、固有の経済活動に対する介入と考えられ、それゆえ、請求の根拠が競争保護法、自治団体法、あるいは基本法により主張される違いはあれ、それに対する防禦がなされている。こうした立場の確認は、公企業の優遇を禁じたＥＣ設立条約第八六条に見出されるだろう。そこで最後の帰結は、委託発注法（Vergaberecht）でも導かれうる。公企業は、他の入札者に対して優遇されない。ある企業において委託発注につき決定する地方団体の利益がその機関担当者により知られてしまう限りは、その結果として、機関担当者には地方団体の委託発注決定における関与が禁止される。委託発注手続の私法形式性とそれゆえ行政手続法第二〇条の不適用にもかかわらず、ブランデンブルク州最高裁判所がつくり上げた原則は、命令制定者により二〇〇一年一月九日の委託発注命令第一六条に明文で定められ、(10) そして公企業と私企業との平等な競争が保障されることになった。(11) 公企業と私企業の平等化という目標に、それによって近づいたかもしれない。締めくくりにそれとともに、公企業の正当化が展開された。(12) 私的経営者側にそれ以上のハードルを置かず、そしてなお現存する地方団体企業の民営化を断念するように市町村に助言するべきかもしれない。

それによりいかに地方団体自治行政の分野が変わるかをイメージするのに、ほとんど想像力は必要ない。とりわけここ数年の発展が、何より地方団体によるエネルギー供給のような分野で、私たちが、それ自体に重要な理由のある発展過程のなかにあることを、明らかにしてきた。だがまさにこれが、限定的な法的観点への問いを不可避的に提起する。地方団体に民営化を義務づけられることは許されるか、事実上にすぎなくとも強制されてよいか、それとも、地方団体が履行の責任を負い、場合によってはそれどころか自ら引き受けねばならない任務はないのだろうか？　地方団体企業体と施設整備の意義を考慮すれば、地方団体自治行政の憲法により保障された分野が問題になる。

三　自治行政としての地方団体経済の憲法による正統化

（a）　実際、冒頭で示した諸観点は、この保障が、事実としてはすでにプロイセンにとり一八〇八年以降死活に関わるものであって、基本権としての内容——このようにヴァイマル憲法第一二七条も〔市町村の自治〕——を示しており、現代産業社会の発展にとって不可欠になったことを、明らかにしていた。基本法第二八条第二項では、この保障はもちろん組織法的に組み入れられ、諸州の、そしてまた連邦の分権的組織化にとっての原理として、保障されている。市町村は、「地域的共同体の全事項を法律の枠内で自己の責任において規律する」権利を保障されねばならないので、交通経済や公益事業の地域的経済分野もその責任に委ねられる。[13]　普遍性原理の形式における規律——全事項——を通じて、特定時点に存続する特定活動への制限は禁じられる。これは確かに個々の事例ではその地域的性格を失うかもしれず、それゆえ「上位の区域に位置づけ」られうるし、そして法律の枠は特定任務の履行を困難にし、あるいは禁止するかもしれない。だがそうした制限の正当化に、判例は高い要求を課している。[14]　これらの活動は私人にとっても利害があり、そのため私的な経済の自由にもとづいて行使されうるとしても、それにより地方団体は、自ら経済的に活動する責任を免れないし、権利も失わない。公共体の営業自由、あるいは収益経済活動の禁止をめぐる争いとは独立して、[15] いずれにせよ公的目的に仕える諸給付をもたらすための地方団体の経済活動は、地方団体自治行政の保証により包括される。[16] 地方団体は確かにその点で基本権を用いていないが、憲法により確定的に法律で定められた限界のなかでそれらに対して保障されている権限を行使する。

（ｂ）この権限はそれゆえ私的競争相手の基本法上の地位をも制限する。地方団体の経済活動が置かれているこうした公法上の法的基礎を考慮して、これに反対して競争法的道具を自由に使わせようとする、上述のように、今日たびたび主張されている傾向は、馬鹿げている。[17] むしろ考慮の余地があるのは、市町村令によるこの権限の限界、何より私人による経済的な任務遂行に対し概して予見されている補完性を、[18] それらの有利になるように保護規範として解釈し、そしてそれゆえ、地方団体の経済活動のあまりに広範な拡張に対する行政法的保護を保障することだが、[19] しかしそれには伝統的な考察様式が、そして上で歴史的に裏づけたように、限界づけられた中で任務の過剰負担に対して市町村の保護規定のみを考えている諸規定の機能に対応する考察様式が、対立する。[20] いずれにせよ、そうした防禦請求に引かれたこれらの限界は、憲法により保障された地方団体自治行政と、そこから帰結する活動の自由とから承認されねばならないだろう。

（ｃ）反対に、地方団体の経済活動のこうした憲法的正統化から、国家的法秩序がそれを事実上も可能にしなければならないということになる。それに属するのは、私的競争法の非適用を含む上述の権限法的基礎と並んで、何よりも適切な組織論的諸形式の形成である。[21] 地方団体株式会社の運営諸問題がなお解決可能で、有限会社法の諸可能性を考慮して受け入れうるようなら、公法的組織にとって適した諸形式とともに、自主経営と並んで、権利能力ある地方団体企業[22]ないし営造物[23]の可能性も必要になる。〔欧州〕共同体法的には、ＥＣ設立条約第八六条第二項が、一般的な経済的利益を有する業務に関する基本準則を具体化し、それとともに公的目的に関する規律に対して共同体法的に対を成すものを地方団体経済の正統化根拠として立てているが、これに対する留保が、地方団体企業の有利になるように、「特殊な任務」の移任として要求されうる。委託発注法的には、地方団体企業への、これらがつくられた目的の枠内での委託行為は、組織内取引であり、それゆえたやすく許容されうる。地方団体の民営化に対する法的義務は、そのため成り立たない。(24)

四　経済的民営化圧力

だが、この意味で地方団体経済が同時にきわめて強く憲法により保障され、そして、その諸構造が変更された共同体法の諸前提のもとでも維持されうるほどに適応能力があることが示されても、地方団体への経済的民営化圧力は存続する。

（a）　経済的施設と、また非経済的施設との自立化を通じて、そのコストは即座に算出されうる。そこから、予算法的経済性原理と共同体法的助成禁止の適用分野を超えても諸施設整備の自主経済性を要求し、そしてかつてより共同体令で確約され基礎づけられていた住民のこうした諸施設利用権を、同じくかねてより負担引き受けの原理により条件づけられて、適切に限定するということが帰結される。それはとりあえず、民営化からまったく独立して可能で、もちろんすでに組織論的民営化の可能性により支持されている。地方団体の財政状況が悪化すればするほど、無料の給付を切り捨て、利用料をできる限りコストをカバーするように見積もるよう求める圧力が強まる。社会的諸基準に則った利用料見積もりの考え方は、そうでなくともたとえば幼稚園に関して憲法、法律、そして条例に合致した基礎があるにもかかわらず争われており[25]、法的には受け入れられても経済的な限界につきあたる。

しかし、諸施設の自主財政が追求されると、それとともに目的も変わる。非経済的諸施設では、これが意味するのは、すべての住民たちを等しく利する社会的給付を、平等な負担と結合するために後退させることである。それは、上述の負担引き受け原則により正統化され、諸施設の機能規定の枠内で維持され、そして、連邦憲法裁判所が上に引用した裁判のなかで確定したように、憲法によっても、等級づけ的解決が同じく憲法に合致していると見なされてきたとしても、正当化される。地方団体の諸施設利用権は、この点で社会国家的機能を持ちうるが、必ずしもそうなるわけではない。経済的企業においても、利潤の追求は企業としての組織にとり当然の帰結である。それゆえそして経済性の諸理由から、それは市町村の会計にとって利潤を生む「べき」とされる[26]――もちろんそれは、これにより公的目的の実現が損なわれない限りでである。これが妥当するなら、つまり企業がその経済的目的を公的目的の実現を犠牲にして追求するようなことがあれば、企業は利潤経済的なそれとみなされ、そのためもはや公的目的によりカバーされず、それゆえ自治団体法的《コムナル》にもはやおよそ許されないことになろう。ここでそのため紛争が先鋭化する。公的目的が追求されても、収益力に負担がかかり、その結果、企業経営は許されても、通常は自主経済的にならない。さもなくば、自主経済性が優先されると、その結果、正当化する公的目的が欠け、企業経営は許されない。

（b）　なかんずく経済的諸施設で、しかし相当程度には非経済的諸施設でも、このため自主経済への強制は機能変化を意味する。施設の公的目標は、それがおよそ課されていなければないがしろにされる。だが同時にこの施設は、いわゆるポーピッツ基準に対応して[27]、利潤追求の意図を持つ私的企業家にとっても関心の対象となる。

施設をもはや自己の任務とみなさず、これらの私人に委ね、それにより任務の遂行を自己の任務としては放棄することは、郡市町村にとりやるだけの価値がある。それにより、実質的で真の任務民営化に向かうステップが踏み出される。通常は、施設ないし企業にとって、市町村の「銀食器」の欠片として、地方団体会計の負担を減らす収益がめざされうるだろう。任務の放棄は、（地方団体にとりもはや必要ない）施設の有償譲渡や、それにより将来における地方団体会計の負担免除という帰結を伴えば、このため地方団体財政再建の処方箋として提案され、「スリム化」として推薦される。この措置は、民営化されるべき諸単位があらかじめ私法形式の自営会社として存在してきた場合には、緩和される。その場合には、形式的民営化を実質的なそれにするために出資金〔株式〕のみ譲渡される必要がある。もっとも地方団体社団は、それによりこの任務を将来再び自ら果たす可能性をかなりの程度放棄する。

（c）　もっとも最近の民営化論争では、自主経済性と公的目標の履行との間の目的紛争は、公企業において後者に対する保証責任が残り、履行責任のみ、つまり給付の調達のみが民営化されるべきだとされて、緩和されている。[28] 公的規律は、助成金――たとえば公共旅客輸送における――も含めて、公的目標の追求を保障すべきだが、他方で市場経済的諸基準に従う給付調達は私法的に行われうる。このモデルは地方団体の統制下にある地方団体企業の組織民営化を思い出させる。ここでは給付は私法的に、そして経済的観点で行われるが、地方団体の影響力は、企業の公的目標が追求されるように配慮する。最近の発展では、たとえば、基本法第八七条第一項で郵便と遠距離通信、基本法第八七ｅ条第四項で鉄道交通の任務が確定され、サービス給付の私法形式的実施と結びつけられたように、公企業のインフラ形成任務が論争を活発にしてきた。地方団体による規律は、給付の実施が民営化されると類似した機能を果たしえなくなるのかと、問われている。

実際、私法形式における地方団体企業と施設のモデルは、この水準でも地方団体社団の保障的影響力が、履行責任が民営化されても、公的目標遂行を配慮するとの希望を抱きうる。いずれにせよ理論的にこうしたモデルは考えられる。もっともそれが実務的に可能かどうかは、履行を委託された私法主体の能率だけにかかっているわけではなく――私法形式は本当に経済的なのか、それは従業員層あるいは個別の従業員たちの高すぎる報酬を隠すためにも利用されえないだろうか？――、何より、インフラ形成任務の定義、事実的遂行、そしてとりわけそれに対する費用負担の可能性に左右される。この点では、連邦水準で鉄道と郵便のインフラ任務は政治的にきびしい対立を抱えており、そのため法律により具体化され、大量の規律官庁により監督され、なにより鉄道網に対する著しい投資により保護されていることが考慮され続けねばならない。このすべてが地方団体水準には欠けている。その代わりに、地方団体の財政的苦境こそが、諸施設を民営化し、それによって整備するよう、費用負担の面に限って迫っている。公的目標を具体化する法的諸基準は、社会法典第九〇条のⅧのような、自治行政を制限する国家的規定を度外視すると、地方団体水準ではたいてい存在しない。この状況で、インフラ形成任務の保障が地方団体に過大な要求をしていないかどうかが問われるべきである。社会国家原理は住民たちの具体的請求権を基礎づけず、立法にのみ影響を与えうるため[29]、それは地方団体に対する民営化の枠として、そしてまさに民営化が行われた場合の矯正策としてはいよいよもって機能しえないのである。

【原注】

（１）Gunner Folke Schuppert.

（２）Jörn Axel Kämmerer, *Privatisierung*, 2001, Tübingen, S. 226 ff.

（３）たとえば、Ehlers, Gutachten zum 64. *DJT* 2002, S. E 28 ff., 135 f.

（４）Brem.GBl. S. 134.

（５）U. 15. 1. 2002, NordÖR 2002, 60ff.

（６）Klaus Weisel, *Das Verhältnis von Privatisierung und Beleihung*, 2003, insb. S. 249 ff.

（７）§76 I AktG.

（８）参照、たとえば、Art. 87 II BayGO, §107 III GO-NW.

（９）古典的な例は、OLG Hamm, *NJW* 1998, 3504.

（10）BGBl. I, S. 110.

（11）これについてはまもなく、Th. Kirch, *Die Voreingennommenheitsvermutung des §16 VgV und kommunale Unternehmen in Vergabeverfahren*, Diss. Bremen 2004.

（12）この点でとくに一貫しているのは、Ulrich Hösch, *Die kommunale Wirtschaftstätigkeit*, Tübingen 2000.

（13）Sterzel, in: Blanke/ Trümner, *Handbuch Privatisierung*, 1998, S. 222 ff.　最近では基礎づけとして Johannes Hellermann, *Örtliche Daseinsvorsorge und gemeidliche Selbstverwaltung*, Tübingen, 2000.

（14）Vgl. BVerfGE 79, 127.

（15）これについてたとえば、Hubertus Gersdorf, *Öffentliche Unternehmen im Spannungsfeld zwischen Demokratie- und Wirtschaftslichkeitsprinzip*, Berlin, 2000, S. 488 ff.; Löwer, *VVDStRL* 60, 2001, S. 416 ff.; Wolfgang Weiß, *Privatisierung und Staatsaufgaben*, Tübingen, 2002, S. 207 ff.

（16）BVerfGE 61, 82, 107.

（17）現在でも同意見を示す、BGHZ 150, 343 =*NVwZ* 2002, 1141.

（18）これにつき、Britz, *NVwZ* 2001, 380, 383 f.

（19）この点につき最近では OVG Münster *NVwZ* 2003, 1520.

(20) たとえば BVerwG, E 39, 329, 後に、たとえば *NJW* 1995, 2938.
(21) Thomas Mann, *Die öffentlich-rechtliche Gesellschaft*, Tübingen, 2002.
(22) たとえば、89 ff. Bay. GO.
(23) たとえば、§114a NW-GO.
(24) これにつき、Ehlers, Gutachten zum 64. *DJT* 1004, S. E 53 f.
(25) 参照、たとえば、BVerfGE 97, 332, 対立状態については、Fischer/ Mann, *NVwZ* 2002, 794 ff.
(26) これはたとえば、§109 12 GO NW
(27) これにつき、Ehlers, Gutachten zum 64. *DJT* 2002, S. E 29.
(28) わけても、G. F. Schuppert, *Verwaltungswissenschaft*, 2000, S. 404 ff., 917 ff, 996 ff.; Kämmerer, *Privatisierung*（注2）, 2001, S. 474 ff.
(29) BVerfGE 1, 97, 105.

第8章　地域《レギオン》の形態について

マンフレート・ツーレーク〔1〕にとって欧州はまず、条約による創設からして国民諸国家の連合である。(1) だが結合しているのは、伝統的な意味での国際法条約の当事者たるこれら国家だけではなく、その時々に存在している欧州諸人民でもある。(2) そこから国内的諸構成区分、わけても諸州と諸地域の有意性が出てくる。(3) もっともドイツにおけるその役割はさまざまであり、何よりテレビ放送指導要綱をめぐる争いにおいては、むしろ抑制的であることが明らかになった。(4) それでもなお、諸州の地位は統合過程で顧慮に値する。(5) それは欧州連合の連邦原則にとり下部構造をなし、(6) それにより、欧州憲法に関する条約で(7) 今日示唆されている連邦秩序の基礎となっている。その諸問題のいくつかは、以下で現行共同体法を出発点に欧州評議会の法を加えて、素描するつもりである。

A　現行共同体法における諸地域

一　諸地域からなるヨーロッパへの道

国民諸国家が超国民的に統一されると、それら国家の地位は相対化され、それらは共同体の全体システムに組み込まれ、そして後に連合に依存させられる。この埋め込みが同時に下位の組織、行政、自治行政諸水準の意義をいっそう強く表に出させるということは、すぐにわかる。[8] 国境を越える隣人感情の限界は、国民諸国家の連合と並んで統合の道具となり、それに固有の法的諸形式を発展させ、[9] その憲法的承認にまで至る。[10]

こうした承認は共同体法にも、二つの道で影響を及ぼした。一つには、共同体は単一欧州議定書で、とくにさまざまな地域の違いを踏まえて、経済的ならびに社会的結合を強化し、それによっても経済生活の調和的で均衡のとれた持続的発展（EC設立条約第二条）という目標を追求するよう、決定した。[11] 各国がこれに合わせた経済政策を進めるよう義務づけられているのと並んで、「さまざまな地域の発展段階における格差」（欧州経済共同体条約第一三〇条aⅡ、今日ではEC設立条約第一五八条Ⅱ）を縮小すべき特定の措置が規定されている。欧州地域開発基金やその他の基金は、後進諸地域振興のための諸措置へ融資するために利用されている。[12] それとともにはじめて地域は領域的構成として共同体の視界に現われ、そして共同体の側は、そこから帰結する諸問題を処理するにあたり協力を申し出る。なにより欧州議会は、自覚的な原則決議によりこのパラダイム拡張を要請した。[13] それは、加盟国は透過性のない単位としてではなく、内的な差異とそこから帰結する諸問題をかかえながら共同体に帰属するというように、表現されている。とはいえ、なおこの規律は、場合によっては共同体に有意味に関連する固有の意思を形成し具現化できるような、政治的要因としての諸地域に関するものではなかった。地域の概念は、意識的にそのように用いられてはいたが、それにもかかわらずなお相当程度「領域《ゲビート》」の概念と互換可能であり、その位置する次元もまったく定まっていなかった。地域は振興措置にとっての客体、接点として用いられ、そして、その限りで共同体の一政治分野の特徴をあらわす名称だったが、共同体法にも有意味に関連する共同体の政治的下部構成部分としてではなかった。

だがそれとともに、他面では、諸地域にこの機能を承認するためのいくつかの転轍点が置かれていた。とくに明らかになったのは、ドイツにおけるこの文脈だった。すでに欧州経済共同体条約に関する当初の同意法により、[14]連邦政府の情報提供義務が、連邦議会に対してのみならず、〔各州を代表する〕連邦参議院に対しても規範化されていた。単一欧州議定書に関する同意法は、[15]この義務をそれに対応する共同決定権へと具体化し、補完したが、これらの権利は本質的に現行の基本法第二三条〔欧州連合のための諸原則〕とその施行立法に含まれる規律を先取りしていた、[16]つまり同法は、条約において諸地域に言及されたことへの対抗手段として、各州を意思形成に関与させせようと試みていた。しかしながら、こうした方向へ、マーストリヒト条約は決定的に踏み出した。地域評議会、つまり「地域〔領域〕団体ならびに地方〔領域〕団体」の評議会が設立されたため、これらの団体は連合の決定発見に関しても視野に収められ、そして――評議会がごく限られた地位しか持たず、共同体の機関として設置されていないにせよ――一定の権利を受け取った。だがそれにより、国内領域諸団体を連合とその統合の構成要素として承認する方向に決定的に踏み出され、そしてこの水準を決定過程に意味ある形で組み込むという課題が、そのものとして視野に入り、引き続く作業の対象となった。

これには何より、上述したドイツにおけるマーストリヒト条約の具体化が寄与した。だがそれと並行して他の加盟国も、国内領域諸団体の役割を、欧州全域に及ぶ規律を準備し執行する場合にまで承認し、拡充した。[17]マーストリヒト条約の規律は、欧州における諸地域の役割を承認し、拡大し、強化するための決定的な一歩だった。イタリア、スペイン、部分的にはフランスやその他の国々でも地域化がなされ、大ブリテンでは「スコットランドやウェールズへの自治権委譲」が、ベルギーでは本来の連邦化が行われた。つまり、加盟国の国内的分化は、個々にはさまざまな形であれ、みてとれるし、傾向として見逃しようはなく、その結果、さまざまな分権化の形式間での相違は依然として存在するが、鋭い区別は失われている。[18] 二〇〇一年に憲法により確定された諸地域の強化が連邦制へ踏み出したことになるのかどうかという問題につき、イタリアでは議論の最中だが、[19] これはその点で典型的である。

二　地域概念の開放性

だが、連合法による規律のアキレス腱が残っている。地域（領域）団体および地方（領域）団体の概念がこの規律によりほとんど定義されていないのである。それは地域振興の分野にだけ妥当するのではない。その限りで委員会は「ＮＵＴＳ」（地域統計単位用語体系／Nomenclature des Unités Territoriales Statistiques）の分類を発展させたが、これは同時に振興助成地域を規定しつつ一定の柔軟性を許している。この分類は、その方法的基礎とともに、先ごろ指令として発せられた。[20] このことは、問題を解決するためには――ＥＣ設立条約第一五八条二項のいう最も不利な立場にある領域を限定し、それらに集中するためには――十分意味があろうが、統計的‐数量的定義を超えて諸地域の本質、形態、そして法的地位を規定する基準を、もちろん含意してはいない。「地域」はその限りで「領域《ゲビート》」の同義語にとどまっている。だが地域評議会の構成に関しても、共同体法の規定からは、そこに代表される領域諸団体の詳しい範囲の限定と明確化や、それら諸機関が地方の代表体として手にせねばならない自治の程度は、ほとんど読み取れない。地域評議会の構成員任命は欧州連合理事会を通じて行われる。選挙についてはいうまでもなく、提案権さえ各代表団体にではなく、各加盟国そのものに属している。そのため、著しく条件つきで限定的にのみ、地方代表体といわれうる。ニース条約は、少なくとも評議会の構成員が地方（領域）団体ないし地域（領域）団体でなければならないとした限りで、一定の進歩をもたらした。[21]

だが、共同体法による規律のわずかな形成力は、まさにドイツでの具体化に即して読み取られうる。EU案件における連合と各州の協力に関する法律第一四条は、[22]「各州により指名された代表者」にあっさりと言及しており、この代表者は連邦政府により欧州連合理事会に提案されねばならないとされ、その際各州への配分、選挙ないし指名手続は本法や新たな規律により定められてはいない。EC設立条約第二六三条（以前は第一九八a条）は地方領域団体をも含めるよう命じている。これは斡旋手続の中で初めて顧慮されたが、そこでも、「各州は……市町村と市町村組合に関する参加手続を（規律する）。これは、これらが各地方団体中央団体の提案に基づき三人の選出代表者をもって地域評議会で代表されることを保障する」、と指示されているだけである。したがって、州には二一人、地方団体には三人の代表者である。各州の代表は、部分的には——法律による規律なしに——それどころか二人の代表者による場合もあり、選抜方式は完全に開かれている。反対に、個々の地方団体の代表はなく、それらに属するわずかな委任の実現はもっぱら各中央団体の代表者を通じてなされ、さらに法的にはおよそ適格ではない州による規律による。これが不十分で共同体法違反だと批判されるのは当然である。[23]だがこの批判には、共同体法の側で明確な規律がなされておらず、またそれを要求してもいないと、応じられよう。

他方で、地域評議会は、その限りでも欧州経済共同体設立以来通用していた経済社会評議会に関する規律に依拠して、およそ共同体の機関ではなく、「諮問的任務をもって補佐する」[24]だけである。これは法制定手続への影響を制限している。とくに〔法規採択に関する〕共同決定の手続（EC設立条約第二五一条）と共同作業の手続（EC設立条約第二五二条）の規律で、評議会は独立した参加者としては登場していない。つまり、その任務は、第二六五条にあげられる事項と、そこで関連する事項、とくに地域振興に関連する、EC設立条約第一六一条第一項と第一六二条第一項に、限定されている。

まさに、地域評議会の設立も含むマーストリヒト条約の成果の視点から、こうした限定も正当化されうる。単一欧州議定書第六条第三項によれば、連合は各加盟国の国民的独自性を尊重し、したがって異なる憲法秩序と憲法構想を認めている。確かに、差異のこうした尊重は、全加盟国に共通であり、したがって全加盟国により尊重されねばならず、その違反は単一欧州議定書第七条の重罰をもたらす諸原則により制限される。だがこれらの原則には、地域的構成や地域（領域）団体および地方（領域）団体の自治行政は属していない。(25) この条約作品はそれにより、一方の単一欧州議定書第六条第一項による法治国家的、自由保障的諸原則と、他方の地域評議会に表現される地域（領域）団体および地方（領域）団体の権利とに区別される。せいぜい(26)地方団体選挙権のなかに、民主制と人権の諸原則のもとに地方団体の協力をも包摂するきざしが見出されうる。だがこの権利も、（個人の）市民権であり、地域ないし地方団体の領域諸団体が持つ権利ではなく、したがって諸地域の地位にとり直接の意義はない。

三　憲法契約における具体化のきざし

こうした所見はともかく、欧州憲法に関する現在署名された条約により、多少は、あるいは場合によっては重大な結果をもたらす修正がされるかもしれない。ここで憲法構造は、「地域自治行政および地方団体自治行政」も含めて、各加盟国の国民的独自性のなかに――あきらかに欧州連合条約第六条第三項に依拠して――数えられている。[27] それとともに、上で言及した地方団体選挙権も、[28] 欧州憲法から法的基礎を獲得する。それ以上に、補完性原理の定式化も、その限りでは補完性原理をもっぱら共同体と加盟国の関係だけに結びつけるＥＣ設立条約第五条から明白に逸脱して、追加的に各加盟国の「地域ないし地方《ローカル》水準」での関係に結びつけられた。[29]

これらの規律をまとめると、三つの保障がそこから導き出される。第一に、憲法条約は各加盟国の独自性の共通原則として地域自治行政と地方団体自治行政を前提にしており、したがってこれらを保障している。次に憲法条約は地方団体選挙法とともに、加盟国もしくはそれ以外のほかの水準に依存せず自立した郡市町村における民主的正統化をこうした自治行政に保障する。最後に憲法条約は、補完性原理を加盟国とそれらの地域および地方団体の下位構成区分との権限分配にも向け、自治行政に委ねる独自の案件の分野をこれらに保障する。それとともに、欧州全体での保証は、基本法第二八条第二項の解釈を規定する三つの保障の理解とほぼ等しくなる。[30]

このようにして、憲法により存在、正統化、そして任務の範囲が保障された地方《ローカル》（領域）団体と地域の（領域）団体に依拠すれば、地域評議会はいまや、よりよく保証された、したがってより強固な地位を手にできるだろう。しかし、憲法条約はこの方向への歩みをとらない。依然として地域評議会は、連合の本来の機関ではなく、「諮問組織」[31]の一つという、連合に属さない機関と組織に数えられているにすぎない。構成と諸権限は、旧法におけるよりもむしろ厳密に規律されていない。[32] 諸機関に関する共通の規定は、ことに法規を発する際の手続に関する規定は、[33] 地域評議会の地位を厳密に定めていない。せいぜい、欧州裁判所の手続における訴訟上の地位がいくらか改善された程度である。[34] だが新規則も、地域と地方団体の構成区分に関する構想をまったく放置している。その限りでは依然として、地域振興に合わせてつくられた「ＮＵＴＳ」の定義で決着がつけられていた。

B　欧州評議会の寄与

一　地方自治行政《コムナル》の欧州憲章

こうしたアンビバレントな状況の中では、同盟組織の枠外だがそれに近いところで実現されてきたしまた実現される、欧州の発展に着眼するのが適当である。[35] 欧州評議会と結びついて、その設立以来、諸市町村も一九四五年以降は自覚的に民主的諸構造を自治行政に基礎づける試みを行い、[36] 組織的共働をめざし、それを実現してきた。[37] その際、同じように欧州における上部機構を望んでいた諸地域との結びつきも生まれた。一九七五年からは、これは「協議会 *Conference*」の形式で、一九九四年以降は「欧州地方自治体会議 *Congress of Local and Regional Authorities of Europe*（*CLRAE*）」の形式で存在し、この会議は、部分的には委員会として、部分的には地域部と市町村部に分かれて審議し、またそれ以外の下位組織を形成した。

地方団体水準を欧州での統合にこうして組み込んだ主たる成果は、欧州地方自治憲章（以下自治憲章）の作成であり、それはまず、地方および地域諸官庁の協議会（今日の会議の前身）の提案にもとづき、閣僚委員会の専門家委員会により行われた。[38] 一九八五年一〇月一五日から、憲章は欧州評議会加盟国による署名に回された。ドイツは最初の署名国の一つだった。[39] 自治憲章第一五条により、四カ国による拘束力への同意宣言の後――ドイツはそこに含まれる――一九八八年九月一日に発効した。それは、当初は華々しいものではなく、ことにドイツでは、そうした憲章に署名して同意する権限が連邦にあるかという問題に、争いがなかったわけではない。[40]

だがまさに憲章の文言が、ここで自治行政がきわめて詳細かつ実質的に保障されると示している。確かに、基本法第二八条第二項とドイツの解釈学にとり本質的な普遍性原理は欠けている。だが、その代わりになる保障を「自らの責任において、地域住民の〔福祉の〕ために、法律の範囲内において、公共的な事項の基本的な部分を管理・運営する」（自治憲章第三条第一項）ことは、普遍性原理と地方原理とに結びついた境界設定の難しさを避け、そして――もちろん同じく補充を要する――本質性原理を具体化する。つまり、まず権限分配に関する憲法と法律の留保により（自治憲章第四条第一、四項、結果として第四条第二項による自主的取り組みの権利とともに）、続いて補完性原理とほぼ同様の、市民への近さの原理（自治憲章第四条第三、五項、さらに第六条第一項も）、ならびに広範な聴聞権と参加権（自治憲章第四条第六項、第五条、第九条第六項）による。とくに憲章は、基本法第二八条第二項第三文が依然として不十分な規律をする数年前に、詳細な規定で地方《コムナル》（領域）団体が適切な財政手段に対して有する請求権を保障していた（自治憲章第九条の詳細にわたる八つの項）[41]。これとは反対方向で、国家の監督は、主に法的監督に限定され（自治憲章第八条）、自治行政の効果的な法的保護の保障が要求されている（自治憲章第一一条）。だが何より、この機能的保障は、特定の機能保障（自治憲章第七条）と組織高権（自治憲章第六条第一項）をもった選挙による代表体もしくは直接民主制（自治憲章第三条第二項）に支えられて、地方団体行政の組織論的―民主的基盤形成の文脈に属する。各団体の「執行機関」はこれらの各地方議会に責任を負い（自治憲章第三条第二項第一文）、そして適格に形成されねばならない（自治憲章第六条第二項）。補足的に領域変更における聴聞権（自治憲章第四条第六文、第五条）と、国境を超える場合もある協力の権利（自治憲章第一〇条）が、適切な地方団体の構成区分構造に寄与している。

こうした所見を勘案すると、憲章がドイツで部分的にはあまり知られておらず、部分的にはその意義があまり評価されていないのは奇妙である。[42] 確かに、憲章が当初ためらいがちに批准されていったこと、[43] なにより最初の署名国の一つであるフランスがしばらく憲章を批准しなかったという事実、憲章の特定部分に限り自国は拘束されるとみなす可能性（自治憲章第一二条）、憲章では弱く設定された報告義務、[44] そしてドイツのように自治団体法につき支分国としての権限をもつ連邦諸州における憲法上の問題点、これらが注意を促す。

だが、はるかに印象深いのは、憲章の成立史である。[45] 実際上すべての西欧諸国ばかりか、東欧における体制転換後はこの領域のほぼ全国家が憲章に署名し、それを批准し、それどころか多くの国はおよそ制限〔留保〕をつけなかった。[46] 署名批准の用意と憲章に合致した地方団体構造の形成は、欧州評議会への受け入れ基準の一つとなり、そのため欧州評議会加盟国たる地位は同時に、合致した地方団体構造の証明となった。この形式的な拡張よりもさらに重要なのは、会議とその下部組織により憲章の遵守が付け加えられ、明文化され、そして監視されていることである。それに対応してＣＬＲＡＥは、独立法律専門家と欧州評議会共同研究員の協力をうけて、個々の委任された構成員を通じ全加盟国につき――とりわけ加盟候補国と新加盟国についても――証拠書類、実地調査、そして現地関係者との対話に基づく詳細なモニタリング・レポートを作成する。これらは地方団体自治行政の状態を示し、それを評価し、憲章との一致に関わる諸問題を批判的に、勧告と決議にいたるまで提示する。[47] その際、その時々に憲章は全体として、査定基準として引き合いに出される。それは、憲章をまだ批准していない諸国においても自明だが、宣言にもとづいて第一二条による憲章への拘束を限定した場合にも妥当する。確かに、この統制は網羅的ではなく、すべての問題を公にするわけではなく、おそらく問題をおよそ解決しない。つまり直接的強制手段を手にしていない。だがこの諸報告は諸問題を俎上に載せる。[48] 会議での討論や、必要であれば、最終的には欧州評議会の閣僚委員会での討論も、いくらかの影響を行使できる。実務的にはこれ自身が、ＣＬＲ

ＡＥに対する個々の――個人によるものもある――訴願の草案となり、(49)そしてそれにより、それどころか欧州人権協定とさえ比較されうる機能を手にする。もちろん、その保護は――おそらく賢明なやり方だが――決定機関としての裁判所を義務づけはせず、そしてもちろん、当時意識的に人権協定に取り上げられなかった地方団体自治行政の保護は人権の保護と比較されうるわけではない。(50)だが、憲章遵守に特有な統制のために、現行システムは――もちろんそれは個々に改善されうるだろう――十分効果的であることをはっきりさせてきた。

二　地域水準の組み込みへの端緒

だが、ここに示された保護の道具は、地方公共(団)体 *collectivés locales* ないし地方自治体 *local authorities* に合わせて設けられている。(51)しかし、ドイツのみならず、ベルギー、ギリシャ、イタリアといったフランスの伝統にならった諸国においても、郡ないし県のような上から二番目の行政段階がそれとみなされるが、これらは自治行政をともなった団体として形が整えられうるし、また今日ではたいていそうなっている。(52)自治憲章第一三条によれば、憲章は原則的にこれらにも妥当するが、しかし署名国に判断の余地を残している。つまり、これら各国は憲章の適用範囲を一つの水準、一つないし複数の水準に拡張できる。実際ここでは、すでに見たように、市町村に関して保障される職務範囲にかかわる諸問題が生ずる。つまり、二つの自治行政水準にかんして「自らの責任における公共的事項の基本的部分」(自治憲章第三条第一項)は、いかにして保障されるのだろうか？　この問いは厄介だが、しかしドイツの自治団体《コムナル》法の議論では、市町村職務と郡職務の境界設定問題として、(53)よく知られている。上位の自治行政水準にとって、憲章により第八条第二項第二文で同じく言及されている、上位団体による監督行政職務の優位は、ほとんど避けられない。だが、郡にとっても自己責任の範囲は残らざるをえない。(54)憲章の適用範囲についてはそうみなされるほかはない。

そこに、憲章の規律対象の関連で驚くべき定式化がある。補足的諸水準としてことに「諸種の地方《コムナル》（領域）団体ないし地域（領域）団体」（*catégories of local or regional authorities, catégories de collectivités locales ou régionales*）が考慮されている。つまり、第二の地方水準と並んで、それらの直後に地域水準が言及されている。これが一般に憲章に組み入れられると、それにより憲章は同時に地域自治行政憲章の機能を獲得するだろう。市町村水準と市町村組合水準を超えて、領域的自治行政の全システムが憲章に包摂されうるだろう。この方向で、そうした諸観念が感じ取られる憲法の諸規律は進められる。とくに明瞭なのは、その限りで新しいイタリアの規律である。(55)

実際、説明報告書は、(56)地域水準が存在する範囲で、この可能性を予見している。つまりこれは要求されないし、場合によっては組み込まれうるが、必ずしもその必要はない。反対の根拠としては、地域水準の憲法による特殊な地位が、なにより連邦諸国家で、明文で言及されている――ドイツは顕著な例であり、またそれを引くとドイツの読者は確かにまずほっとする。というのは、ドイツの連邦国家制の概念によれば、これは連邦と諸州の二水準に限定され、地方団体自治行政の問題はそれと区別されねばならないからである。

こうした憲法法の状況を基礎にする人ですら、そのためドイツ諸州の相当に強い地位を地域的諸団体との比較で強調しようとするが、より詳しく見てみると、憲章第一三条に対してそれ以上の異議を唱える必要はないだろう。ここで規律されている自治行政のメルクマールは、確かにドイツ諸州の連邦的独自性について完全な像を与えていないが、ドイツ各州の地位を規律する際に、何が州権限の範囲であり、また何が法的保護に該当するか、そして最後に組織的‐民主的諸帰結とどう関わるかがすべて配慮される。その限りで基本法第二八条第一項と第二項は関連しあい、そして自治憲章第一三条はこうした法状況の確認と読まれうる。そのドイツ諸州への適用は、確かにほとんど補足的な要求をもたらさないかもしれないが、(57) それ以上に、たとえばフーゴー・プロイスにより発展させられ、(58) ドイツの発展のモデルとなった自治行政理解と結びつきうるだろう。(59)

三　地域的自治行政の欧州憲章？

地方団体自治行政憲章がつくられた後、その成果の歴史を前にして、確かに地域水準にとっても類似した道具を発展させるべきだとの申し出がなされた。それはまさに、CLRAEにおける諸地域が――すでに示したように同格に――代表されるように促し、そして、地域評議会によりEC法においても欧州評議会の閣僚委員会に地域憲章の作成を提案した。(60) 閣僚委員会のそのために設置された委員会による監修で草案が作成され、(61) さまざまな水準でいくつかの段階にわたり審議がなされた。(62) 草案は広範に地方団体自治行政憲章に依拠し、序文でその立場を明言し、もちろん地域化の特別な諸問題を考慮している。その基礎となっているのがことに、諸地域の設置、改変、そして廃止を各加盟国に委ねておくことにした規定である（第二条第一項）。地域水準がない状態では、憲章は対象を持たない。それに対して中央政府と地方《ローカル》自治行政の間に何らかの水準がある場合は――それが地域水準の定義である――（第三条）、そのために自治行政が保障されねばならず、その際これに関連する諸要請は再び広範に地方《コムナル》自治行政憲章にならってつくられている。これ（自治憲章第一二条）と類似して、草案第一七条は、署名諸国が憲章の特定数の規定に服する旨の署名をしなければならないと規定している。そこでは最低数が定められている。その代替として、諸地域に関し地方団体自治行政憲章第一三条を、そしてそれにより各地域についてもその規律を基礎にする可能性を命じている（草案第一条第二項、以下の項で具体化されている）。それとともに――これは肯定的な結果としてまず固守されねばならない――地域水準にとっても汎欧州的な保障の様式ができ、欧州連合に関しても意義を持ちうるような構造の下絵が描かれるだろう。その限りでともかく草案の傾向と方針は同意されうるし、地方と地域の自治行政諸団体に関して権限ある閣僚たちが、二〇〇五年二月二四、二五日のブダペスト会議で、欧州評議会により署名のために提出されうる――一九八五年の地方《コムナル》自治憲章のように――条約原文として、この草案に同意するようになるとの期待を抱かせるだけの根拠はある。

四　諸々の問題、弱点、抵抗勢力

確かに草案の長い前史と複雑になった構造はまさに、それにより諸問題が投げかけられていることを示している。まずすぐに分かるように、各加盟国における地域化のまったく異なった状態を前にすると、統一的規律は手にしうる解決がそれほど大きな変動幅をもたないようにしてようやく考慮されうる。

このことは、まさに数量的観点で妥当する。今日欧州評議会にとともに欧州同盟にも属する小国の多くにとり、いくつかの国の住民数は、平均的なドイツ諸州、イタリア諸州〔Regione〕、あるいはスペインの自治州〔communidades autonomas〕のそれを下回ることが考慮されると、地域化は実践的に排除されるか、あるいはそうでなくともあまり意味がない。実践的にはそれゆえ、地域化は各加盟国の一部についてしか考慮されないし、これらでも、諸地域への下位構成区分の有意性が疑わしい、ともかく評価を要する限界ゾーンがある。そのため草案第二条で言及されているような、ひとたび形成された地域の廃止を認める規律がどうしても出てくる。

質的にも地域化は、何よりさまざまな伝統により型が作られている限り、まったく違った意味を持ちうる。モデルとしてここであげられるのは、統一的諸国家の純粋な分権化と並んで、連邦制の伝統があり既存の支分国から形成された諸国家、言語、宗教、民族の違いに対する答えとしての地域化、従来のさまざまな政治的帰属への再結合だとされる。(63) これらの形式は、個々の国家について、競合的な場合も含め、確認されうる。そこでは、非対称的な解決、あるいは他の仕方によるきわめて複雑な解決が出てくる。(64) 反対に、すぐ前で言及した内的差異は、国家のまとまりを危うくしないために、それらに地域的差異化により歩み寄らないようにするきっかけを与える。(65) 地域化はそのため、一面で必然的に近隣性を連邦的国家モデルとし、それにより、反対に、一つの不可分の国家権力を擁護する人たちにとり懐疑的になる。この紛争状況は、地方自治行政の保障におけるよりもはるかに厳しく、考えうる保障に諸問題を背負い込ませる。

他面で、そこから明らかになるのは、草案が用意している、きわめてさまざまな解決の提案である。まず、条約草案が問題であり、その結果として欧州評議会各加盟国に、条約を受け入れるか離脱するかの自由が留保されている。次に、上述のように、条約は署名各国に諸地域を形成し、それを見合わせ、あるいは現存する地域化を再度廃止する可能性を委ねている。署名国は諸地域形成に資する決定をすると、第三に、それらの権利を地方自《コムナル》治憲章第一三条に、あるいは――事実上類似した――地域自治行政憲章の諸規定に則り保障できる。両方の保障形式は最後に、第四に、署名各国に、その時々の憲章のうちどの規定をそれらが自らに拘束力あると承認しようとするかにつき（制限はあるが）選択を委ねている。正当にも「アラカルトのシステム」といわれている。(66)

それは憲章のできる限り広範な署名と批准を可能にするとされるが、同時に憲章の草案をもろくし、その価値を減少させることになる。地域化の特定の概念に従う人は、草案の中にそれをともかく変種として見つけ出そうとするが、たいていは拘束力ある解決としては見出せない。その結果、型どおりには後からの改善がなされ、できあがった条約が現在の形では批判されるように、うながされている。この方向に、聞くところでは、ドイツの諸意見は耳を傾けているが、一方逆に中心的諸国は個々の地域の分離傾向を恐れており、この状況で憲章はあまり役立たないと感じるだろう。――しかしちなみに、数多くの変種を伴った保障様式が、一つの欧州という構造を諸地域に設定し、ともかくこれにつき事実上考慮される諸国家に、地域化にとっての指針として用いられるのに適しているかどうかという問題が残されている。確かに、国家間条約としての拘束力は条約締結各国の意思によってのみ基礎づけられ、そのためそれらの対立する利害が考慮されねばならないということを支持する論拠が持ち出されうる。ともかくこの方法が地方自治《コムナル》憲章において通用していることは明らかで、それは、上述のように、まったく普通に機能している。しかしこれは、地域自治行政のそれと対応した保障にとって、何の成果も保証していない。それには、草案の複雑性に表れている対立する利害のすぐ脇に、それによって呼び出される不透明性、まさに「アラカルトのシステム」が対立している。どのメニューを支持して新加盟国は決定すべきか、それは――あまり住民数が多くなければ――全体をすすんで断念すべきではないのか？(67)　草案で提起された解決は自治憲章第一三条で導入され確保された規律による地域的自治行政の保障にもあるので、この道具を用いようという署名各国への訴えは、地域憲章による新たな争いのある複雑化した保障水準よりも、同時に単純でも、明確でも、そして有効でもありうる。

C　見通し

一　補完性原理と地方的および地域的自治行政の欧州法典

これまで示した諸々の問題、不明瞭さ、そして変種は、地域的自治行政を保護するための条約の価値を否定するわけではなく、ここで展開された考察の意味は、そうした条約に関する議決や、場合によっては後のそれに対する署名や批准に対立するところにはない。それはそうだが、大胆な行為の困難さは指摘され、それゆえ地方《コムナル》自治憲章にまつわる諸経験により育てられた性急な楽観主義は鎮められねばならないと考える。翻ってこの憲章を仕上げたさいのように、現在も主要な課題は、地域的自治行政の概念を展開するところにある。つまり、諸地域の欧州的諸組織により担われ、説得力をもち、そしてそれゆえ、地域化を考慮の対象とするがなお疑問を拭いえない諸国に影響を与えうる、そうした諸地域の形態を展開するところにある。

こうした目的のため、地域自治憲章草案に関する議論は、ともかくも意義と有用性があったし、今もある。その限りで、まずその道筋が目標となる。だが、これが達成され、条約の――上述のようにどうしても高度に複雑な――原文が議決され、署名に回されたとしても、これを考慮の対象になる諸国にとりモデルとして扱いうるようにするという課題、地方《コムナル》自治憲章をすでに形づくり、欧州連合の法や、とりわけ憲法条約のなかにもはっきりと表れることになる諸原理の文脈に置きいれるという課題が残っている。

その反対に、地域自治行政憲章の署名に至らなければ、これはそれでもなお、議事日程に載った問題として、

CLRAEの存在により、自治憲章第一三条により、地域評議会と共同体の地域政策、そして憲法条約第一－五条第一項、第一－一一項、第三項により、補完性原理の仕上げとともに、規範的に正統化される。そうなるとますますもって、自治行政の中心思想を描き、欧州評議会にと同様に、欧州連合や各加盟国にもそれを強く勧めることが重要となる。

ここから、欧州水準で地域化のモデルを展開するという共通の課題が生まれる。このモデルは現行の諸傾向をまとめ、体系的に示し、そこから、地域的自治の保障というまだ確保されていない分野を手に取りうる成果にもたらす諸帰結を導くものである。この課題は同じく欧州評議会とその下部諸組織、ことにCLRAEに課され、そして欧州連合に、ここではとくに地域評議会に課されるが、憲法条約により確保されたような整った形態における補完性原理の具体化に関与させられるあらゆる組織も同様である。(68)

実際、ここ数年間、一九九八年以降には、地域評議会とCLRAEの共同作業が軌道に乗ってきた。二〇〇四年九月二一日のプラハ会議では、同時に地域評議会と会議が現在の形で設立一〇年を祝うことができたのだが、そこでこうした共同作業は強化され、地域的自治行政を保障する意義が欧州条約により確認された。だが同時に、発展段階の記述は、そうした条約が取りうる内容の、ここではっきりさせた複雑性と不明瞭さを際立たせてきた。この状況では、リポーターの提案に対応して、地域評議会とCLRAEは共通の課題を次のように特徴づけた。「欧州地方自治憲章、欧州憲法制定条約、および地域自治に関する協定草案、にそれぞれ含まれている、地方と地域の自治および補完性と比例性の原則に関係する現在の傾向を、諸地域議会と評議会に共通の政治的性格を持った唯一の文書に統合すること」である。こうして「補完性ならびに地方的および地域的自治に関する欧州法典」(69)が展開されうるかもしれない。これは、型どおりの条約締結対象が国家間になくとも、欧州諸制度の見方と活動を表明し、それにより各加盟国に対して、自治行政の整備と保証における指針ならびに地方（領域）団体および地域（領域）団体に関するその保護を与えうるだろう。そうした文書は、地方自治憲章《コムナル》がこの一五年間にとりわけ東欧で果たしてきた機能を手にしうるだろう。それは、そのものとしては拘束力を持たないだろうが、それでも個別国家の法政策にとり、影響要因、おそらくそれどころか指針として重要であり、そして諸地域の形態をつくっていく一歩となるだろう。同時にそれは、地域自治行政と地方団体自治行政を共同体法の一般的諸原則の中に統合し、それにより、欧州憲法第六条をさらに発展させて、憲法条約第一－五条第一項により立てられた原理に命を吹き込む道筋だろう。(70)

二　欧州の法形成

具体的な対象を超えて、上に示した諸々の問題、発展、そして解決の試みは、典型としての意義を有する。まずそれらは、可能性と並んで何より条約による調和形成の限界を示している。これは地方団体自治行政の分野では――基本権分野での人権協定の形式においてと類似して――なお可能だったので、諸国における国民的統一と地域的特殊性の間の紛争は、依然としてきわめて微妙で憲法構造と決定的に結びつけられた環境にあるため、国家間条約による統一の対価はその広範な不確定性となろうし、地方団体憲章がもたらした成果の歴史が地域憲章で繰り返されるかどうかは、この場合にもまだ分からない。

それでもなお、地域的自治行政の分野でも個々の国家による規律の融和が緊要であるのは、争いえない。それはまさに欧州地域政策の当然の帰結であるが、多くの地域が――そこにはとくにドイツ各州も含まれる――欧州水準で線引きを望んでいる当然の帰結でもある。そこから自治行政の欧州的経験acquis européenが、この場合には第一に地方団体的経験ではないとしても、欧州の基本権保障が補充され、領域に特有の変化を受けて、そして下位の水準における民主制の実現へと発展してきた。(71) 憲法条約に発端が示されたことを通じて、地域と地方の水準のこうした承認と、そこへの補完性原理の拡張は、補充的意義を獲得した。まさに同盟から規律の要求が生じた——憲法条約はそれを個々に仕上げていくように顧慮しているわけではないけれども。

それゆえ憲法条約はほとんど非難に当たらないだろう。国家間条約による解決を困難にしている同様の論拠は、意図に反して反論として持ち出されうる。つまり、諸地域や地方諸団体《コムナル》への同盟の内部的構成区分を法的文書により、とくに欧州法律、あるいはまた外郭法律により規律するというのである。(72) その限りでは連邦各州に関する排他的な支分国としての規律権限は特徴的であり、(73) そして、同盟の水準にとりほとんど乗り越えられないだろう、補完性原理によっても正統化されるハードルである。地域や地方の水準や補完性原理のへの支持表明以上に、この規律権限は連合に期待できそうもない。

つまり、統一的な、少なくとも調和の取れた規律が求められている一方で、他方それに適した拘束力ある道具がないのだ！　実務的に協力し、部分的には連合の分野に、部分的には欧州評議会の分野にある発端を適用し具体化して、徐々に法へと濃縮されうるような実務を発展させるという便法が残っている。この過程は、〔本書で祝賀する〕ツーレーク教授が貢献してきた欧州裁判所の実務や、あるいはその政策の展開を通じて本来の法適用を超えても欧州法の発展に寄与した委員会の実務による、法命題の形成を思い出させる。だがこれは、裁判所と委員会においては、それらに第一次法により属する諸権限を行使する際にもたらされる副作用であり、他方連合の地域評議会も欧州評議会のＣＬＲＡＥも、「補佐的」、「諮問」委員会である。(74) それらの活動も、地方団体自治行政と地域自治行政に対する汎欧州的保護の生成発展が教えるように、法形成と欧州共通憲法の成立に寄与し[75]、関係者の行動を規定しうる。現存する諸権限に基づいてはおよそ拘束力ある規律が実現されないとしても[76]。長期的にみると、それは法的見解に対し、拘束力ある規律が可能になるように、汎欧州的に影響を及ぼしうる。法形成と法命題の発布は、互いに排除しあうのではなく、むしろ補い合い、それどころか互いに原因となり、そしてそれは、まったく特殊に多極的で、何より超国家的な産物の形をとり、その限りで伝統的な、幾何学的方法で構成される個別諸国家とは区別される。

確かにそうした法形成の対価として、それは緩慢であり、共通の結合をつくりだす意識的形成に依存してしまう。妥協、合意は避けられず、そして――およそ――ごくわずかな範囲で多数決により回避されうるにすぎない。そのため、合意強制が問題となる。それはドイツでここのところ連邦国家秩序改革委員会を通じて回避を目標にねらいとされているものである[77]。だがまさに連邦共和国の所見が示し、そして欧州を見ても確認されるように、私たちは、自給自足的で主権的な、唯一の中心により働く国家に生きているのではなく、公共体は今日、統合と合意を多くの水準で、そしてそれに応じて多くの関係者の間で、必要としているのである。

【原注】

（1）Manfred Zuleeg, *Europa und der Nationalstaat*, *ZERP-Diskussionspapier* 2/ 86――これはツーレクとブレーメン欧州法政策センターとの実りある協力の幕開けであり、同センターは、これにお礼申し上げねばならない。

（2）このように、Zuleeg, Die Stellung der Länder und Regionen im europäischen Integrationsprozess, DVBl. 1992, 1329は論ずる。これはすでに当時、欧州経済共同体条約前文と、欧州諸人民に不断に緊密さを増す連合の基礎を形成する意思とについて論じている。この意味で今日ではより具体的に、欧州連合条約第一条第一項。同項に基本権憲章前文（第一項）

は依拠している。

（3）Zuleeg（Fn. 2）, S. 1337; ders., Selbstverwaltung und Europäisches Gemeinschaftsrecht, in: *FS Georg Christoph von Unruh*, 1983, S. 91 ff.

（4）Vgl. BverfGE 92, 203（230 ff.）およびこれにつき、Zuleeg, *JZ* 1995, 673（676）の判評。

（5）参照、注2について、Zuleeg, Die Stellung des Landes Hessen in der Europäischen Union, in: Eichel/ Möler（Hg.）, *FS 50 Jahre Verfassung des Landes Hessen*, 1996, S. 383 ff.

（6）これにつき、Zuleeg, Die föderativen Grundsätze der Europäischen Union, *NJW* 2000, 2846 ff.

（7）すでにここで、憲法条約第一条から第五条第一項を参照されたい。これにつき詳しくは、A III, C I.

（8）すばらしい問題の概説は、Beutler, Bringt das Konzept des „Europa der Regionen“ mehr Selbstverwaltung und Demokratie?, in: *FS Dian Schefold*, 2001 S. 19 ff.; auch Knemeyer（Hg.）, *Europa der Regionen — Europa der Kommunen*, 1994.

（9）例として、筆者は〔スイスのオーバーライン地域越境協力組織たる〕バジリエンシス地方協会Regio Basiliensisをとくに思い浮かべる。これにつき、Speiser, *Europa am Oberrhein*, 1993, 簡潔には、Fürst/ Müller/ Schefold, *Weiterentwicklung der Gemeinsamen Landesplannung Bremen/ Niedersachsen*, 1994, S. 94 ff., また一般的には次の二つの論文集を参照、*Le droit appliqué à la coopération interrégionale en Europe*, 1995および*La coopération deécentralisée*, 1997.

（10）一九九二年一二月二一日に発せられた基本法第二四条一a項（BGBl. I, S. 2086）。

（11）動揺する地域主義概念についてこの文脈では現在、Gamper, *Die Regionen mit Gesetzgebungshoheit*, 2004, S. 69 ff.の詳細な説明と問題提起。

（12）措置に関する概観は、Thränhardt, Die Kommunen und die EU, in: Wollmann/ Roth（Hg.）, *Kommunalpolitik*, 2. Aufl. 1998, S. 361（370 ff.）; Beutler/ Bieber/ Pipkorn/ Streil, *Die Europäische Union*, 5. Aufl. 2001 S. 637 ff.

(13) 共同体の地域政策と諸地域の役割についての決議 Entschließung zur Regionalpolitik der Gemeinschaft und zur Rolle der Regionen——Dok. A2-218/ 88, Abl. 1988 C 326/ 289. 地域化に関する共同体憲章が可決されている。Ebd. S. 296.

(14) 一九五七年七月二七日（BGBl.II, S. 753）。

(15) 一九八六年一二月一九日（BGBl.II, S. 1102）、第二条。

(16) すでに当時、Schütz, Die EG-Kammer, *NJW* 1989, 2160 ff. 首尾一貫して、一九九三年三月一二日のEU問題における連邦と諸州の協力に関する法律 Gesetz über die Zusammenarbeit von Bund und Ländern in Angelegenheiten der EU 第一五条（BGBl.I, S. 313）は前注であげられた規定を廃止していた。

(17) これにつき、Peréz Gonzales（Hg.）, *La acción exterior y comunitaria de los Länder, Regiones, Cantones y Comunidades Autónomas*, 1994の比較による説明。最近では、D'Atena（Hg.）, *L'Europa delle autonomie*, 2003.

(18) Camper（注11）, insb. S. 461（466 f.）の興味深く独自の著作が示す所見は、こう述べる。

(19) これにつきたとえば以下のものが基礎となっている。Pace（Hg.）, *Quale, die tanti federalismi?*, *1977*; D'Atena, *L'Italia verso il „federalismo"*, 2003; Arzon, *I potéri delle regioni nella transzuone dal modello originario al nuovo assetto constituzionale*, 2003. 一方の Camper（注11）, S. 464の所見（肯定的）、他方の Barbera/ Fusaro, *Corso di diritto pubblico*, 3. Aufl. 2004, S. 308（否定的）の所見を参照。

(20) 参照注13。現在では、二〇〇三年五月二六日づけ、欧州議会および、統計のための領域単位の共通分類作成（NUTS）に関する評議会の命令 1059／二〇〇三年、Abl. 2003 L 154/ 1.

(21) 二〇〇一年二月二六にニース条約で発せられた、EC設立条約第二六三条第一項。Vgl. Gesetz vom 21.12.2001（BGBl. II, S. 1666）.

(22) 参照、注16。

(23) Schaffarzik, *Handbuch der Europäischen Charta der kommunalen Selbstverwaltung*, 2002, S. 660 These 31はこの点をむしろ付随的に述べている。詳しくは、M. W. Schneider, *Kommunaler Einfluss in Europa*, S. 99ff., 109, 114. 彼が

足がかりとしたFaber, Die Zukunft kommunaler Selbstverwaltung, *DVBl.* 1991, 1126（1132）は、欧州連合の「地方団体無視」を批判するが、それについてはむしろ、あるいは少なくともドイツの立法者にも責任を負わせるべきである。

（24）ＥＣ設立条約第七条。文献では（たとえばSchneider, 注23、S. 139ff.）、それゆえ「副次的機関」と呼ばれている。

（25）Vgl. Beutler, in: von der Groeben/ Schwarze（Hg.）, *Vertrag über die EU und Vertrag zur Gründung der EG, Kommentar,* 2003, Art. 6 EUV Rn. 20 ff. これは旧施行法に依拠して（注８）、Rn. 33で地域選挙にも言及しているが、地域と市町村の自治行政については言及がない。同様の意味で、Zuleeg, *FS von Unruh*（注３）, S. 93. 自治団体《コムナル》法に関する文献は、欧州連合水準で自治行政が保障されることを期待しつつも懐疑的である。参照、たとえば、Hobe/ Biehl/ Schroeter, *Europarechtliche Einflüsse auf das Recht der deutschen kommunalen Selbstverwaltung,* 2004, S. 80 ff.; Schmidt-Eichstaedt, Autonomie und Regelung von oben, in: Wollmann/ Roth（注12）, S. 323（335）; Heberlein, in: J. Ipsen/ Rengeling（Hg.）, *Gemeinden und Kreise in einem vereinten Europa,* 1999, S. 55（65 ff.）; Schoch, in: Henneke（Hg.）, *Kommunen und Europa,* 1999, S. 11（25 ff.）. 異なる立場については、von Schaffarzik（注23）, S. 620 ff. 類似した見解はすでに、Kaltenborn, *Der Schutz der kommunalen Selbstverwaltung im Recht der EU,* 1996, insb. S. 104 ff. これは憲法条約草案を前にして意義を獲得した。参照、以下Ｃ一。

（26）ＥＣ設立条約第一九条。これは基本権憲章第四〇条に準拠している。その限りで、ツレーク Zuleeg が Kommunalwahlrecht für Unionbürger, in *FS Dian Schefold*（注８）, S. 117 ff. で著した論稿を参照願いたい。

（27）憲法条約第一―五条第一項。これと以下につき、Pernice, Der Verfassungsentwurf als gemeineuropäisches Verfassungsrecht, in: Institut für Europäische Verfassungswissenschafte（Hg.）, *Die Europäische Union als Verfassungsordnung,* im Erscheinen [2005], S. 113（123 f.）がヘーベルレ Häberle にならっている。

（28）憲法条約第一―一一条第二項、第二―一〇〇条。その限りでは旧法に依拠している。参照、注26。

（29）憲法条約第一―一一条第三項。以前の諸要請に対応したもの。たとえば、Faber（注23）, S. 1133 ff.; Hoffschulte, in: Ipsen/ Rengeling（注25）, S. 29（31 ff.）. 参照、補完性と比例性の原則の適用に関するプロトコル第二〇条。これは確かに、補完性を各加盟国の中央、地域、および地方水準の間の比例において規律してはいないが、明らかにすでにそれに影響を及ぼしている。すなわち、BVerfGE *NJW* 2004, 2362（2364）は、閉店時間に関する連邦統一法について基本法第七二条第二項の必要性の存在を非難している。その理由は、「一九九六年の閉店時間に関する法の改正に関する法律資料には……これらの前提に関する記述が存在しない」ためである。ここで欧州の教師 *praeceptor Europae* は憲法条約の飲み込みの早い教え子であり受容者だと自認しているのだろうか。それは、Zuleeg, Die Rechtsprechung des EuGH zum Europarecht im Lichte des GG und seiner Dogmatik, in: Battis u.a.（Hg.）, *Das Grundgesetz im internationalen Wirkungszusammenhang der Verfassungen*, 1990, S. 227 ff. により示された影響関係の新たな一章かもしれない。

(30) これに関しては何より、Stern, *Staatsrecht* Bd. 1, 2. Aufl. 1984, S. 409.

(31) 憲法条約第一―一九条とは反対に、第一―三二条。参照、上述注24。

(32) 憲法条約第三―三八六から三八八条。確かに規定されているが、何れにせよ憲法条約第一―五条と第一―三二条を前にした場合の非一貫性は、ここ〔後者〕で地方領域諸団体につきもはや述べられていないところにある。経済的及び社会的結束に関する諸規定、憲法条約第三―二二〇条から二二四条も、地域評議会の聴聞についてかなりの量規定しており、旧現行法の規律を発展させている。

(33) 憲法条約第三―三九五条から四〇一条。

(34) 憲法条約第三―三六五条第三項、補完性と比例性の原則の適用に関するプロトコル第七番第二項。

(35) 今ではこれにつき包括的に、本稿執筆中に発表された Schneider の博士論文（注23）があるが、これはその重点をもちろん地域自治行政よりも地方自治行政に置いている。

(36) バーゼルの歴史家ガッサー（Adolf Gasser）は、『欧州救済としての市町村の自由 Gemeindefreiheit als Rettung Europas』1943, 2. Aufl. 1947を執筆し、一九五〇年ごろにはあちこちを飛び回り、地方《コムナル》政治家たちの前で話をし、数多くの質問に答えていた。当時ガスラーはバーゼル・人文主義ギムナジウムで教えていたが、私もその一人だった生徒たちは、彼が金曜日になると学校に持ってきていた小さめの旅行鞄から、寝巻の端っこがはみ出しているのを見つけては面白がっていたのを想い出す。その影響の継続について、今では論文集、Gasser, *Gemeindefreiheit in Europa. Der steinige Weg zu mehr Selbstverwaltung*, 2004が証明している。

（37）これと以下については、Schaffarzik（注23）。同書S. 701 ff. では、CLRAE/ CPLREに関する閣僚委員会（二〇〇〇年）決議の第一も。Schneider（注23）, S. 178 ff. Weiß, *Einfühlung und Umsetzung der Europäischen Charta der kommunalen Selbstverwaltung in Deutschland*, 1996も参照。浩瀚な資料は現在でも、Knemeyer, *Selbstverwaltung in Ost und West*, 2003.

（38）説明的報告を含む憲法条約の公式版（英語と仏語）、一九八六年（数多くの新版）、がこのように述べている。Schaffarzik（注23）, S. 31 ff. による詳しい説明を参照。S. 710 ff. に説明的報告が掲載されている。Schneider（注23）、S. 281 ff. は、それまでの努力についても言及している（S. 273 ff.）。並びにKnemeyer, *Die Europäische Charta der kommunalen Selbstverwaltung*, 1989.

（39）Gesetz zu der Europäischen Charta vom 15. Oktober 1985 der kommunalen Selbstverwaltung vom 22. Januar 1987（BGBl. II, S. 65）. 発効と通用範囲については、BGBl. 1988 II, S. 653で公示されている。

（40）連邦は確かにこの権限を要求した。参照、前注で引用した合意法律。これは連邦議会内務委員会の報告と（合意された）議決の推奨に依拠している。BT-Drs. 10/6661. だが文献はなお疑問を呈している。たとえば参照、von Schwanenflügel, *Entwicklungszusammenarbeit als Aufgabe der Gemeinden und Kreise*, 1993, S. 143 f. m. N. およびSchaffarzik（注23）へのTh. I. Schmidt, *JZ* 2003, 674 f. における書評による批判。Schaffarzikは、この疑念をS. 183で否定している。

（41）ドイツにとってのこの保障の意義についてはすでに以前に、Marauhn, Selbstverwaltunsrechte und angemessene Finanzausstattung kommunaler Gebietskörperschaften in Europa, in: M. Hoffmann u.a.（Hg.）, *Kommunale Selbstverwaltung im Spiegel von Verfassungsrecht und Verwaltungsrecht*, 1995, S. 71 ff.; Heberein（注25）, S. 62 f. も参照。

(42) 特徴的なのは、ドイツの国際的参入に対してまさに否定的でない立場を取る注釈である。Dreier, in: ders. (Hg.), *Grundgesetz-Kommentar*, Bd. 2, 1998, zu Art. 28 Rn. 27 m. N. これは容易に広げられうるだろう。最近ではたとえば、Hobe/ Biel/ Schroeter（注25）, S. 92 ff.

(43) これについては、Schneider（注23）, S. 357 ff. 付け加えられるべきは、ベルギーによる批准（二〇〇四年八月二五日）とスイスによる署名（二〇〇四年一月二一日）である。

(44) 自治憲章第一四条。これについてはSchaffarzik（注23）, S. 113 ff. による適切な批判がある。なおこの点については、すぐにあとの本文を参照。

(45) 引用された比較的大きな叙述と並んで、最近このように論ずる例として、Hoffschulte, in: Ipsen/ Rengeling（注25）, S. 29（38 f.）; Bohner, Entstehung und Bedeutung der Ech, in: Knemeyer（注37）, S. 17 ff.

(46) 二〇〇四年八月三一日の状態では、アンドラとサン・マリノといった小規模国家並びにセルビア─モンテネグロの署名だけが欠けているほか、フランス、グルジア、そしてスイスの（場合によってはすぐに続く）批准がなされていない。

(47) これについてSchaffarzik（注23、参照、注44）, S. 346 ff. ならびにKnemeyer（注37）, S. 157に再録されている法源と資料、ならびにBohner（注45）, S. 17 ff. による解説。そこで言及されている欧州自治憲章にもとづく独立専門家集団に著者も属している。しかしここで述べられた見解は、著者にのみ属するものであり、組織のものではない。

(48) 例：ベルギー、最初の憲章署名国の一つは、これを批准しなかったが、それは何より、言語問題と連邦化問題と絡む諸問題のためである。二〇〇四年五月に提出された「モニタリング・レポート」は、この問題状況を説明している。二〇〇四年八月二五日に批准文書が預けられた。ドイツに関する並行した事態を、Schneider（注23）, S. 350 Fn. 345が指摘している。

(49) 説得力ある理由づけは、Schaffarzik（注23）, S. 292.

(50) 連邦憲法裁判所法第九一条による憲法訴願の意義は第九〇条による憲法訴願のそれとほとんど比較されえない。

(51) 自治憲章第二条。そこでは、（仏語と並んで）英語の有権的文言はこれに対応して「*authorities*」といっており、領域団体（Kommune, collectivité locales）そのものを用いていない。このため両原典版相互で辻褄が合わなくなった。それは、たとえば第四条第六項と第九条第六項の第五条への関係である。

(52) 適切な概観は、Schneider（注23）, S. 54 ff.

(53) 対応する諸問題は確かにまだ、基本法第二八条第二項に属さない市区、町村区 Teilorte、及び類似した市町村部分への市町村の下位区分におかれていないし、とくに市町村的性格を持たない行政区 Amt のような行政的な市町村組合にもかかわらない。それでもしかし、自治団体法が二つの地方団体水準を予定し、市町村として固有の議会を備えた市や町村 Ortsgemeinde について、中央行政権限を同じく市町村として固有の議会を備えた連合市町村 Samtgemeinde（ニーダーザクセン）や連盟市町村 Verbandsgemeinde（ラインランドープファルツ）に集中しているところには、これらの問題はある。ここでは確かに二つの水準に市町村の性格が認められねばならない。これについて参照、Hlépas, *Unterschiedliche rechtliche Behandlung von Großgemeinden und Kleingemeinden*, 1990, S. 274 ff.; Bovenschulte, *Gemeindeverbände als Organisationsformen kommunaler Selbstverwaltung*, 2000, insb. S. 317 ff., 442 ff. これと結びついた解釈諸問題が明らかにされている。また参照、Schefold/ Neumann, *Entwicklungstendenzen der Kommunalverfassungsn in Deutschland*, 1996, S. 255 ff., 315 ff.

(54) 参照、Dreier（注42）, Art. 28 GG Rn. 158 ff. 同所は Schoch（Hg.）, *Selbstverwaltung der Kreise in Deutschland*, 1996, S. V をひきつつ、「あまり好ましくない状況」といっている。

(55) 二〇〇一年一〇月一八日 legge constizionale n. 3 の定めによるイタリア憲法第一一四条第二項「コムーネ、県、大都市および州《レジオーン》は、固有の法律、権限、機能を持つ憲法に定められた原理に基づく自治体である」。すでに第一一四条の以前の規定がこの方向を進んでいる。これがドイツですでに通説的だった諸構想からいかに著しく離れているかについては、Schneider（注23）、とくに S. 68 ff. の叙述から明らかになっている。

(56) 引用は、注38の第一三条に関する部分。

(57) 考えられるべきは、ともかく欧州憲章第四条第四項に違いなかろう。それは領域社団の権限を「通常は包括的かつ排他的に」理解しようとしている――行政連邦制を前にしてドイツの諸州についても不十分にせよ実現された必需品である。だがこの領域での諸問題は、まさに、連邦制秩序改革委員会（連邦国家委員会）が扱っていたものである。欧州憲章第四条第四項の原理はそれゆえ、ドイツ諸州にも妥当する。何より参照、P. M. Huber, Klare Verantwortungsteilung von Bund Länder und Kommunen? Gutachten zum 64. *DJT* 2004, S. D 17 ff., 53 ff. およびその支えについては、憲章（フーバーはまったく言及していない！）が隅々まで助けになる。

（58）基礎的にはすでに、Preuß, *Gemeinde, Staat und Reich als Gebietskörperschaften*, 1889. 何よりその後は、ヴァイマル憲法の基礎づけにある。そこでプロイスは、「きわめて潜在力のある自治団体」といっていた。参照、Denkschrift zum Entwurf des allgemeinen Teils der Reichsverfassung vom 3. 1. 1919, Preuß, *Staat, Recht und Freiheit*, 1926, S. 368（379）.

（59）フーゴー・プロイスについてこの点では、Gillesen, *Hugo Preuß*, 2000; Lehnert, *Verfassungsdemokratie als Bürgergenossenschaft*, 1998, insb. S. 191 ff.; Lehnert/ Müller（Hg.）, *Vom Untertanenverband zur Bürgergenossenschaft*, 2004（同書九七頁以下、一〇八頁以下にプロイスの自治行政理解の意義に関する私の論考がある〔第6章二三三頁以下、二五四頁以下〕。自治行政理論への組み込みについては、Bovenschulte,（注53）, S. 46 ff., 481 ff., 495 f.

（60）Rebe/Semmelroggen, Der Kongress der Gemeinden und Regionen des Europarates und seine „Europäische Charta der regionalen Selbstverwaltung“, *NdsVBl.* 1998, 105（107ff.）; 草案のテクストは、Knemeyer（注37）, S. 205ff. 最近のものでは、また以下についても、Stöckling/Mans/Andreotti提出の報告 „Les garanties des droits fondamentausx des collectivités locales et régionales dans les 45 États membres du Conseil de l'Europe en vertu des conventions Conseil de l'Europe: la Charte européenne de lautonomie locale et le projet de Convention sur l'autonomie régionale“, *CPLRE, CG/INST*（11）3 und（11）5, 2004, S. 10ff. を参照。

（61）Comité directuer pour la démocratie locale et régionale（CDLR）による。同委員会の構成、職務および意義については、Schaffarzik（注23）, S. 59f.

(62) ここで基礎となっているのは、CDLR（2003）31 Appendix 2 vom 21. 10. 2003の――さらに審議の中に見られる――版である。

(63) 分類と体系化についてはGamper（注11）, S. 15 ff.

(64) この点で今日古典的な例は確かにスペインである。ここでは地域化のモデルが同時に言語的－エスニック的な違いを考慮しようとし、またそれゆえ非対称的な連邦制を基礎づけている。参照、Tura, Das politische Modell des Staates Autonomer Gebietskörperschaften, in: López Pina（Hg.）, *Spanisches Verfassungsrecht*, 1993, S. 249ff.: さらにとくに、Gambio（Hg.）, *Stati nazionali e poteri locali*, 1998, S. 103 ff., 121 ff., 151 ff. のGarcía Morillo, Blanco Valdés, López Aguilar論文。だが、イタリア憲法第一一六条による特別な地位を有する諸地域――ボルツァーノとトリエント自治県という特殊事例はあるが――も、この文脈に属する。

(65) 現在特徴的なのは、二〇〇三年一〇月三〇日スペイン司法省が発した二〇〇三年一〇月二五日の„Propuesta de Estatuto político de la Comunidas de Eukadi"によるぶっきらぼうな否定である。

(66) 注60、S. 11 Rn. 45の報告を参照。

(67) Bohner（注45）, S. 30を参照。

(68) こうした協力については、Schneider（注23）, S. 451ff. も、ともかく各市町村の視角のもと、優先されている。

(69) 両引用は、報告（注60）, S. 15 Rn 61から。

(70) 参照、上述A二末尾と注25、とくにSchaffarzik（注23）, S. 620 ff. の議論。その考察は、現在では憲法条約ＶＶ第一－五条により支持されている。

(71) これについて印象的なのは、Beutler（注8）, S. 19 ff.

(72) 憲法条約第一－三三条第一項、第一－三四条。

(73) 参照、基本法第二八条第八項および連邦化されたベルギーについては、二〇〇一年七月一三日の特別法loi spéciale第六条§1第八項と関連するi.V.m. 憲法第一六二条、およびこれにつき、Brasinne de La Buissière, *La régionalisation des*

lois communale et privinciale, 2002, S. 11 ff.

(74) ＥＣ設立条約第七条第二項、憲法条約第一—三二条、参照、上述Ａ二。

(75) Pernice（注27）, S. 113 ff. これは、Häberle, *Gemeineuropäisches Verfassungsrecht*, *EuGRZ*, 1991, 261 ff. に依拠している。

(76) これをHobe/Biehl/Schroeter（注25）は、形式的な制度的保障で十分ととらえている（S. 162）ことから、過小評価しているように私には思える。

(77) P. M. Huber（注57）, S. D 11 ff. による叙述のみを参照。

【訳注】

〔1〕祝賀論文の性格から、冒頭にツーレーク教授と著者との関係および謝辞が示されているが、本書では省略した。なおツーレーク教授はシェーフォルト教授の六五歳祝賀論集に寄稿しておられる。Manfred Zuleeg, Kommunalwahlrecht für Unionsbürger, in: Andreas Bochenschulte et. al.（Hg.）, *Demokratie und Selbstverwaltung in Europe*, Baden-Baden, 2001, S.117ff.

【本書の構成と初出】

第Ⅰ部　民主制論（I. Abschnitt: Demokratietheorie）

第1章　Bewahrung der Demokratie und wirtschaftlich-technische Entwicklung（*Zeitschrift für Schweizerisches Recht* NF 93, Helbing Lichtenhahn Verlag, 1974, S. 1-39）

第2章　Konstitutionelle Monarchie als Staatsform der Romantik?（in: *Ungleichzeitigkeiten der Europäischen Romantik*, Hrsg. Alexander von Bormann, Würzburg: Verlag Königshausen & Neumann, 2006, S. 205-222）

第3章　Gesellschaftliche und staatliche Demokratietheorie — Bemerkungen zu Hermann Heller（in: *Demokratisches Denken in der Weimarer Republik*, Hrsg. Christoph Gusy, Baden-Baden: Nomos Verlagsgesellschaft mbh. & co. k. g., 2000, S. 256-285）

第Ⅱ部　方法と政治の間にある憲法（II. Abschnitt: Verfassungsrecht zwischen Methode und Politik）

第4章　Geisteswissenschaften und Staatsrechtslehre zwischen Weimar und Bonn（in: *Erkenntnisgewinne, Erkenntnisverluste*, Hrsg. Karl Acham, Knut Wolfgang Nörr, Bertram Schefold, Stuttgart: Franz Steiner Verlag, 1998, S. 567-599）

第5章　Von der Grundrechtsinterpretation zur Verfassungstheorie（in: *Der Gestaltungsanspruch der Wissenschaft*, Hrsg. Karl Acham, Knut Wolfgang Nörr, Bertram Schefold, Stuttgart: Franz Steiner Verlag, 2006, S. 343-386）

第Ⅲ部　自治行政の諸問題（III. Abschnitt: Probleme der Selbstverwaltung）

第6章　Selbstverwaltungstheorien: Rudolf Gneist und Hugo Preuß（in: *Vom Untertanenverband zur Bürgergenossenschaft*, Hrsg. Detlef Lehnert, Christoph Müller, Baden-Baden: Nomos Verlagsgesellschaft mbh. & co. k. g., 2003, S. 97-121）

第7章　Privatisierung in der Kommunalverwaltung（*BDVR-Rundschreiben* 36, Deutscher Verwaltungsgerichtstag e. V., 2004, S. 89-93）

第8章　Zur Gestalt der Regionen（in: *Europa und seine Verfassung. Festschrift für Manfred Zuleeg*, Hrsg. Charlotte Gaitanides, Stefan Kadelbach, Cil Carlos Rodriguez Iglesias, Baden-Baden: Nomos Verlagsgesellschaft mbh. & co. k. g., 2005, S. 288-306）

訳者あとがき

本書はブレーメン大学ディアン・シェーフォルト教授の最近の業績の中から、民主的自治の理論的基礎と現代的展望に関わるものを訳者が選び、教授に了解を得たうえで、一冊の論文集にまとめた。このような成立事情から本書への序文を教授にお願いしたところ、快く執筆していただくことができた。各論文の内容や位置づけは、序文の中で詳しく述べられているので、そちらをご覧いただきたい。

教授の研究分野は、およそ公法に関わるすべての分野に及んでいるが、都市法から国家法を経て、欧州連合に至る各段階に対し、民主的自治理念を実現するという方向性が一貫している。

教授の略歴と業績については、序文およびそこで（注3）触れられている、教授六五歳の祝賀論文集、Bochenshulte/ Grub/ Löhr/ Schwanenflügel/ Wietschel（Hrsg.）, *Demokratie und Selbstverwaltung in Europa*, Baden-Baden 2001に詳しい。教授は一九三六年バーゼル生まれ。第八章注36のエピソードのように、欧州自治憲章制定の基礎を与えたアドルフ・ガスラーの授業をギムナジウムで受けていたそうである。バーゼル大学およびベルリン自由大学で法学を学び、一九六一年にバーデンでインボーデン（Max Imboden）教授のもと博士号を取得し、六二年まで同教授の助手、その間ローマで在外研究をスイス・インスティチュートのメンバーとして行った。六四年にバーゼル市司法修習試験を終え、ベルリン自由大学で国家学、国法および行政法研究所で研究助手、その後大学中級教員となる。一九七〇年に同大学で教授資格を取得、有教授資格大学中級教員を経て教授に任命された。一九八〇年にはブレーメン大学法学部教授に転じられた（一般国家学および近代憲法史を含む公法、および行政法担当）。八六年以降はパリ、ボローニャ、コセンツァ、ローマで客員教授を務められた。最近では、同大学やHansa Law Schoolで講義を続けられているほか、序文で触れられているように、ヨーロッパ規模で地方自治を中心とした活動を精力的に続けられ、とくに欧州評議会地方自治体会議のワーキンググループである、欧州地方自治憲章に関する独立専門家グループ委員として活動されている。同グループは、地方および地域団体の自治に関する情報を収集し、議員に技術的補助を提供し、欧州自治憲章各規定の解釈と利用を手助けし、よって制度委員会を援助するとされる。教授は昨年一〇月にもアルメニアで同グループの調査を行われていた。

教授の研究業績は、「祝賀論文集」の業績リストによれば、単著に限ると以下のものがある。

1. *Volkssouveränität und repräsentative Demokratie in der schweizerischen Regeneration 1830-1848*, Basel und Stuttgart, 1966.
2. *Zum deutschen Verwaltungsschutz. Gerichtsverfassung und Gerichtsverfahren in der neueren Gesetzgebung, im Hinblick auf das schweizerische Recht untersucht*, Basel und Stuttgart 1969.
3. *Zweifel des erkennenden Gerichts. Beiträge zur richterlichen Grundsatzvorlage, zur Völkerrechtsverifikation und zur Altrechtsqualifikation durch das Bundesverfassungsgericht, sowie zur Vorabentscheidung im Europarecht*, Berlin 1971.
4. *Verfassungsgerichtsbarkeit und oberste Gerichtsbarkeit*, Ankara 1974.
5. *Kommunalwirtschaftliche Inkompatibilität. Inwieweit dürfen sich Ratsmitglieder in kommunaen*

Eigen- oder Beteikigungsgesellschaften bestätigen? Stuttgart, Berlin, Köln, Mainz 1977.

6. *Moedellversuch Forschungsplannung. Abschlußbericht des Modellversuchs "Aufbau eines Organisations- und Plannungsmodells für die Bildung, Ermittlung, Finanzierung und Kontrolle von Forschungsscherpunkten an der Freien Universität Berlin" (1974-1977)*, Berlin 1978.

7. *Die Zweitanmelderproblematik. Rechtsgutachten zur Regelung der Zweitanmelderfrage*, Berlin 1983.

8. *Auslegerung der Forschungspolitik auf verselbständigte (insb. Privatrechtsförmige) Organisationen als Ausdruck der Ungewißheit der Wissenschaft*, Bremen 1985.

9. *Le rôle des tribunaux administratifs dans la mise en oeuvre des politiques publiques en République Fédérale d'Allmagne*, Lausanne, 1987.

10. *Positivliste für Arzneimittel. Projektergebnisse unter Berücksichigung pharmakologischer, juristischer und ökonomischer Aspekte*, Baden-Baden 1988.

11. *Parteienrecht im europäischen Vergleich. Die Parteien in den demokratischen Ordnungen der Staaten der Europäischen Gemeinschaft*, Baden-Baden 1990.

12. *Capo dello Stato, Governo e Parlamento nello Ordinamento Constituzionale Tedesco*, Roma 1990.

13. *Weiterentwicklung der Gemeinsamen Landesplannung Bremen/Niedersachsen*, Baden-Baden 1994.

14. *Entwicklungstendenzen der Kommunalverfassungen in Deutschland: Demokratisierung und Dezentralisierung?* Basel, Boston, Berlin 1996.

15. *Background and Basic Principles of the Financing of Political Parties*, Johannesburg 1996.

16. *Probleme eines Landeshafengesetzes*, Bremen 1997.

17. *Beurteilung der Rechte des Parlaments, insbesondere der Opposition, im Hinblick auf die Privatisierung und die Beleihung privatrechtsförmiger Gesellschaften mit öffentlichen Aufgaben*, Rechtsgutachten, Bremen 2000.

そのほかに縮刷版のブレーメン法令集（Sammlung des Bremischen Rechts）の編者を一九八〇年以来務められている。また教授が最も親近感を寄せているフーゴー・プロイスの選集第二巻（近刊）、*Hugo Preuss, Gesammmelte Schriften*, Bd. 2, Öffentliches Recht und Rechtsphilosophie im Kaiserreich, 2009 Tübingenを編集されている。

教授は二〇〇三年に来日され、東京都立大学（当時）や法政大学での講演のほか、地方のまちづくりの様子などを見て回られた。邦訳としては、「法学的基本概念としての自治」、名和田是彦・西村清貴訳、『法学志林』、第一〇二巻第二号、二〇〇五年、一〇一頁以下（上記法政大学での講演）、また本書第三章とも密接に関連する、「ヘルマン・ヘラーの憲法概念」広沢民生訳、（ミュラー／シュタッフ編著、安・山口編訳『ワイマール共和国の憲法状況と国家学』所収、未來社、一九八九年）がある。

三部構成よりなる本書の編成は教授と訳者両名によるが、その趣旨は序文にまとめていただいた。だが、これらの論文は、たとえば第一章、第二章、第六章、第三章、第四章、第五章、および第七・八章というように、ドイツを中心とした公法学史ないし思想史として（内容的な前後の重なりはあるものの）読むこともできる。

全体にわたって、教授ご自身が述べられているように、ヨーロッパの経験が背景にあり、とくに祖国スイスの民主制のモデルから導かれた理念を現代の自治の可能性としてどのように生かしていくかという観点がつねに感じ取られる。この点は特に、本論文集では例外的に早い段階に執筆された「民主制の保持と技術的経済的発展」に明らかであり、スイス民主制とルソー思想、その現代的意義など、教授の基本的な発想法・出発点が示されている。ルソーについては、Rousseaus doppelte Staatslehre, in: Peter Saladin und Luzius Wildhaber（Hrsg.）, *Der Staat als Aufgabe, Gedenkschrift fur Max Imboden*, Basel, 1972, S. 333ff. がある。

本書の標題にもある「多層的民主主義」は、教授の今日的視点を示すものであり、そこから第一章では、「多層的」でありながら民主的自治形成を妨げた立憲君主主義と、ロマン主義的態度が、第二章ではヘラーの国家主義的傾向が批判される。第三部は多層的民主主義の思想的淵源と現状が検討される。第六章では、第三章でヘラーと対比されたプロイスを、同じくドイツ自治思想の源流ととらえうるグナイストと対比し、両者に共通する法治国家理念の発展に対する寄与をあとづけながら、民主的な自治の基盤たる平等選挙権への道を閉ざしたグナイストの議論の背景を検討する。第七章では、地方団体の業務の民営化がもたらす問題点が指摘され、第八章ではEUの地域評議会や欧州審議会の地方自治体会議の活動を紹介しつつ、「多層的」自治の将来の方向と現在の問題点が分析されている。一方、第二部は憲法理論が中心であり、第四章では精神科学的方向を中心に、ファシズムとの微妙な関係など二〇世紀前半から各時代で果たした役割が検討され、第五章では解釈論的基本権論から憲法理論の中での基本権理論への転換が問題とされている。ここでも、一章でも指摘されている、自治を成り立たせる基盤としての自由や社会的連帯を確保すべく、市民の地位を構成する諸価値を統一的に理解し、さらに憲法の文化的基盤の中でその保障の意味を問い、各市民―人間が作り上げていく公共性の必要性、つまり多層的自治の可能性へとつなげる教授の立場が見える。
このように、いずれの場合も対象の思想的・制度的背景とのつながりを重視する議論の進め方は、現在の制度や新しい思想を考える上で、歴史的発展や背景、各人の履歴や具体的活動に着目することの意義を何度も口にされていた――そして序文での各論文の自己理解にも反映されている――教授の「方法論」がよくあらわれている。第三章末尾にいわれる「人間による人間の発展」が規範的な民主制概念の土台となることともつながっている。それを私たちの制度の中でどう生かしていくかはもちろん私たちの課題だが、そのための具体的なヒントも各論文の中に含まれていると思う。

訳語について若干補足すると、自治をテーマの一つとする各論文に頻出するものとしてKommuneあるいはkommunalがある。一般的には地方公共団体、あるいは地方自治体であり、具体的にドイツでは郡と市町村の総称である。ただKommuneの自治、あるいは公共的性格自体が問題になる文脈もあるので、ここではなるべく中立的と思える「地方団体」とした。Kommunalが実質的に「地方lokal」と同義だったり、訳語上団体が重なってしまう場合には、「地方」としルビをふった。法令等で訳語がある場合にはそれに従っている（「自治団体法」Kommunalrechtなど）。またStaatはいうまでもなく「国家」だが、具体的に邦Landを指す場合には、あえて「邦国」とした。本来邦国という言葉自体の意味は国家と同じだが、本書ではその趣旨である。なお、プロイスなどについて、地方団体と対置される場合には、邦と帝国の総称として「国家」としている。Gebietskörperschaftについては、現在では地方公共団体と重なる「地域団体」などの訳語がある。本書ではRegionを地域としたため、「領域社団」とした。なお「領域Region」はこの文脈で、市町村など自治体よりも広域のものを指している。第三章では、gesellschaftlichとsozialとにつき、相互に関連しながらも一応区別が必要たったため、現実社会あるいは全体社会に関わる前者を、民主制の基礎を社会に置くという趣旨を生かして「社会を基盤とした」と、社会化や社会的法治国家など連帯性を含意する後者をそのまま「社会的」とした。

全体にわたり、法令や組織名については、『ドイツ憲法集』（信山社）、『国際条約集』（有斐閣）などをもとにした。翻訳がある文献は知りえた範囲で該当頁も含めて補足したが、欄外番号から対応が明らかなものは該当頁を省略した。引用部分については、基本的にそれを使わせていただいた。なお訳者による補足は〔…〕を用いている。また何人かの同僚・友人には専門外の分野につき助言をいただいた。これらの方々にはこの場を借りてお礼申し上げる。翻訳の過程では、事実関係など訳者に不明の点を教授に問い合わせ、迅速かつ丁寧な説明をいただいた。教授の了解のうえで単純な誤りをいくつか訂正した。もちろん本書に関する責任は訳者にある。

個人的な事柄に触れさせていただくと、訳者がフーゴー・プロイスに関心を抱き始めた一九九七年のベルリン滞在中に、クリストフ・ミュラー教授よりシェーフォルト教授を紹介され、ブレーメンに同教授を訪れた。その後、二〇〇三年のモニカ夫人との来日、二〇〇四年のプロイス・シンポジウムでお会いし、訳者は二〇〇五年から七年にかけて、ブレーメン大学にて教授のもとで在外研究を行う機会を得た。教授夫妻は古典的文化から各国の新しい文化にまで広く関心を寄せておられ、開かれた「ヨーロッパ人」である。またリベラルな人柄もあり、教え子の皆さんに卒業後も慕われている様子が、毎年恒例のクリスマス・パーティーなどからもうかがわれた。前記祝賀論文集も、序文注3のように、現在法律や地方政治の実務家として活躍されている教え子の方々が中心となって編集されたものである。本書は、ブレーメン滞在中に研究活動のみならず、私たち家族を何くれとなく細やかにお心づかい下さった教授とモニカさんへのささやかなお礼でもある。妻明美と、この間に生を享けた娘真佳にも、感謝の気持ちを同地での思い出とともに記させていただきたい。

訳者のブレーメンにおける在外研究は、勤務先である法政大学の在外研究員制度により行われた。本書はその成果の一部である。

最後になるが、出版にあたっては風行社の犬塚満さんにこのたびも一方ならぬお世話になった。お礼申し上げる。

二〇〇九年三月六日

教授七三歳の誕生日に

訳者

[訳者紹介]
大野達司（おおの　たつじ）
北海道大学法学研究科中退。博士（法学）。
現職：法政大学法学部教授。
主要業績：Selbstverwaltung, Selbstregierung und Freiheit, in: *Jahrbuch des offentlichen Rechts der Gegenwart*, Bd. 56, 2008.「自由と自治――グナイスト、リーバー、プロイス」（名和田是彦編『社会国家・中間団体・市民権』、平原社、2007年所収）、H・ヘラー『ナショナリズムとヨーロッパ』（共訳、風行社、2004年）、H・ヘラー『ヴァイマル憲法における自由と形式――公法・政治論集』（共訳、風行社、2007年）

多層的民主主義の憲法理論
――ヨーロッパにおける自治の思想と展望

2009年3月6日　初版第1刷発行

著　者　ディアン・シェーフォルト
訳　者　大野達司
発行者　犬塚　満
発行所　株式会社　風　行　社
〒102-0073　東京都千代田区九段北1-8-2
電話／Fax. 03-3262-1663
振替 00190-1-537252

印刷・製本　モリモト印刷株式会社

装丁　島津デザイン事務所

ISBN978-4-86258-021-4